“十三五”国家重点出版物出版规划项目

国家出版基金项目
NATIONAL PUBLICATION FOUNDATION

国别商务环境研究系列丛书

总主编　杨言洪

印度商务环境

主编　李　扬

参编　王　璐　刘欣林

对外经济贸易大学出版社

中国·北京

图书在版编目（CIP）数据

印度商务环境 / 李扬主编. —北京：对外经济贸易大学出版社，2020.6

（国别商务环境研究系列丛书）

ISBN 978-7-5663-2159-6

Ⅰ. ①印… Ⅱ. ①李… Ⅲ. ①国际商务–经济环境–研究–印度 Ⅳ. ①F733.51

中国版本图书馆 CIP 数据核字（2020）第 088251 号

印度商务环境

李 扬 主编

责任编辑：刘 丹

助理编辑：郭玉红

对外经济贸易大学出版社

北京市朝阳区惠新东街 10 号 邮政编码：100029

邮购电话：010－64492338 发行部电话：010－64492342

网址：http://www.uibep.com E-mail：uibep@126.com

三河市少明印务有限公司印装 新华书店经销

成品尺寸：170mm×230mm 16.25 印张 300 千字

2020 年 6 月北京第 1 版 2020 年 6 月第 1 次印刷

ISBN 978-7-5663-2159-6

印数：0 001－2 000 册 定价：69.00 元

序　　言

改革开放以来，中国经济持续快速发展，如今已成为世界第二大经济体。随着开放型经济建设水平和质量的不断提升，中国参与世界经济活动的广度和深度与日俱增。仅以国际贸易为例，世界贸易组织公布的贸易统计数据显示，2018 年中国货物进出口总额约为 4.623 万亿美元，居世界第一。其中，出口额 2.487 万亿美元，占全球出口总量的 12.8%，居世界第一；进口额 2.136 万亿美元，占全球进口总量的 10.8%，居世界第二。

在经济全球化深入发展的新形势下，党的十九大报告中提出，“要主动参与和推动经济全球化进程，发展更高层次的开放型经济，不断壮大我国经济实力和综合国力。”

开放型经济是一种全方位、宽领域、深层次开放的经济形态，一种内外联动、互利共赢、安全高效的经济体系。随着中国建设“开放型经济”战略的不断深化，相信未来将有更多的中国企业走出国门投资建厂或从事工程承包等业务。因此，我们比以往任何时候都更加需要对世界各地区和国家的了解。

在这个多元的世界上，各个地区、各个国家、各个民族历史进程不同，文化背景迥异，经济和社会发展程度存在差异，政治体制、社会结构、法律法规千差万别。这就需要我们对经济合作与贸易往来对象国的商务环境进行认真研究，为中国企业“走出去”投资经商、工程承包等提供智力支撑。

1999 年 12 月底成立的 20 国集团（G20），由原来的八国集团（美国、日本、德国、法国、英国、意大利、加拿大、俄罗斯）和中国、阿根廷、巴西、印度、印度尼西亚、墨西哥、沙特阿拉伯、南非、韩国、土耳其十个新兴工业国家，以及澳大利亚和欧盟组成，其 GDP 总量约占世界的 85%，人口约 40 亿，占世界总人口的将近三分之二。

由对外经济贸易大学区域与国别研究院支持编写的“国别商务环境研究系列丛书”（第一批和第二批）聚焦 G20 成员国的商务环境，并相继得到国家出版基金项目支持。相信该系列图书的出版，对于服务国家建设开放型经济发展战略，创新对外投资方式，促进国际产能合作，增强中国企业国际化经营能力和竞争力将会大有裨益。

杨言洪

2019 年 7 月

目　　录

第1章 印度概况

1.1 印度地理环境与自然资源

1.1.1 地理环境[①]

印度全称为印度共和国（Republic of India），是世界上最古老的文明古国之一，拥有丰富的文化遗产。自 1947 年独立以来的七十余年间，印度取得了全面的社会经济进步。印度已经在农业生产方面实现了自给自足，现已成为世界上工业化程度较高的国家之一，也是少数能够进入外太空的国家之一。印度的国土面积约为 298 万平方公里[②]，国土从积雪覆盖的喜马拉雅高地延伸至南部的热带雨林，面积居世界第七位，是南亚次大陆最大的国家。作为世界第七大的国家，印度与亚洲其他地区相距甚远，因为山脉和海洋都有其独特之处，印度成为一个独特的地理实体。北部以喜马拉雅山为界，向南延伸至北回归线，逐渐向东部的孟加拉湾和西部的阿拉伯海之间的印度洋倾斜。截至 2018 年，印度人口为 13.53 亿，居世界第 2 位。[③] 印

---

① 资料来源：印度政府门户网站，https://www.india.gov.in/india－glance/ profile. 登录时间：2018 年 4 月 19 日。

② 资料来源：中华人民共和国外交部，“印度国家概况（最近更新时间：2019 年 12 月）”，https://www.fmprc.gov.cn/web/gjhdq_676201/gj_676203/yz_676205/1206_677220/1206x0_ 677222/. 登录时间：2020 年 3 月 24 日。

③ 数据来源：联合国贸易与发展会议网站，https://unctadstat.unctad.org/CountryProfile/GeneralProfile/en-GB/356/index.html，登录时间：2020 年 3 月 24 日。

度的首都是新德里（New Delhi），人口 2 500 万。[①]

印度位于南亚次大陆的正中央，大陆完全位于北半球。东临孟加拉湾，西濒阿拉伯海，海岸线长 5 560 公里。印度西北部与巴基斯坦为邻，东北部同中国、不丹和尼泊尔接壤，东部与缅甸交界，孟加拉国夹在印度东北国土之间，东南部隔着狭窄的保克海峡（Palk Strait）与斯里兰卡相望。印度跨越东 5 区和东 6 区两个时区，首都新德里时间比北京时间晚 2.5 个小时。

印度全境可以分成四个地形区，即北部的喜马拉雅山区、中北部的恒河和印度河平原、西北部的沙漠地区和南部半岛高原区（德干高原）。恒河和印度河平原是世界上最大的冲积平原之一，也是地球上人口最密集的地区之一。西北部的沙漠地区主要位于印度西部拉贾斯坦邦。南部半岛高原区的海拔从 460 到 1 220 米不等。半岛东侧是东高止山脉，平均海拔约为 610 米；西侧是西高止山脉，海拔从 915 到 1 220 米，甚至上升到 2 440 米以上。

印度绝大部分地区位于热带和亚热带，以热带季风气候为主，按照降水多少可以分为旱季和雨季，冬干夏湿、终年高温是印度的主要气候特征。每年 10 月底至次年 5 月为旱季[②]，盛行东北季风，从陆地吹向海洋，气流干燥，降水稀少；每年 6 月至 9 月为雨季，盛行西南季风，从海洋吹向陆地，气流湿润，降水丰沛，带来印度一年中大部分的降雨。由于西南季风很不稳定，盛行时间和风力强度变化较大，使得印度降水量的时间分配很不稳定，进而造成印度水旱灾害较为频繁。

1.1.2 自然资源

1.1.1.1 矿产资源

（一）概述

印度拥有丰富的金属与非金属矿产资源，采矿业是印度经济的一个重要部分。印度矿业生产多达 95 种矿物质，其中包括 4 种燃料、10 种金属、23 种非金属、3 种原子矿物和 55 种微量矿物（包括建筑和其他材料）。印度采矿业的特点是存在大量的小型作业矿。2017—2018 年，印度从事矿业生产（不包括原子能、燃料和微量矿物）的矿山数量为 1 531 个，较前一年增加了 23 个。在报告的 1 531 个矿

---

① 资料来源：中华人民共和国外交部，“印度国家概况（最近更新时间：2019 年 12 月）”，https://www.fmprc.gov.cn/web/gjhdq_676201/gj_676203/yz_676205/1206_677220/1206x0_677222/. 登录时间：2020 年 3 月 24 日。

② 印度国内还通常将“旱季”分为三个季节，即后季风季（10 月至 11 月）、冬季（12 月至次年 2 月）和夏季（3 月至 6 月）。具体参见：印度政府门户网站，https://www.india.gov.in/ india-glance/profile. 登录时间：2018 年 4 月 19 日。

山中，230 个位于泰米尔纳德邦，197 个位于中央邦、191 个位于古吉拉特邦、142 个位于卡纳塔克邦、132 个位于奥里萨邦、129 个位于安得拉邦、112 个位于恰蒂斯加尔邦、87 个位于果阿邦、85 个位于拉贾斯坦邦、75 个位于马哈拉施特拉邦、58 个位于贾坎德邦。这十个邦的矿山数量占印度全国矿山总量的 94%。①

表 1－1　　　　探明的矿山数量

类别	2015—2016 年	2016—2017 年	2017—2018 年
矿山总数	1 619	1 508	1 531
金属矿山数量	715	644	657
非金属矿山数量	904	864	874

*不包含原子矿物、石油、天然气和微量矿物
数据来源：《印度矿业部年度报告》，第 12 页，表 2.1，
http://mines.gov.in/writereaddata/Content/AnnualReport2017-18.pdf

表 1－2　　2016—2017 年度地下矿山数量（根据主要矿物划分）

矿产	A 类	B 类	总计
磷灰石	—	1	1
铬铁矿	6	—	6
铜矿石	4	—	4
黄金	4	1	5
铅和锌	8	—	8
锰矿石	9	6	15
总计	31	8	39

* 不包括燃料、原子矿物和微量矿物
A 类：机械化矿山：全部劳动力>150 人，或在地下矿山工作的劳动力> 75 人。
B 类：除 A 类以外的矿山
资料来源：《印度矿业部年度报告》第 13 页，表 2.3，
http://mines.gov.in/writereaddata/Content/AnnualReport2017-18.pdf

2017—2018 年度，根据印度各邦或直辖区报告的采矿产量，其 93.65%的矿物生产产值（不包括燃料和原子矿物）来自十个邦。其中，拉贾斯坦邦的矿物生

① 资料来源：《印度矿业部年度报告》，第 11–12 页，http://mines.gov.in/writereaddata/Content/AnnualReport2017-18.pdf. 登录时间：2018 年 4 月 22 日。

产产值最高，占印度全国矿物生产产量的 20.26%；紧随其后的是奥里萨邦（17.77%）、德里中央直辖区（9.45%）、恰蒂斯加尔邦（8.80%），卡纳塔克邦（7.83%）、特伦甘纳邦（6.06%）、古吉拉特邦（5.66%）、北方邦（4.98%）、马哈拉施特拉邦（4.67%）和比哈尔邦（3.77%）。

印度部分矿产产量位居世界前列。2015 年，印度的蓝晶石/红柱石/硅线石、煤炭/褐煤、铬铁矿/铁矿锰矿，以及铝、锌、铜和钢等产量位列全球前十名。

表 1－3　　2015 年印度在世界主要矿物和金属生产中的贡献和排名

产品名称	单位	产量		贡献率（%）	印度产量的世界排位
		全球	印度（2014—2015 年）		
矿物燃料					
煤炭和褐煤	百万吨	7 860	683	8.13	3
石油（原油）	百万吨	4 225	37	0.88	23
金属矿物					
铝土	千吨	294 074	28 134	9.57	4
铬铁矿	千吨	35 300	2 894	8.20	4
铁矿石	百万吨	3 328	156	4.69	4
锰矿石	千吨	53 200	2 148	4.04	6
工业矿物					
蓝晶石，红柱石和硅线石	千吨	390	73	18.72	3
菱镁矿	千吨	44 900	265	0.59	11
磷灰石和磷矿石	千吨	265 140	1 474	0.56	16
金属					
铝	千吨	57 670	2 355	4.08	5
铜（精炼）	千吨	22 900	790	3.45	7
钢	百万吨	1 620	90	5.56	3
铅（精炼）	千吨	10 700	145	1.36	14
锌（板）	千吨	13 227	759	5.74	5

资料来源：《印度矿业部年度报告》，第 15 页，表 2.4，http://mines.gov.in/writereaddata/Content/AnnualReport2017-18.pdf。

印度工业生产中的原材料和燃料很大程度上可以自给自足，但出于经济考虑或特定等级的要求，有部分的矿物或矿石需要进口。

表1－4　　2015—2016年度印度主要矿产和金属的自给率

编号	产品	需求/国内消耗量（千吨）	供给/国内供给量（千吨）	自给率（%）
	矿产			
1	铝土矿	1 408	28 133	100
2	铬铁矿	2 191	2 894	100
3	萤石	64	2	3
4	铁矿石	122 619	155 910	100
5	蓝晶石	3	3	100
6	石灰石和其他钙质矿物	307 355	303 815	99
7	菱镁矿	263	265	100
8	锰矿石	3 544	2 148	61
9	磷矿石（包括磷灰石）	4 363	1 474	34
10	硅线石	34	70	100
	金属			
11	铝	2 872	2 355	82
12	铜（精制）	820	790	96
13	铅（精炼）	266	145	55
14	锌（板）	669	759	100

* 注：即使在国内供应几乎满足全部国内需求的情况下，也会进口某些特定品质/类型的矿物和金属/铁合金以满足某些特定用途的要求。

资料来源：《印度矿业部年度报告》，第16页，表2.5，http://mines.gov.in/writereaddata/Content/AnnualReport2017-18.pdf。

（二）煤炭资源

煤炭是印度最重要和最丰富的化石燃料，它满足了该国55%的能源需求。印度商业一次能源消耗在过去四十年中增长了约700%，目前印度人均商业一次能源消费量约为350千克标准煤/年，远低于其他发达国家。受人口增长、经济扩张和提高生活质量等因素的驱动，印度的能源使用量预计将会增加。考虑到石油天然气储量有限、水电项目的生态保护限制和核电的地缘政治因素，煤炭将继续占据印度能源供应的核心地位。

印度硬煤储量遍布 27 个主要煤田，主要集中在该国东部和南部及中部地区（见煤炭储量）。褐煤储量约为 360 亿吨，其中 90%分布在南部泰米尔纳德邦。截至 2018 年 4 月 1 日，印度全国的煤炭地质资源储量累计估算约为 3 190.2 亿吨。各邦的煤炭地质资源详情如下：①

表 1－5　　印度各邦（部分）煤炭储量（单位：百万吨）

地区	探明储量（proved）	推断储量（indicated）	指示储量（inferred）	总计*
贾坎德邦（Jharkhand）	45 563	31 439	6 150	83 152
奥里萨邦（Odisha）	37 391	34 165	7 739	79 295
恰蒂斯加尔邦（Chattisgarh）	20 428	34 576	2 202	57 206
西孟加拉邦（West Bengal）	14 156	12 869	4 643	31 667
中央邦（Madhya Pradesh）	11 958	12 154	3 875	27 987
特伦甘纳邦（Telangana）	10 475	8 576	2 651	21 702
马哈拉施特拉邦（Maharashtra）	7 178	3 074	2 048	12 299
安得拉邦（Andhra Pradesh）	0	1 149	432	1 581
比哈尔邦（Bihar）	161	813	392	1 367
北方邦（Uttar Pradesh）	884	178	0	1 062
梅加拉亚邦（Meghalaya）	89	17	471	576
阿萨姆邦（Assam）	465	57	3	525
那加兰邦（Nagaland）	9	0	402	410

① 资料来源：印度煤炭部网站，https://coal.nic.in/content/coal-reserves. 登录时间：2018 年 4 月 21 日。

续表

地区	探明储量（proved）	推断储量（indicated）	指示储量（inferred）	总计*
锡金邦（Sikkim）	0	58	43	101
总计*	148 756	139 124	31 050	318 930

* 因为表格中显示的是整数（四舍五入），但在计算时使用的是实际数字，所以导致表格“总计”中的数字与表格中每行、每列直接加总稍有差别。

数据来源：印度煤炭部网站，https://coal.nic.in/content/coal–reserves

印度的煤炭资源主要分布在印度半岛的冈瓦纳地层（Gondwana Formations）和印度东北部较年轻的第三纪地层。根据区域勘探的结果，截至 2018 年 4 月 1 日，印度的煤炭资源在地理位置和类别上的分布情况如下表所示。

表 1－6　　印度煤炭资源分类列示（单位：百万吨）

地层	探明储量（proved）	推断储量（indicated）	指示储量（inferred）	总计
冈瓦纳	148 194	139 065	30 174	317 433
第三纪	594	99	895	1 588
总计	148 787	139 164	31 069	319 020

数据来源：印度煤炭部网站，https://coal.nic.in/content/coal-reserves

通过持续的投资计划和加大对现代技术的应用，印度煤炭产量有所提升。20 世纪 70 年代，在煤炭产业国有化之初，印度全国煤炭产量仅为 7 千万吨左右。2017—2018 年度，印度全国煤炭产量已提升至 6.754 亿吨；2018 年 4 月至 2019 年 3 月，印度全国煤炭产量增长至 7.303 5 亿吨，增长率为 7.9%。

印度煤炭有限公司（Coal India Ltd，CIL）是印度国有控股煤炭开采公司，是世界上最大的煤炭生产公司之一，煤炭产量超过印度全国煤炭产量的 80%，总部位于印度西孟加拉邦加尔各答。2017—2018 年度，印度煤炭有限公司及其子公司煤炭总产量为 5.673 6 亿吨，较上年同期的 5.541 4 亿吨增长了 7.0%；2018 年 4 月至 2019 年 3 月，该公司煤炭产量为 6.068 9 亿吨，较上年增长了 2.4%。印度辛格南尼煤矿有限公司（The Singareni Collieries Company Limited，SCCL）是印度南部地区煤炭供应的主要来源。2017—2018 年度，该公司的煤炭产量为 6 201 万吨，较上年同期的 6 134 万增长了 67 万吨；2018 年 4 月至 2019 年 3 月，煤炭产量为 6 441 万吨，较上年增长了 3.9%。[①]

印度国内煤炭的经销主要由印度煤炭有限公司（CIL）进行协调。印度煤炭有限公司营销部门负责协调所有子公司的营销活动，印度煤炭有限公司在印度各地设立了区域销售办事处和分销办事处，以满足各地区消费行业的需求。

根据印度现行的进口政策，印度国内煤炭消费者可以在审慎评估自身商业需求的基础上，依据开放一般许可证（Open General License, OGL）政策自由进口煤炭。印度钢铁管理局有限公司（Steel Authority of India Limited，SAIL）是印度最大的国有钢铁制造企业之一，总部位于新德里。该公司和印度其他钢铁企业是印度从事煤炭资源进口的主要机构，主要进口焦煤，用以填补印度国内焦煤需求供需缺口，并提高质量。此外，印度从事非焦煤进口的企业主要包括煤基发电厂、水泥厂、自备电厂和煤炭贸易商等。过去六年印度进口煤炭的详情如下：

表 1－7　　印度煤炭进口量（单位：百万吨）

煤＼年度	2014—2015	2015—2016	2016—2017	2017—2018	2018—2019*	2019—2020*
焦煤	43.72	44.56	41.64	47.00	51.84	38.80
非焦化煤	174.07	159.39	149.31	161.27	183.40	147.84
总煤炭进口	217.78	203.95	190.95	208.27	235.24	186.64
焦炭	3.29	3.07	4.35	4.58	4.93	2.23

*为暂定数据

数据来源：印度煤炭部网站，https://coal.nic.in/content/production-and-supplies

（三）原油和天然气

2017—2018 年度，印度全国原油产量为 3 568 万吨（Metric Tonne, MT），较 2016—2017 年的 3 601 万吨下降了 0.9%。2017—2018 年度，印度全国的天然气产量为 326.5 亿立方米（Cubic Meter, CM），较 2016—2017 年的 319 亿立方米增加了 2.36%。[②] 与丰富且易开采的煤炭相比，印度的石油与天然气储藏量则相对不足。当前，尽管印度国内对石油和天然气的需求有所放缓，但鉴于其国内原油

---

① 数据来源：印度煤炭部网站，https://coal.nic.in/content/production-and- supplies. 登录时间：2020 年 3 月 25 日。

② 资料来源：印度石油与天然气部网站，《印度石油与天然气报告（2017—2018）》，第 4 页，http://petroleum.nic.in/sites/default/files/ipngstat_0.pdf. 登录时间：2020 年 3 月 25 日。

和天然气供应有限，印度国内石油和天然气需求量的75%以上依然依靠进口。[①] 为了促进国内石油和天然气产量的提升，印度政府已经在碳氢化合物领域采取了若干政策措施和改革，其中包括新的碳氢化合物勘探和许可政策（Hydrocarbon Exploration and Licensing Policy，HELP）、开放土地许可证政策（Open Acreage Licensing Policy, OALP）、发现小型油气田政策（Discovered Small Field Policy）、困难产区天然气价格改革与溢价政策、困难产区给予市场自由的政策、石油天然气国家数据库项目（National Data Repository）、延长生产共享合同的政策（Policy for Extension of Production Sharing Contracts, PSCs）等，并出台了相关政策框架以简化延长生产共享合同政策的执行，简化非传统碳氢能源的勘探与开发的政策程序。[②]

2011—2012 年度至 2017—2018 年度，印度全国原油和天然气的产量趋势如下表：

表 1－8　印度原油和天然气产量

年度	原油产量（万吨）	原油生产增长率（%）	天然气产量（亿立方米）	天然气产量增长率（%）
2011—2012	3 809	1.08	475.6	－8.92
2012—2013	3 786	－0.60	406.8	－14.46
2013—2014	3 779	－0.19	354.1	－12.96
2014—2015	3 746	－0.87	336.6	－4.94
2015—2016	3 694	－1.39	322.5	－4.18
2016—2017	3 601	－2.53	319.0	－1.09
2017—2018（暂定）	3 568	－0.90	326.5	2.36

资料来源：印度石油与天然气部网站，"印度石油与天然气报告（2017—2018）"，第 4 页，http://petroleum.nic.in/sites/default/files/ipngstat_0.pdf

1.1.1.2　生物资源

（一）植物资源

根据《印度森林状况报告》（*India State of Forest Report*，ISFR），2017 年印度

① 资料来源：印度石油与天然气部网站，《印度石油与天然气报告（2016—2017）》，第 4 页，http://petroleum.nic.in/sites/default/files/pngstat_1617r.pdf. 登录时间：2018 年 4 月 20 日。

② 资料来源：印度石油与天然气部网站，《印度石油与天然气报告（2017—2018）》，第 4 页，http://petroleum.nic.in/sites/default/files/ipngstat_0.pdf. 登录时间：2020 年 3 月 25 日。

的森林和树木覆盖面积为 802 088 平方公里，占印度总地理面积的 24.39%。印度森林类型丰富，有热带湿常绿林（Tropical Wet Evergreen Forests）、热带湿落叶林（Tropical Moist Deciduous Forests）、热带干落叶林（Tropical Dry Deciduous）、亚热带干常绿林（Sub Tropical Dry Evergreen Forests）、喜马拉雅湿温带林（Himalayan Moist Temperate Forests）、亚高山灌丛林（Sub-Alpine and Alpine Scrub Forests）等。①

印度植物资源丰富，拥有丰富多样的植被。印度全境可分为八个不同的植物区，即西喜马拉雅山区、喜马拉雅山东部、阿萨姆邦、印度河平原、甘加平原、德干地区、马拉巴尔地区和安达曼群岛。西喜马拉雅山的温带地区富含松柏、松树、其他针叶树和阔叶温带树林，海拔更高的地方生长着蓝松、云杉和银杉的森林。喜马拉雅东部是温带森林，主要有橡树、桂冠、枫树、杜鹃花、桦木、针叶树、杜松和矮柳等。阿萨姆邦地区布满常绿森林，偶有浓密的竹丛和高草，是印度重要的红茶产区。印度河平原地区主要涵盖旁遮普邦、拉贾斯坦邦西部和古吉拉特邦北部的平原。甘加平原地区主要是冲积平原，可以种植小麦、甘蔗和水稻。德干地区包括印度半岛的整个高原地区，生长着从丛林到混合落叶林的各种植被。马拉巴尔地区覆盖了平行印度西海岸的山地过渡地带，该地区除拥有丰富的森林植被之外，还生产重要的商业作物，如椰子、槟榔、胡椒、咖啡、茶、橡胶和腰果等。安达曼地区布满常绿树种，如红树林等。

印度植物调查组（The Botanical Survey of India，BSI）是印度环境、森林和气候变化部的下属组织，负责开展国家野生植物资源的分类及相关研究。2017—2018 年度，印度植物调查组已经开展了 119 个项目，进行了 113 次实地考察，收集植物标本和资料。印度植物调查组已经完成调查并记录了 75 种紫葳科植物、15 种鼠尾粟亚族植物、24 种鳞茎属和铁线蕨属植物的分类。此外，印度植物调查组还完成了 8 个项目共 216 种植物的植物志，并对穆亚族（画眉草亚科）、紫荆科、苔草属、山毛榉科等植物种类做了修订。②

此外，印度有许多特有植物，特有物种的栖息地比其他物种脆弱得多，特有物种一旦失去，就会造成这些物种生物多样性的永久丧失。在印度，约 5 725 种被子植物特有类群（占印度植物区系的 33.5%）分布在 20 多个主要地区。其中，

① 资料来源：印度环境、森林和气候变化部，http://moef.gov.in/forest- wildlife/forest-3/. 登录时间：2020 年 3 月 25 日。

② 资料来源：印度环境、森林和气候变化部，《印度环境、森林和气候变化部年度报告（2017—2018）》，第 3 页，http://moef.gov.in/wp-content/uploads/2019/04/22-03-18.pdf; http://moef. gov.in/resource/annual-reports-of-the-ministry/. 登录时间：2020 年 3 月 25 日。

喀拉拉邦约有 1 272 种特有被子植物，占印度特有植物的 22.6%。根据目前印度的研究，约有 102 种特有物种仅在喀拉拉邦出现。[①] 喀拉拉邦还有一些神圣树林，这些神圣树林是基于宗教信仰而保护的一些特有的、濒危的或经济价值高的常绿森林的残骸。喀拉拉邦与西高止山脉森林地区的植物多样性水平较高，这些植物构成了自我维持的生态系统，可促进周边地区的环境保护和水循环。

为了保护森林资源，根据《印度国家森林政策》(National Forest Policy, 1988)、《1927 年印度森林法》(Indian Forest Act, 1927)、《1980 年森林保护法》(Forest <Conservation> Act, 1980) 等法律，印度境内许多开发和工业项目，如水坝、采矿、工业、道路等，无论是政府项目还是私人项目，都必须事先获得印度环境、森林和气候变化部的批准。目前，印度全国各地已成立了 11.8 万个联合森林管理委员会（Joint Forest Management Committees，JFMC），以开发和管理林地资源。[②]

此外，印度还设有若干动植物保护区，用以保护动植物资源，如西孟加拉邦布克萨野生动植物保护区（Buxa Wildlife Sanctuary）、乔达摩佛陀野生动植物保护区（Gautama Buddha Wildlife Sanctuary）、贾达帕拉野生动植物保护区（Jaldapara Wildlife Sanctuary）等。目前，印度植物调查组已完成了对各大保护区 894 种物种的分类。在迁地保护方面，印度政府已将 36 个种类下的 105 株植物迁至印度豪拉植物园进行保护，另有 19 种濒危植物被运至不同地区的植物园。印度还颁布了《国家野生动植物行动计划》(National Wildlife Action Plan, 2017—2031)，目前，该计划框架下现已提交 257 项动植物保护项目。[③]

（二）动物资源

印度的动物资源也较为丰富。印度动物学调查组（The Zoological Survey of India，ZSI）是印度环境、森林与气候变化部下属的主要研究机构，负责调查印度的动物资源状况，总部设在加尔各答。该机构的调查数据表明，印度的动物种类繁多，数量达 89 451 种，其中包括原生动物、软体动物、猿、两栖动物、哺乳动物、爬虫类、原脊索动物、鸟类和其他无脊椎动物。哺乳动物包括亚洲象、高

---

① 资料来源：印度加瓦拉尔·尼赫鲁港热带植物园与研究所，http:// www.jntbgri.in/jntbgri/databases.htm. 登录时间：2018 年 4 月 23 日。

② 资料来源：印度环境、森林和气候变化部，http://moef.gov.in/ forest-wildlife/forest-3/. 登录时间：2020 年 3 月 25 日。

③ 资料来源：印度环境、森林和气候变化部，《印度环境、森林和气候变化部年度报告（2017—2018）》，第 3 页，第 63 页，http://moef.gov.in/wp-content/uploads/2019/04/22-03-18.pdf; http://moef.gov.in/resource/annual-reports-of-the-ministry/. 登录时间：2020 年 3 月 25 日。

原或印度野牛（现存最大的牛）、印度大角犀牛、喜马拉雅野生绵羊、沼泽鹿、四角羚羊、印度羚羊或黑羚羊、印度瞪羚、棕鹿、白眉长臂猿、狼、喜马拉雅黑熊等。在猫科动物中，印度有孟加拉虎、亚洲狮，以及其他大型生物，如云豹、雪豹、豹猫、椰子狸等。鸟类有灰犀鸟、白琵鹭、蛇雕、栗腹文鸟、印度大鹦鹉、猎鹰、雉鸡、鹅、鸭、八哥、长尾小鹦鹉、鸽子、鹤、犀鸟和太阳鸟等，它们栖息在森林和湿地。在爬行动物中，有印度星斑陆龟、印度岩蟒、印度眼镜蛇、印度沙蟒、巨蜥、美洲短吻鳄、沼泽鳄鱼等。[①] 印度河流和湖泊中有鳄鱼，盐水鳄鱼生活在印度东海岸、安达曼和尼科巴群岛。喜马拉雅山脉地区的动物群主要有野生绵羊、山羊等。2017 年，印度动物学调查组的科学家又发现了 85 种新物种，其中包括：甲壳动物、直翅目和膜翅目 3 个新属；两栖纲、蛛形纲、海鞘属、甲壳纲、鱼类、扁形动物门、线虫类、鞘翅类、弹尾目、双翅目、蜉蝣目等类别下的物种。[②]

近年来，由于印度农业扩张、过度开发与污染等问题，流行病、洪水、干旱和飓风造成了植被覆盖减少和动植物的丧失。当前，印度超过 39 种哺乳动物、72 种鸟类、17 种爬行动物、3 种两栖动物、2 种鱼类以及大量蝴蝶、飞蛾和甲虫都被列为脆弱和濒危的物种。

大象保护是印度环境、森林和气候变化部的一项重要工作。大象是印度最大的陆地哺乳动物，由于大象对食物和水的需求非常高，因此需要良好森林资源的支持，大象的生存状态可以成为判断森林状况的最佳指标。目前，亚洲象主要分布在印度次大陆、东南亚和一些亚洲岛屿（如斯里兰卡）、印度尼西亚和马来西亚等，大约 60%的亚洲大象生活在印度。野生亚洲象主要分布在印度南部地区、东北地区的西孟加拉邦、中部的奥里萨邦和贾坎德邦等地。[③] 印度对野生大象的调查每隔五年进行一次。截至目前，印度已建立 28 个大象保护区（Elephant Reserve，ERs），面积达到 6.183 万平方公里左右。

除了针对大象的保护计划，印度政府还有于 1973 年发起的“老虎计划”（the Project Tiger），该计划是印度保护野生动物的开创性举措。“老虎计划”成立之初建立了 9 个老虎保护区，目前，印度的老虎保护区已增至 50 个，印度境内 18 个

① 资料来源：印度国家动物园网站，http://nzpnewdelhi.gov.in/mammals.htm. 登录时间：2018 年 4 月 22 日。

② 印度动物学调查局（Zoological Survey of India，ZSI），http://www.zsi.gov.in/App/index.aspx

③ 资料来源：印度环境、森林与气候变化部，http://www.moef.nic.in/ division/introduction-4. 登录时间：2018 年 4 月 22 日。

邦有老虎生活的踪迹，这相当于印度地理区域的 2.21%。[①]

斋普尔 琥珀堡

象群

猴群

① 资料来源：印度国家老虎保护机构网站，http://projecttiger.nic.in/ content/107_1_Background.aspx. 登录时间：2018 年 4 月 23 日。

印度颁布了一系列保护野生动物的法律，如《1972 年野生动物保护法》。此外，《印度国家森林政策》《1927 年印度森林法》和《1980 年森林保护法》等法律与政策也为野生动物保护提供了法律保障。为了更好地管理野生动物保护区，印度专门成立了生态发展委员会（Eco Development Committees，EDCs），以确保人们参与野生动物保护。①

1.1.1.3 水资源

印度水资源丰富，水域面积广阔。按照河流分布，可将印度分为四大区域，即喜马拉雅地区、德干地区、沿海地区和内陆地区。喜马拉雅地区的河流是由融雪和冰川融水形成的，全年都会流动。在季风期间，喜马拉雅山的降雨量非常大，河流水位上涨，导致洪水泛滥。德干地区的河流主要以雨水作为补给，因此水量随季节波动较大。在德干地区，大部分向东流动的河流注入孟加拉湾，主要东流的河流有戈达瓦里（Godavari）河、奎师那（Krishna）河、高韦里（Cauvery）河和马哈纳迪（Mahanadi）河等；纳尔马达（Narmada）河和塔普蒂（Tapti）河是德干地区主要的西流河流。沿海地区的河流，尤其是西海岸的河流，受沿岸高山影响，溪流短、流域面积有限，多为非常年性的河流，印度西海岸约有 600 多条沿海河流。印度内陆地区河流很少，大多是季节性河流。位于内陆地区拉贾斯坦邦的几条内流河流最终或流入盐湖，或消失在了沙漠。

恒河是印度最重要河流之一，恒河流域是印度文明的发源地之一。恒河不仅是今天印度教的圣河，也是昔日佛教兴起的地方，至今还有大量佛教圣地遗存。恒河发源于喜马拉雅山南麓和德干高原，穿过北阿坎德邦、北方邦、比哈尔邦、贾坎德邦和西孟加拉邦后，流入孟加拉国，最后注入孟加拉湾。亚姆纳（Yamuna）河、拉姆冈加（Ramganga）河、加拉（Ghaghra）河、甘达克（Gandak）河、科西（Kosi）河、马哈南达（Mahananda）河和索恩（Sone）河是恒河的重要支流。昌巴尔（Chambal）河和贝德瓦（Betwa）河是重要的次支流，在汇入恒河之前流入亚姆纳（Yamuna）河。印度河也是印度最重要的河流之一，发源于中国西藏的曼萨罗沃湖（Mansarovar），流经印度、巴基斯坦，最后流入阿拉伯海。印度河在印度境内上的重要支流是萨特莱杰（Sutlej）河、比阿斯（Beas）河、拉维（Ravi）河、杰纳布（Chenab）河和杰赫勒姆（Jhelum）河。②

---

① 资料来源：印度环境、森林和气候变化部，http://moef.gov.in/forest- wildlife/forest-3/. 登录时间：2020 年 3 月 25 日。

② 资料来源：印度政府门户网站，https://www.india.gov.in/india-glance/ profile. 登录时间：2018 年 4 月 19 日。

根据中央水务委员会（Central Water Commission，CWC）的统计，印度的水资源潜力约为 19 990 亿立方米（包括地表水和地下水）。全国可利用水资源总量估计为11 220亿立方米/年，其中地表水和地下水分别为6 900亿立方米/年和4 320亿立方米/年。

印度的内陆水资源可以分为河流和运河、蓄水库、池塘、湖泊和废弃水体、苦咸水等几类。

表 1－9　　印度内陆水资源

河流和运河（千米）	193 095
其他水资源（万公顷）	
蓄水库	292.636 7
池塘	215.676
洪泛区、湖泊和废弃水体	75.63
苦咸水	11.55
总计	699.442

数据来源：印度中央水利委员会，《水资源统计报告（2019）》，第 3 页，http://cwc.gov.in/water-and-related-statistics-2019；http://cwc.gov.in/sites/default/files/water-and-related-statistics-2019.pdf

印度中央水务委员会（CWC）每周监测全国 123 个水库的蓄水情况。在这些水库中，水电效益明显的水库有 43 座，装机容量超过 60 兆瓦。这 123 个水库的总库容为 1 710.9 亿立方米，约为印度全国预计建成 2 578.12 亿立方米总库容的 66.36%。根据 2020 年 3 月 19 日的水库蓄水公报，这些水库的有效库容为 911.5 亿立方米，占水库总库容的 53%。去年同期这些水库的有效库存量为 574.4 亿立方米，过去 10 年的平均有效库存量为 603.1 亿立方米。当前，印度全国 123 个水库的有效库存量是去年同期的 159%，是过去十年平均库存量的 151%，整体高于以往水平。

从地区分布来看，北部地区的喜马偕尔邦、旁遮普邦和拉贾斯坦邦共有 8 座水库，总蓄水量为 191.7 亿立方米。当前，这些水库的可用总蓄水量为 95.7 亿立方米，占这些水库总容量的 50%。东部地区包括贾坎德邦、奥里萨邦、西孟加拉邦、特里普拉邦和那加兰邦，共有 18 个水库，实时存储容量为 194.3 亿立方米。目前这些水库的总蓄水量为 126.1 亿立方米，占总数的 65%。西部地区包括古吉拉特邦和马哈拉施特拉邦，共有 42 个水库，有效库容量为 352.4 亿立方米，这些水库的当前总蓄水量为207.8 亿立方米，占这些水库总容量的59%。中部地区包括北方邦、北阿坎德邦、中央邦和恰蒂斯加尔邦，19 个水库的总库容量为444.5亿立方米，这些水库的可用总蓄水量为256.2 立方米，占这些水库总容量的58%。南部地区包括安得拉邦、特伦甘纳邦、卡纳塔克邦、喀拉拉邦和泰米尔纳德邦，共有36 个水库，总蓄水量为528.1 亿立方米，这些水库的可用总蓄水量为225.6亿立方米，占这些水库总容量的43%。①

表1－10　　印度各流域储水量周报

（截至2020 年3 月19 日，单位：十亿立方米BCM）

流域	有效容量（Live Capacity）	本年储量		上一年储量		过去十年平均储量		与过去十年平均储量的偏差（%）
恒河	30.184	16.392	54.31%	9.824	32.55%	11.268	37.33%	45.47
印度河	14.819	7.314	49.36%	7.891	53.25%	4.713	31.80%	55.19
纳尔马达河	22.344	11.675	52.25%	7.548	33.78%	6.665	29.83%	75.17
塔普蒂河	7.394	5.296	71.63%	1.343	18.16%	3.114	42.12%	70.07
默希河	4.012	2.029	50.57%	1.617	40.30%	1.738	43.32%	16.74
萨伯尔默蒂河	1.042	0.514	49.33%	0.131	12.57%	0.222	21.31%	131.53
卡奇河	1.186	0.432	36.42%	0.137	11.55%	0.214	18.04%	101.87
戈达瓦里河	17.714	10.106	57.05%	4.941	27.89%	6.360	35.90%	58.90
奎师那河	33.573	13.151	39.17%	7.598	22.63%	8.840	26.33%	48.77
马哈纳迪河	13.842	10.014	72.35%	6.572	47.48%	7.514	54.28%	33.27
高韦里河	8.359	5.652	67.62%	2.378	28.45%	2.525	30.21%	123.84
南部向西河流	16.622	8.575	51.59%	7.458	44.87%	7.141	42.96%	20.08
总计	171.091	91.150	—	57.438	—	60.314	—	—
百分比								51.13

资料来源：印度水利委员会网站，“全国123 个水库蓄水情况公报（2020 年3 月19 日）”，第10 页，http://cwc.gov.in/reservoir-storage

① 资料来源：印度中央水利委员会报告，“全国123 个水库蓄水情况公报（2020 年3 月19 日）”，第1－2页，http://cwc.gov.in/reservoir-storage. 登录时间：2020 年3 月25 日。

2017 年，印度全国可补充地下水资源总量约为 4 320 亿立方米，地下水资源主要通过降雨以及灌溉回灌、渠道渗水、水体补给、节水结构等渠道补给。印度北方邦、安得拉邦、中央邦和马哈拉施特拉邦等 15 个邦的地下水储量占全国总量的 90%，其中，北方邦的地下水资源占印度全国地下水资源总量的 16.2%，安得拉邦占比 4.9%，中央邦占比 8.4%，马哈拉施特拉邦占比 7.3%，比哈尔邦占比 7.3%，西孟加拉邦占比 6.8%，阿萨姆邦占比 6.6%。当前，印度每年可抽取的地下水总量约为 3 930 亿立方米，每年实际抽取地下水总量为 2 490 立方米，抽取的地下水主要用于灌溉。①

表 1-11　　印度年度可补充地下水资源数量*

邦	年度可补给地下水资源	
	十亿立方米	占比（%）
安得拉邦	21.22	4.9
阿萨姆邦	28.67	6.6
比哈尔邦	31.41	7.3
恰蒂斯加尔邦	11.57	2.7
古吉拉特邦	22.37	5.2
卡纳塔克邦	16.84	3.9
中央邦	36.42	8.4
马哈拉施特拉邦	31.64	7.3
奥里萨邦	16.74	3.9
旁遮普邦	23.93	5.5
拉贾斯坦邦	13.21	3.1
泰米尔纳德邦	20.22	4.7
特伦甘纳邦	13.62	3.2
北方邦	69.92	16.2
西孟加拉邦	29.33	6.8
其他	44.75	10.3
总计	431.86	100.0

*此表为截至 2017 年 3 月 31 日的数据。

数据来源：印度中央水利委员会，《水资源统计报告（2019）》，第 3 页，http://cwc.gov.in/water-and-related-statistics-2019；http://cwc.gov.in/sites/default/files/water- and-related-statistics-2019.pdf

① 数据来源：印度中央水利委员会，《水资源统计报告（2019）》，第 6－7 页，http://cwc.gov.in/water-and-related-statistics-2019；http://cwc.gov.in/sites/default/files/water-and-related- statistics-2019.pdf. 登录时间：2020 年 3 月 25 日。

1.2 印度政治与外交

1.2.1 宪法

印度宪法于1949年11月26日在制宪会议上通过，并于1950年1月26日正式生效。印度宪法的正文共395条，还包括12条附表（每条都明确和扩充了一些条款）和90多条修正案，其中包括一份关于“基本权利”的详细清单，主要内容为“国家政策指导原则”和公民“基本职责”。宪法的其余部分详细列出了中央政府和地方政府的结构、权力和运作方式。此外，印度宪法还包括一些规定和宪法修正案程序，涉及弱势公民的权利维护和利益促进。

根据印度宪法，印度是联邦制共和国，是主权的、社会主义的、世俗的民主共和国，采取英国式的议会民主制，同时仍为英联邦成员。公民不分种族、性别、出身、宗教信仰和出生地点，在法律面前一律平等。

印度政府依据印度宪法对国家进行治理，联邦的首脑是总统。根据印度《宪法》第79条，联邦议会由总统、联邦院（Rajya Sabha）和人民院（Lok Sabha）组成。《宪法》第74条第（1）款规定，国家的实际行政权力归属于以总理为首的部长会议。[①]

1.2.2 立法体系

印度联邦议会由总统和两院组成。总统为国家元首和武装部队的统帅，由议会两院及各邦议会当选议员组成选举团选出，任期五年，依照以总理为首的部长会议的建议行使职权。印度现任总统为拉姆·纳特·科温德（Ram Nath Kovind），2017年7月25日就任，是印度第14任总统。拉姆·纳特·科温德于1945年10月生于印度北方邦，印度人民党成员，曾当选印度联邦院议员，2015年8月出任比哈尔邦邦长。

印度联邦议会两院包括联邦院（上院）和人民院（下院）。联邦院共250席，由总统指定12名具有专门学识或实际经验的议员，和不超过238名各邦及中央直辖区的代表组成，任期六年，每两年改选1/3。联邦院每年召开4次会议。宪法

---

① 资料来源：印度政府门户网站，https://www.india.gov.in/my- government/constitution-india. 登录时间：2018年4月10日。

规定副总统为法定的联邦院议长。现任联邦院议长穆帕瓦拉普·文卡亚·奈杜（Muppavarapu. Venkaiah Naidu），2017年8月5日当选，2017年8月11日就职。人民院为国家主要立法机构，其主要职能包括：制定法律和修改宪法；控制和调整联邦政府的收入和支出；对联邦政府提出不信任案，并有权弹劾总统。人民院共545席，其中543席由选民直接选举产生，每5年举行一次大选。2019年选举产生的第17届人民院得票较多的政党有：印人党获得302席，国大党获52席，德拉维达进步联盟获23席，草根国大党22席，YSR国大党22席。现任人民院议长奥姆·博拉（Om Birla），2019年6月19日当选。①

议会委员会由议会选出或议长任命，在议长的指导下工作，并向议长报告工作，由议会两院的秘书局提供秘书服务。印度议会中的委员会分常设委员会和特别委员会。常设委员会是根据有关法律规定设立的永久性委员会，人数一般在10人以上，某些重要委员会多达31名。当委员会由两院共同组成时，人民院与联邦院议员比例为2∶1。印度议会常设委员会共分为六类：第一类是财政类委员会，共三个，主要职责是对政府部门开支进行详细审查和监督；第二类与政府部门有关，也是常设委员会中比较重要的委员会，其主要职责是审议政府各部的年度报告以及预算、法案和政策性文件，并向政府提出建议；第三类是与议会事务有关的委员会，如议员缺席委员会、议程咨询委员会、议员议案和决议委员会、规则委员会等；第四类是调查委员会，如请愿委员会、特权委员会；第五类是审查委员会，如政府保证委员会、次级立法委员会、议案审查委员会、表列种姓和表列部落福利委员会等；第六类是为议员服务的委员会，如总务委员会、住房委员会、图书馆委员会、议员工资和补贴共同委员会等。特别委员会是为专门研究某些议案或具体事务成立的，如铁路协定委员会、议员不良行为调查委员会等。常设委员会成员任期一般为一年，可连任。但请愿委员会、特权委员会和规则委员会的任期到下次委员会组成前。特别委员会的任期到其任务完成时为止。各政党在各委员会中都按其在议会中的实力占有席位。通常议长每年根据各党派建议的名单，经考虑后重新任命一次各委员会成员。

1.2.3 行政体系

印度全国一共划分为35个一级行政区，分为邦（states）、联邦属地（union territories）和联邦首都辖区（national capital territory）三类，其中邦28个、联邦

---

① 资料来源：中华人民共和国外交部，“印度国家概况（最近更新时间：2019年12月）”，https://www.fmprc.gov.cn/web/gjhdq_676201/gj_676203/yz_676205/1206_677220/1206x0_677222/. 登录时间：2020年3月18日。

属地 6 个，还有 1 个首都德里辖区。印度是联邦制国家，印度联邦政府的重要作用在于调整各邦的边界，将各邦进行融合。

作为议会制国家，印度政府的行政职责与实权由总理领导的部长会议（包括内阁部长、国务部长）掌握。因此，以总理为首的部长会议是印度的最高行政机构。印度总理由人民院多数党的议会党团领袖担任，并由总统任命；总理提名副总理和各部部长，并由总统委任。总理和内阁部长组成的内阁是印度政府的决策机构，其中内阁部长共 24 人、独立主持部务的国务部长 9 人。① 从机构设置来看，印度联邦政府包括 51 个部（Ministry）、2 个独立部门（Independent Department）、56 个部门（Department）和 41 个委员会（Commission）等机构。②

印度现任总理是纳伦德拉·莫迪（Narendra Modi），莫迪于 1950 年出生于印度古吉拉特邦，信奉印度教。1985 年，莫迪加入印度人民党，曾任人民党古吉拉特邦分部总书记、全国书记和全国总书记。2001 年起，莫迪连续 13 年担任古吉拉特邦首席部长。在 2014 年印度第 16 届人民院选举中，莫迪率人民党赢得过半数席位，并于同年 5 月 26 日就任印度总理；在 2019 年印度第 17 届人民院选举中，莫迪率全国民主联盟在大选中获得多数席位，于同年 5 月 30 日成功连任印度总理。

表 1－12　　印度内阁部长、国务部长

	职务	姓名
内阁部长（24 人）	人事、督察和养老金部部长、原子能和空间署署长	纳伦德拉·莫迪（Narendra Modi）
	国防部部长	拉吉纳特·辛格（Raj Nath Singh）
	内政部部长	阿米特·沙阿（Amit Shah）
	道路交通和公路部、中小微企业部部长	尼廷·杰拉姆·加德卡里（Nitin Jairam Gadkari）
	化工和化肥部部长	D·V·萨达南达·高达（D.V. Sadananda Gowda）
	财政部、公司事务部部长	尼尔玛拉·希塔拉曼（女）（Nirmala Sitharaman）

① 资料来源：中华人民共和国外交部，“印度国家概况（最近更新时间：2019 年 12 月）”，https://www.fmprc.gov.cn/web/gjhdq_676201/gj_676203/yz_676205/1206_677220/1206x0_ 677222/. 登录时间：2020 年 3 月 18 日。

② 资料来源：印度联邦政府网站，http://www.goidirectory.nic.in/union_ index.php. 登录时间：2018 年 4 月 8 日。

续表

	职务	姓名
内阁部长（24人）	消费者事务、食品和公共分配部部长	拉姆维拉斯・帕斯万（Ramvilas Paswan）
	农业和农民福利部、农村发展部、乡村自治组织部（潘查亚特事务部）部长	纳伦德拉・辛格・托马尔（Narendra Singh Tomar）
	司法部、通信部、电子和信息技术部部长	拉维・香卡尔・普拉萨德（Ravi Shankar Prasad）
	食品加工工业部部长	哈斯姆拉特・考尔・巴达尔（女）（Harsimrat Kaur Badal）
	社会公平和权利部部长	塔瓦尔・昌德・盖洛特（Thaawar Chand Gehlot）
	外交部长	苏杰生（Subrahmanyam Jaishankar）
	人力资源发展部部长	拉梅什・帕克里亚尔・尼香克（Ramesh Pokhriyal Nishank）
	部落事务部部长	阿琼・梦达（Arjun Munda）
	妇女和儿童发展部、纺织部部长	斯姆里蒂・祖宾・伊拉尼（女）（Smriti Zubin Irani）
	卫生和家庭福利部、科技部、地球科学部部长	哈什・瓦尔丹（Harsh Vardhan）
	环境森林和气候变化部、信息和广播部部长	普拉卡什・贾瓦德卡尔（Prakash Javadekar）
	铁道部、商工部部长	皮尤什・高耶尔（Piyush Goyal）
	石油和天然气部、钢铁部部长	达蒙德拉・普拉丹（Dharmendra Pradhan）
	少数民族事务部部长	慕克塔尔・阿巴斯・纳克维（Mukhtar Abbas Naqvi）
	议会事务部、煤炭部、矿业部部长	普拉拉德・乔希（Pralhad Joshi）
	技能发展和创业部部长	马亨德拉・纳特・潘迪（Mahendra Nath Pandey）
	重工业和公共企业部部长	阿温德・甘帕特・萨万特（Arvind Ganpat Sawant）

续表

	职务	姓名
内阁部长（24人）	畜牧、乳品和渔业部部长	基里拉吉·辛格（Giriraj Singh）
	水利和安全饮用水部部长	加金德拉·辛格·谢卡瓦特（Gajendra Singh Shekhawat）
国务部长（9人）	劳动和就业部国务部长（独立主持）	桑托什·库马尔·冈瓦尔（Santosh Kumar Gangwar）
	统计和项目执行部国务部长（独立主持）、计划部国务部长（独立主持）	拉奥·英德吉特·辛格（Rao Inderjit Singh）
	传统医学部国务部长（独立主持）、国防部国务部长	谢利帕德·耶索·纳伊克（Shripad Yesso Naik）
	东北地区发展部国务部长（独立主持）、总理办公室、人事督查和养老金部、原子能部、空间部国务部长	吉坦德拉·辛格（Jitendra Singh）
	青年事务和体育部国务部长（独立主持）、少数民族事务部国务部长	基兰·利吉居（Kiren Rijiju）
	文化部国务部长（独立主持）、旅游部国务部长（独立主持）	普拉哈拉德·辛格·帕特尔（Prahalad Singh Patel）
	电力部国务部长（独立主持）、新能源和可再生能源部国务部长（独立主持）、技能发展和创业部国务部长	拉吉·库马尔·辛格（Raj Kumar Singh）
	住房和城市事务部国务部长（独立主持）、民航部国务部长（独立主持）、商工部国务部长	哈尔迪普·辛格·普里（Hardeep Singh Puri）
	船运部国务部长（独立主持）、化工和化肥部国务部长	曼苏克·L·曼达维亚（Mansukh L. Mandaviya）

资料来源：中华人民共和国外交部，“印度国家概况（最近更新时间：2019 年 12 月）” https://www.fmprc.gov.cn/web/gjhdq_676201/gj_676203/yz_676205/1206_677220/1206x0_677222/

印度大部分的警务职能都是通过各地方政府来执行的，但也有一些中央控制的警察部队，包括中央调查局（Central Bureau of Investigation）（处理某些违反联邦法律的行为），边防安全部队（Border Security Force），自卫队（Home Guards）的志愿辅助部队（应对紧急情况，如暴乱或自然灾害），中央后备警察部队（Central Reserve Police Force）和中央工业安全部队（Central Industrial Security Force）。

1.2.4 司法体系

1950年生效的《宪法》规定了印度司法体系的基本框架。1973年《刑事诉讼法》和1976年《民事诉讼法》制定了印度的基本诉讼程序制度。印度司法体系的设置与行政区划密切相关，司法层级为四级法院三审终审。印度约有1.2万家法院，包括1家最高法院，24家高等法院，3 150家地区法院以及几千家治安法院。①

印度最高司法权力机关是最高法院，具有宪法解释权。最高法院首先是联邦法院，可以审理中央政府与各邦之间的争议性问题，实行一审终审；最高法院也可作为特别的最高上诉法院，解决涉及宪法问题的纠纷和特殊事项；最高法院还可作为违宪审查法院和保护宪法基本权利的法院。最高法院法官由总统委任，现任最高法院首席法官兰詹·戈戈伊（Ranjan Gogoi），于2018年10月3日就任。

最高法院之下是邦高等法院，邦高等法院是三审终审制的终审法院。大部分高等法院没有一审案件管辖权，只有孟买高院、加尔各答高院、德里高院、喜马偕尔高院和马德拉斯高院等几所高等法院享有一般民事案件的初审管辖权。根据印度《宪法》第229条第3款规定，邦高等法院的法官由总统任命，但邦高等法院财政由邦政府负担。

高等法院之下是地区和季度法院（District and Session Court），作为民事法院时是地区法院，作为刑事法院时称为季度法院。作为刑事法院的季度法院可以作出包括死刑在内的所有刑罚，但死刑必须经过高等法院的核准，同时季度法院是基层刑事法院的上诉法院，负责包括事实和法律的全面的二审。作为民事法院的地区法院只负责较大额度的民事案件的一审，其主要职能是作为基层民事法院的上诉法院。

地区和季度法院之下是其他下级法院（other subordinate courts）或基层法院，该下级法院并不像中国的基层法院那样整齐划一，而是种类繁多，且100万以上人口的城市和其他地区又有所不同。就基层刑事法院而言，100万以上人口的城市设有首要城市治安法院（Chief Metropolitan Magistrate，CMM）和城市治安法院（Metropolitan Magistrate，MM）两类基层法院；100万以上人口的大城市以外的其他城市设有首要治安法院（Chief Judicial Magistrate，CJM）、一级治安

① 周小明：印度司法改革及其对中国当下司法改革的启示，《南亚研究季刊》，2016年第3期，第87－88页。

法院（Judicial Magistrate of Class I）和二级治安法院（Judicial Magistrate of Class II）。就基层民事法院而言，不管人口规模大小，民事法院均设有初级民事法院（Junior Civil Judge）和高级民事法院（Senior Civil Judge），称谓也基本相同。①

印度最高检察院总检察长也由总统任命，其主要职责是就执法事项向政府提供咨询和建议，完成宪法和法律规定的检察权，对宪法和法律的执行情况进行监督等。现任总检察长维奴戈帕尔（K. K. Venugopal），2017 年 6 月被任命，任期 3 年。②

1.2.5 政党

印度主要的全国性政党包括印度国民大会党（英迪拉·甘地派）（The Indian National Congress [Indira Gandhi]）、印度人民党（Bharatiya Janata Party）、印度人民党（Bharatiya Janata Party）、印度共产党（Communist Party of India）、大众社会党（Bahujan Samaj Party，BSP）、社会主义党（The Samajwadi Party）、民族主义国大党（Nationaist Congress Party，NCP）、全国人民党（Rashtriya Janata Dal）等。联邦政党则包括德拉维达进步党（Dravida Munnetra Kazhagam，DMK）、全印安纳德拉维达进步联盟（All-India Anna Dravida Munnetra Kazhagam，AIADMK）、泰卢固之乡党（The Telugu Desam）、阿卡利党（The Akali Dal）等。

印度独立后长期由国大党执政，反对党曾在 1977 年至 1979 年、1989 年至 1991 年两次短暂执政。1999 年至 2004 年，印度人民党为首的全国民主联盟上台执政。在 2014 年的第 16 届人民院选举中，印度人民党成为第一大党，在中央单独执政。

（1）印度人民党（Bharatiya Janata Party）③

1980 年 4 月成立，也被称为“同盟家族”（Sangh Parivar），其前身是 1951 年成立的印度人民同盟。代表北部印度教教徒势力和城镇中小商人利益，具有强烈民族主义和教派主义色彩。印度人民党于 1996 年首次成为议会单一最大党并短暂执政（1996 年 5 月 16 日至 31 日），之后分别于 1998 年 3 月 19 日至 1999 年 10 月 13 日和 1999 年 10 月 13 日至 2004 年 5 月 13 日再次两度执政，瓦杰帕伊

① 周小明：印度司法改革及其对中国当下司法改革的启示，第 87－88 页。

② 资料来源：中华人民共和国外交部，“印度国家概况（最近更新时间：2019 年 12 月）”，https://www.fmprc.gov.cn/web/gjhdq_676201/gj_676203/yz_676205/1206_677220/1206x0_677222/. 登录时间：2020 年 3 月 18 日。

③ 资料来源：中国外交部，“印度国家概况”，http://www.fmprc.gov.cn/ce/cein/ chn/gyyd/ydgk/. 登录时间：2020 年 3 月 26 日。

（Vajpayee）三次均当选总理。瓦杰帕伊政府于 1998 年在拉贾斯坦邦的普赫兰进行了 5 次核试验，使印度拥有了核武器能力。2014 年，印度人民党领导的全国民主联盟在议会 543 个议席中夺得 334 席，成为第一大党，在中央组建新一届中央政府单独执政，印度人民党的规模与影响力与日俱增。印度现任总理纳伦德拉 •莫迪出自印度人民党，该党的现任主席是贾加特 • 普拉卡什 • 纳达（Jagat Prakash Nadda）。①

（2）印度国民大会党（英迪拉 • 甘地派）（Indian National Congress〔Indira Gandhi〕）

简称国大党（英），通常称国大党。国大党是印度现存历史最长的政治组织，1885 年 12 月在孟买成立，创始人是英籍印度退休文官休谟，领导了反对英国殖民统治和争取印度独立的斗争。印度独立后国大党长期执政，是印度执政时间最长的政党。1969 年和 1978 年两次分裂，1978 年英 • 甘地组建新党，改用现名。2004 年和 2009 年人民院选举中两次成为议会中第一大党。在 2014 年人民院选举中，国大党领导的团结进步联盟遭受重挫，败给印度人民党，沦为反对党，仅获得 44 个议席。在 2019 年人民院选举中国大党稍有起色。国大党主席索尼娅 • 甘地（Sonia Gandhi）于 2017 年 12 月退休，创下了担任党主席 19 年的纪录。她的儿子拉胡尔 • 甘地（Rahul Gandhi）继承了她的职位。②

（3）德拉维达进步联盟（Dravida Munnetra Kazhagam）③

德拉维达进步联盟成立于 1949 年 9 月，是泰米尔纳德邦的地区性政党，该党派的主要政治力量在泰邦和旁迪切里中央直辖区。在 2019 年人民院选举中，德拉维达进步联盟位列第三大党。现任党主席斯大林（MK Stalin）。

（4）草根国大党（Trinamul Congress Party）

草根国大党成立于 1998 年 1 月，其主要政治力量在西孟加拉邦，主要代表中低阶层利益。在 2019 年人民院选举中，草根国大党位列第四大党。现任党主席玛玛塔 • 班纳吉（Mamata Banerjee）。

（5）印度共产党（马克思主义）（Communist Party of India〔Marxist〕）

简称印共（马）。1964 年在加尔各答举行的印度共产党第七次代表大会上，以孙达拉雅和南布迪里巴德为代表的一派从印度共产党分出后成立。

---

① 资料来源：印度人民党网站，http://www.bjp.org/. 登录时间：2018 年 5 月 10 日。

② 资料来源：印度国大党网站，https://www.inc.in/en/our-policies# 2010-14. 登录时间：2018 年 5 月 10 日。

③ 资源来源：中国外交部，“印度国家概况”，http://www.fmprc.gov.cn/ ce/cein/chn/gyyd/ydgk/. 登录时间：2020 年 3 月 26 日。

印共（马）是印度最大的左翼政党，成立时的成员数量为 11.8 683 万，2014 年已增至 1 04.8 678 万。在过去的几次选举中，印共（马）平均能获得总席位的 15%。2014 年在议会下院举行的选举中，该党赢得了 9 个席位，在上议院有该党的 8 个成员。印共（马）曾在西孟加拉邦长期执政，2011 年 5 月结束在该邦连续 34 年的执政地位。目前活跃在特里普拉邦和喀拉拉邦，此外，在西孟加拉邦、特伦甘纳邦和马哈拉施特拉邦等的立法议会中也有印共（马）的代表。[①] 现任总书记西塔拉姆·亚丘里（Sitaram Yechury）。

（6）印度共产党（Communist Party of India）

印度共产党于 1920 年成立，1964 年分裂，以党主席什·阿·丹吉为首的一派仍沿用印共名称。1981 年 4 月，丹吉因支持英迪拉·甘地与党内发生分歧而被开除出党，该党再次分裂。现任总书记是苏拉瓦拉姆·雷迪（Suravaram Sudhakar Reddy）。

1.2.6 外交关系

（一）印度与中国的双边关系[②]

（1）双边外交关系

1950 年 4 月 1 日，印度与中华人民共和国建交。尼赫鲁（Nehru）总理于 1954 年 10 月访问了中国。20 世纪 50 年代，中印两国领导人共同倡导和平共处五项原则，双方交往密切。1962 年 10 月，中印边境发生大规模武装冲突，边界冲突使中印两国关系倒退。1976 年双方恢复互派大使后，两国关系逐步改善。1988 年 12 月，印度总理拉吉夫·甘地（Rajiv Gandhi）访华，这是 34 年来印度总理首次访华，中印双边关系进入到改善阶段。[③] 随后，中印双方高层领导人的频繁互访促进了双边关系的不断变革。时任印度总统拉马斯瓦米·文卡塔拉曼（1992 年）、总理纳拉辛哈·拉奥（1993 年）、副总统科切里尔·拉曼·纳拉亚南（1994 年）先后访华，纳拉亚南当选总统后，又于 2000 年再次访华。国务院总理李鹏（1991 年）、全国政协主席李瑞环（1993 年）、副总理兼外长钱其琛（1994 年）、全国人

① 资料来源：印度共产党（马）网站，http://cpim.org/about-us. 登录时间：2018 年 5 月 10 日。

② 资料来源：中国外交部网站，“中国同印度的关系（最近更新时间：2019 年 12 月）”，https://www.fmprc.gov.cn/web/gjhdq_676201/gj_676203/yz_676205/1206_677220/sbgx_ 677224/，登录时间：2020 年 3 月 20 日；印度外交部网站，http://mea.gov.in/Portal/ForeignRelation/ China_October_2017.pdf，登录时间：2018 年 5 月 9 日。

③ 资料来源：人民网，《1988 年 12 月 19 日印度总理拉·甘地访问我国》，http://www.people.com.cn/GB/historic/1219/4341.html. 登录时间：2020 年 3 月 20 日。

大常委会委员长乔石（1995 年）、国家主席江泽民（1996 年）、全国人大常委会委员长李鹏（2001 年）、国务院总理朱镕基（2002 年）分别访问印度。

2003 年 6 月，印度总理阿塔尔·比哈里·瓦杰帕伊（Atal Bihari Vajpayee）对中国进行正式访问，中印签署了《中印关系原则和全面合作的宣言》，并共同决定任命特别代表从政治角度探讨边界问题解决框架。2005 年 4 月，温家宝总理访问印度，双方签署《联合声明》，宣布建立面向和平与繁荣的战略合作伙伴关系。2006 年 11 月，胡锦涛主席对印度进行国事访问，中印双方发表《联合宣言》，制定深化两国战略合作伙伴关系的“十项战略”。2008 年 1 月，印度总理辛格访华，两国签署《中印关于二十一世纪的共同展望》。2010 年是中国印度建交 60 周年，同年 5 月，印度总统帕蒂尔来华进行国事访问；12 月，温家宝总理访问印度，在此期间，中印两国签署《中华人民共和国和印度共和国联合公报》。2011 年是“中印交流年”；2012 年是“中印友好合作年”。

2013 年，中印关系继续保持稳定发展势头，3 月，习近平主席在出席南非金砖国家领导人峰会期间会见印度总理辛格；5 月，李克强总理对印度进行正式访问，在此期间，中印双方发表《联合声明》；10 月，印度总理辛格来华进行正式访问。

2014 年是“中印友好交流年”，7 月，习近平主席和莫迪总理在出席金砖国家领导人第六次会晤期间举行双边会见；9 月，习近平主席对印度进行国事访问，双方发表《关于构建更加紧密的发展伙伴关系的联合声明》。

2015 年 5 月，印度总理莫迪正式访华；同年 7 月，习近平主席在乌法出席金砖国家领导人第七次会晤期间再次会见印度总理莫迪。

2016 年 5 月，印度总统慕克吉访华；9 月，印度总理莫迪来华出席二十国集团杭州峰会，习近平主席同其会见。10 月，习近平主席赴印度出席金砖国家领导人第八次会晤。

2017 年 6 月，习近平主席在出席上海合作组织阿斯塔纳峰会期间同印度总理莫迪会见；9 月，印度总理莫迪来华出席金砖国家领导人第九次会晤和新兴市场国家与发展中国家对话会，习近平主席同其会见。

2018 年，习近平主席与印度总理莫迪多次会晤：4 月底，习近平主席同印度总理莫迪在武汉举行非正式会晤；6 月，印度总理莫迪来华出席上海合作组织青岛峰会期间，习近平主席同其会见；7 月，在金砖国家领导人第十次会晤期间，习近平主席同印度总理莫迪举行双边会见；11 月，在二十国集团领导人布宜诺斯艾利斯峰会期间，习近平主席同印度总理莫迪举行双边会见。

2019 年 6 月，在上海合作组织比什凯克峰会期间，习近平主席同印度总理莫迪举行双边会见；8 月，印度外长苏杰生访华并同王毅国务委员兼外长共同主持中印高级别人文交流机制第二次会议；10 月，习近平主席同印度总理莫迪在印度金奈举行第二次非正式会晤。11 月，习近平主席同印度总理莫迪在金砖国家领导人第十一次会晤期间举行双边会见。

中印两国具有广泛的共同利益，中印两国在联合国、世界贸易组织、金砖国家、二十国集团、上海合作组织、亚太经合组织（APEC）和中俄印等机制中保持沟通与协调，在气候变化、能源和粮食安全、国际金融机构改革和全球治理、推动亚洲基础设施投资银行建设、孟中印缅经济走廊框架内的合作等领域携手合作，维护中印两国和发展中国家的共同利益。

（2）双边经贸关系

印度和中国之间的经贸关系迅速发展，合作领域不断拓展。在 21 世纪初，两国之间的贸易额为 30 亿美元。2008 年，双边贸易额达到 518 亿美元，中国取代美国成为印度最大的货物贸易伙伴国。2011 年，双边贸易额创造了 739 亿美元的历史新高。根据中国海关公布的数据，2016 年中印贸易额为 711.8 亿美元，同比下降 0.67%。印度对华出口 117.48 亿美元，同比下降 12.29%，而印度从中国的进口额为 594.28 亿美元，同比增长 2.01%。印度对华贸易逆差 476.8 亿美元，同比增长 6.28%。2016 年印度成为中国产品出口的第七大目的地。2018 年，印度与中国双边贸易额达 955.43 亿美元，同比增长 13.2%，其中，中国对印度的出口额为 767.05 亿美元，同比增长 12.7%，中国自印度的进口额为 188.38 亿美元，同比增长 15.2%。印度自中国进口的主要商品包括机电产品、化工产品和贱金属及制品等；印度对中国出口的主要商品为矿产品及原料和化工产品等。

中印战略经济对话机制是双方交流宏观经济政策和推动务实合作的重要平台，有利于中印共同应对经济发展中出现的问题和挑战。中印战略经济对话机制建立于 2010 年 12 月，中方由国家发展改革委牵头，印方由国家转型委员会牵头。中印战略经济对话机制下设政策协调、基础设施、高技术、节能环保、能源、医药等六个工作组。截至 2019 年底，中印两国在中印战略经济对话机制下开展了六次对话，分别于 2011 年 9 月、2012 年 11 月、2014 年 3 月、2016 年 10 月、2018 年 4 月和 2019 年 9 月在北京和新德里轮流举行。

（3）双边人文交流

中印文化交流历史悠久，有证据表明，公元前 1500 年至公元前 1000 年时期，商周文明与古代吠陀文明间就有了语言和文化交流。在公元 1 世纪至 3 世纪，一些佛教朝圣者和学者前往中国探索历史中的“丝绸之路”。1 300 多年前，唐代高僧玄奘从长安出发前往印度取经，推动了中印佛教文化交流，成为中印文化交流史上的美谈。近年来，中印两国在人文领域的交流与合作不断扩大。

2014 年 9 月，在《中华人民共和国和印度共和国关于构建更加紧密的发展伙伴关系的联合声明》发布之后，中印双方同意启动“中国－印度文化交流计划”，以进一步推动两国文化及人员交往。

2015 年在中国举办“印度旅游年”，2016 年在印度举办“中国旅游年”，促进双向游客往来，加强民间纽带。2017 年，中印两国双向旅游交往规模达 102 万人次，其中印度公民来华 81.9 万人次，同比增长 2.5%，中国公民赴印 20 万人次。中印两国现已开通北京、上海、广州、昆明至新德里、孟买、加尔各答等城市的直航航线，每周飞行 46 个班次。2015 年 6 月，中国开通经乃堆拉山口的朝圣路线，为印方朝圣香客提供便利，进一步促进两国宗教交往。①

中印两国开展青年互访，促进青年一代的交流。2015 年至 2019 年，中印两国每年各派 200 名青年互访，增进两国青年的相互了解。2006 年以来，中印百人青年团实现了 14 次互访。

中印两国在教育领域的交流与合作成果斐然。早在 2006 年，中印两国政府签署了《教育交流计划》（Education Exchange Programme，EEP），这是两国教育合作的总括协议。根据这项协议，政府奖学金将授予双方 25 名被对方国家认可的高等院校学生。2015 年 5 月，在印度总理莫迪访华期间，中印两国签署了新的教育交流计划（EEP），提出加强职业教育领域间的合作以及高等院校之间的合作。双方在教育领域的合作使得在华求学的印度学生数量迅速增加，在 2016—2017 学年，有 18 171 名印度学生在中国多所大学学习。印度人力资源发展部部长谢里·普拉卡什·贾瓦德卡尔（Shri Prakash Javadekar）于 2017 年 7 月 5 日在中国北京出席金砖国家教育部长会议，他赞赏了金砖国家网络大学和金砖国家智库理事会的合作机制。金砖国家网络大学有来自 5 个国家的 12 所大学共同参与，是教育研究和创新领域的重大举措。该机制优先考虑五个合作研究领域，即交流和信息技术、经济学、气候变化、水资源和污染以及对金砖五国的研究。

为进一步加强对话、增进相互了解，中印两国设立了中印智库论坛。2016 年 12 月，首届中印智库论坛在印度新德里召开，由中国社会科学院和印度世界事务委员会联合主办。中印智库论坛每年召开一次，在两国轮流举办，是中印高级别人文交流机制的重要活动之一。

中印两国地方之间交流与合作日趋增加。2013 年 10 月，北京、成都、昆明

① 资料来源：中国网，《中华人民共和国和印度共和国联合声明（全文）》，http://www.china.org.cn/chinese/2015-05/22/content_35634382.htm. 登录时间：2020 年 3 月 20 日。

分别与印度德里、班加罗尔、加尔各答签署建立友好城市关系的协议书。2014 年 9 月，广东省与古吉拉特邦缔结友好省邦协议，上海与孟买、广州与艾哈迈达巴德缔结友好城市协议。2015 年 5 月，首届中印地方合作论坛在北京举行，四川省与卡纳塔卡邦、重庆市和金奈市、青岛市和海德拉巴市、敦煌市和奥朗加巴德市缔结友好省邦/城市关系。2017 年 12 月，济南市与那格浦尔市签署建立友好城市关系协议书。

中印两国在影视方面也展开了广泛的合作。印度的宝莱坞电影自 20 世纪 60 年代以来受到中国人民的喜爱，印度和中国达成了电影联合制作协议，《功夫瑜伽》《大唐玄奘》及《大闹天竺》等中印合作电影既赢得了票房，也获得了口碑。此外，中国作为联合国决议的共同提案国之一，推动 6 月 21 日为国际瑜伽日。2015 年 5 月，在印度总理莫迪访华期间，李克强总理和莫迪总理在北京天坛共同出席"太极瑜伽相会"活动，观看了瑜伽与太极表演。①

印度宝莱坞及宝莱坞拍摄现场

2018 年，中印建立了高级别人文交流机制。建立这一机制是习近平主席和莫

① 资料来源：中国网，《中华人民共和国和印度共和国联合声明（全文）》，http://www.china.org.cn/chinese/2015-05/22/content_35634382.htm. 登录时间：2020 年 3 月 20 日。

迪总理达成的重要共识，体现了两国领导人对中印人文交流的高度重视和深切期许。2018 年 12 月，中印高级别人文交流机制首次会议召开，由国务委员兼外长王毅和印度外长斯瓦拉杰共同主持。[①] 2019 年 8 月，印度外长苏杰生访华期间，同王毅国务委员兼外长共同主持中印高级别人文交流机制第二次会议。中印高级别人文交流机制的建立，有力地推进了中印两国在教育、文化与文物保护、旅游、媒体、青年、体育、地方、影视、智库和传统医药等方面的合作。

中印媒体高峰论坛是落实深化中印人文交流的具体举措之一，是两国媒体交流合作的一个重要平台。其实，中印媒体高峰论坛早在 2013 年就开始举办。2013 年 9 月，首届中印媒体高峰论坛在印度首都新德里开幕。中印媒体高峰论坛由中国国务院新闻办公室和印度外交部共同举办。2015 年 2 月，第二届中印媒体高峰论坛在北京举办；2018 年 12 月 21 日，第三届中印媒体高峰论坛在印度首都新德里举行；2019 年 8 月，第四届中印媒体高峰论坛在北京举行。[②]

（二）印度与日本的外交关系[③]

1952 年 4 月 8 日印度与日本建交，并在 6 月 9 日签订《日本与印度和平友好条约》。在建交后的前十年，双方高层领导人有过数次互访，日本首相岸信介 1957 年对印度进行访问，尼赫鲁总理同年回访日本。1960 年，当时的日本王储明仁和皇太子对印度的访问使双边关系达到了一个新的高度。然而，在接下来的几十年中，双边关系的发展势头并未持续。日本池田勇人首相于 1961 年访问印度，直至 1984 年日本首相中曾根康弘才再度对印度进行了访问。曾经访问过日本的印度总理包括英迪拉 • 甘地（1969 年和 1982 年）、拉吉夫 • 甘地（1985 年和 1987 年）和纳拉辛哈 • 拉奥（1992 年）。

21 世纪初，印度与日本关系开始回暖。2000 年，日本首相森喜朗对印度进行访问，开启了 21 世纪的印日全球伙伴关系。2006 年，时任印度总理曼莫汉 • 辛格和日本首相安倍晋三签署联合声明，将印日双边关系升级为全球战略伙伴关系。2011 年，日本与印度缔结《全面经济伙伴关系协定》（Comprehensive Economic Partnership Agreement，CEPA）。2014 年 1 月 25 日至 27 日，日本首相安倍晋三正式访问印度，并参加了印日第八届年度峰会（India-Japan Annual Summit）。2014

① 资料来源：中华人民共共和国中央人民政府：《王毅：中印高级别人文交流机制首次会议达成一系列重要共识》，http://www.gov.cn/guowuyuan/2018-12/22/content_5351130.htm. 登录时间：2020 年 3 月 20 日。

② 资料来源：中华人民共共和国中央人民政府，《首届中印媒体高峰论坛开幕》，http://www.gov.cn/jrzg/2013-09/16/content_2489522.htm. 登录时间：2020 年 3 月 20 日。

③ 资料来源：印度外交部网站，http://mea.gov.in/Portal/ForeignRelation/ 14_Japan_Nov_2017.pdf. 登录时间：2018 年 5 月 9 日。

年8月30日至9月3日，印度总理莫迪访问日本并参加印日第九届年度峰会。莫迪访问日本期间，印日双方将双边关系升级为特别战略性全球伙伴关系，双方还同意建立印日投资促进伙伴关系。安倍首相承诺对印度进行价值3.5万亿日元的公共和私人投资，并在未来五年中将在印度的日本公司数量翻一番。2016年3月1日，印度宣布推行日本旅客的“抵达签证”计划。2016年11月10日至12日，印度总理莫迪访问日本并参加了印日第十一届年度峰会。莫迪和安倍会晤后发表了联合声明和情况说明书，印日两国在广泛领域签署了10项协议和谅解备忘录，包括和平利用核能、制造技术转让方案、外太空、海洋、地球和大气科学技术、农业和食品、交通和城市发展、纺织、文化交流和体育等各领域的合作。

印日两国在高级官员层面建立了若干对话机制，以便就双边问题及区域和国际合作问题交换意见，例如印日关于裁军、不扩散和出口管制的双边磋商（India-Japan Bilateral Consultations on Disarmament, Non-Proliferation and Export Control）、外交部长和副部长级会议、外交部门磋商（Foreign Office Consultation）、外交和国防部长级2+2对话机制（India-Japan Foreign and Defence Ministerial Dialogue 2+2）等。同样，印度和日本在经济、商业、金融服务、卫生、道路运输、航运、教育等不同领域也分别有不同的对话机制。

自1958年以来，日本一直在向印度提供双边贷款和赠款援助，并且是印度最大的双边捐助国。日本官方发展援助对印度经济发展的支持主要在电力、交通、环境项目等重点领域。日本参与贷款或援助的项目包括：艾哈迈达巴德-孟买高铁、西部货运专用走廊（Western Dedicated Freight Corridor，DFC）、德里-孟买工业走廊（Delhi-Mumbai Industrial Corridor）等12个新兴工业城镇建设项目金奈-班加罗尔工业走廊（Chennai-Bengaluru Industrial Corridor，CBIC）、德里地铁（Delhi Metro Project）等大型项目。

印度和日本的经济存在较大的互补性，多年来，双边经贸往来较为活跃。2011年8月1日，《印日全面经济伙伴关系协定》（Comprehensive Economic Partnership Agreement，CEPA）生效，该协定是印度缔结的所有经济协议中最全面的。《印日全面经济伙伴关系协定》涵盖了商品贸易、服务、自然人流动、投资、知识产权、定制程序和其他与贸易有关的问题。根据《印日全面经济伙伴关系协定》，印日两国将在未来10年内取消印日双边贸易中约94%的产品的关税，并大幅度提高双边贸易额，推动双边投资活动。此外，印度的会计师、研究人员、管理咨询人员以及瑜伽和英语教师等专业人士也可以进入日本市场。

2016—2017财年，印度和日本的贸易额达136.1亿美元，与2015—2016年度的145.1亿美元相比下降6.21%。2017年4月至8月的双边贸易额为61.83亿美元。2016—2017年印度对日本出口为38.6亿美元，而印度2016—2017年从日本的进口额为97.6亿美元。印度对日本的主要出口产品是石油产品、化学品、元素、化合物、非金属矿物、鱼和鱼制品、含金属矿石和废料、服装及配件、钢铁产品、纺织纱线、织物和机械等。印度则主要从日本进口机械、运输设备、钢铁、电子产品、有机化学品、机床等。

2016—2017年，日本在印度的直接投资为47亿美元（比2015—2016年增长80%）。自2000年以来，日本对印度的累计投资总额约为257亿美元，在印度主要投资者中排名第三。日本对印度的直接投资主要集中在汽车、电气设备、电信、化学和制药部门。在2015—2016年，日本对印度的官方发展援助额为3 900亿日元（日本承诺官方发展援助额为4 000亿日元），这是近几年来的最高纪录。在印度的日本企业数量一直在稳步增长，截至2016年10月，在印度注册的日本公司有1 305家，与2015年10月的1 229家相比，增加了76家公司，增长率为6%。

印度与日本的科技文化合作发展迅速。1985年，印度与日本签署双边科技合作协议。印度–日本科学理事会（India-Japan Science Council，IJSC）成立于1993年，迄今已组织了19次年会，支持了250个联合项目，1 600次科学家互访，65次联合研讨会和讲习班，9次亚洲学术研讨会和10次拉曼岛讲座。2006年，印度科学技术部（Department of Science and Technology，DST）启动了一个以价值为基础的印日合作伙伴关系，加强印度教育、文化、体育和科技部（Ministry of Education，Culture，Sports，Science and Technology，MEXT）与日本科学促进协会（Japan Society for the Promotion of Science，JSPS）和日本科学技术署（Japan Science and Technology Agency，JST）的合作。在印日合作伙伴关系框架下，印日两国在生命科学、材料科学、高能物理、信息通信技术、生物技术、医疗保健、甲烷水合物、机器人、替代能源、地球科学、外太空等领域签订了众多协定。

（三）印度与美国的外交关系[①]

美印关系一直磕磕绊绊。艾森豪威尔总统是首位访问印度的美国总统，1959年，艾森豪威尔总统访问印度受到了印度的热烈欢迎。但在1971年至1991年的20余年期间，由于印度政府奉行不结盟运动且与苏联关系密切，印美关系遇冷。直到2000年克林顿总统访问印度，印美关系才逐渐回暖。克林顿总统是冷战后第一位访问印度的美国总统，也标志着印美关系进入新的历史阶段。但印度的不结盟立场、印巴冲突、印度的“有核国家”地位等问题是阻碍印美关系发展的绊脚

① 资料来源：印度外交部网站，“印美关系简介”，http://mea.gov.in/ Portal/ForeignRelation/India_US_brief.pdf. 登录时间：2020年3月26日。

石。2006年3月，美国小布什总统访问印度，访印期间，小布什总统与时任印度总理辛格签署了关于印度核问题的协议。这份协议的签署为印美关系的发展扫除了重要的障碍，印美关系开始走上坡路。

基于共同利益，印度与美国已形成“全球战略伙伴关系”。近年来印度和美国之间高层领导人访问和交流的频率显著上升。2014年9月26日至30日，莫迪总理访问了美国，他与奥巴马总统、美国国会议员和来自美国各个州和城市的领导人举行了会谈。他还接触了来自美国商业和工业、公民社会和智库等各界人士以及印度裔美国人的代表，在访问期间，印美双方发表了一份愿景声明和一份联合声明。2015年1月25日至27日，奥巴马总统访问印度，成为第一位出席印度共和国日活动的美国总统。在奥巴马总统访问印度期间，双方发表了《印美友好德里宣言》，并通过了亚太地区和印度洋地区的《联合战略愿景》。印美双方将两国外长间的战略对话扩展至外交和商务部长的战略与商业对话。2015年9月23日至28日，莫迪总理再次访问了美国。访美期间，莫迪与奥巴马总统举行了双边会议，与商界、媒体、学术界、州领导人和印度社区民众代表进行了交流，并参观了硅谷。2016年3月31日至4月1日，莫迪总理访问美国，参加奥巴马总统在华盛顿主持的多边核安全峰会。同年6月6日至8日，莫迪总理再次对美国进行正式工作访问，访美期间，他与奥巴马总统进行了双边讨论，并在美国国会联席会议上发表讲话，莫迪总理是第六位在美国国会发表讲话的印度总理。

2020年2月24日至26日，美国特朗普总统应邀访问印度，成为历史上第二位在首个任期访问印度的美国总统。特朗普访印期间，印美双方签署了三项卫生和能源领域的合作备忘录，旨在加强双方在精神健康、医疗产品安全以及能源等方面的合作；达成了一项30亿美元的军购协议；双方还宣布将加强印美两国在国防、打击跨国犯罪以及反恐等方面的合作，并将印美关系提升为“全面全球战略伙伴”（comprehensive global strategic partnership）。当前，美印关系正处于历史上的高点。[①]

防务关系已成为印美关系的主要支柱。早在2005年，印美两国就签署了所谓的《美印防务关系新框架协议》，旨在加强印度和美国在国防贸易、联合演习、人员交流、海上安全和反海盗等领域的合作。自2014年莫迪担任印度总理以来，印美正在以前所未有的步伐向彼此靠近。2015年6月，莫迪政府更新了《美印防务关系新框架协议》，又将该协议续期10年。到目前为止，莫迪政府已经与美国

① 曹然，“特朗普首次访印：他肯定是要‘拿到东西’的”，《中国新闻周刊》，2020年3月2日总第937期，http://www.inewsweek.cn/world/2020-03-11/8789.shtml

签署了三份基础防务协议，这三份基础防务协议包括：《军事信息一般安全协议》（General Security of Military Information Agreement，GSOMIA）、《后勤交换协议备忘录》（Logistics Exchange Memorandum of Agreement，LEMOA）和《通信、兼容与安全协议》（COMCASA）。此外，印度和美国启动了“国防技术和贸易倡议”（Defence Technology and Trade Initiative，DTTI），旨在简化技术转让政策，并探索合作开发和生产的可能性，以便为防务关系增加战略价值。2016年7月在德里举行的DTTI会议决定扩大议程，设立五个新的联合工作组，即海军系统、空中系统、情报、监视和侦察系统、化学和生物保护系统。当前，印度和美国在防务领域的双边对话机制涵盖国防政策、防务合作、国防采购和生产、高级技术安全、联合技术、军事合作和服务执行等，推进了印美两国在防务领域的合作。2016年7月至8月，印度海军护卫舰第二次参加了“环太平洋军事演习”（Rim of the Pacific，RIMPAC）；2015年11月，印美签署了《燃料交易协议》（Fuel Exchange Agreement）；2016年5月签署了《白色（商船）航运信息共享技术协议》；2016年6月签署了《航空母舰技术信息交换附件》。目前，印度已从美国国防部门获得超过130亿美元的国防防务支持，而美国也将印度视为“主要防御伙伴”（Major Defence Partner），并承诺将促进与印度的技术共享，达到同美国与其最接近“盟友”相当的水平。

2008年10月，印度与美国签署了双边民用核合作协议。2014年9月莫迪总理访问美国期间，印美双方成立了双边民用核合作联络小组，以便能够全面及时地实施双边民用核合作协议，并解决现存的问题。目前，印美双方在民用核方面达成了多年的合作关系，双方正在合作在印度搭建六座由西屋电气公司建造的AP1000反应堆。该项目完成后将成为同类项目中最大的项目之一。

印美在反恐领域的合作日趋密切，并借反恐名义加强军事合作。多年来，美印双方在情报共享、信息交流、业务合作、反恐技术和装备方面取得了长足进展。2010年7月23日，印度和美国签署了《反恐合作倡议》（Counter Terrorism Cooperation Initiative，CCI），旨在扩大反恐合作、信息共享和能力建设。2010年11月，奥巴马总统在访问印度期间宣布双方将进行国土安全对话，以进一步深化反恐技术转让和能力建设。2011年5月和2013年5月，印度和美国举行了两轮对话，相关六个小组在特定领域开展了广泛的合作。2013年12月，印度和美国国土安全警察总长会议在新德里举行。来自印度四大城市的警察专员于2015年11月对美国进行了考察访问，了解美国特大城市治安状况。为进一步加强印度和美国之间的反恐合作，2016年6月，印度与美国达成了一项安排，以便通过指定的联络点交换恐怖分子信息。印度还与美国成立了“反恐怖主义联合工作组”，工作组定期举行磋商，加强双方防恐与执法合作。2016 年 7 月，印美“反恐怖主义联合工作组”在华盛顿特区举行了第 14 次会议。

目前，两国政府之间已建立 50 多个双边对话机制，包括印美战略与商业对话（Strategic and Commercial Dialogue）、部长级经济和金融伙伴关系对话、部长级贸易政策论坛等。印美战略与商业对话机制是推动印美合作的重要机制性平台，该对话机制即包括传统的战略对话，也包括部长级工业与商业层面的对话，涉及战略安全合作、能源与气候变化、教育与发展、经济、贸易和农业、科学和技术、和健康与创新等领域的双边对话。2016 年 8 月，印美两国在新德里举行战略与商业对话，鼓励私营部门更多地参与双边贸易和投资。

印美双边经贸进展顺利。印美双边商品和服务贸易额从 2014 年的 1 040 亿美元增加到 2016 年的 1 140 亿美元。双向商品贸易额为 677 亿美元，其中，印度向美国出口商品的价值为 460 亿美元，印度从美国进口商品的价值为 217 亿美元。印美服务贸易额为 471 亿美元，其中，印度向美国出口的服务价值为 268 亿美元，印度从美国进口的服务价值为 203 亿美元。[①] 当前，美国已成为印度第一大贸易伙伴，印度则是美国第八大贸易伙伴。据美国援外合作署（CARE）的数据显示，美国是印度最大的出口贸易伙伴，印度对美出口占 2019 财年印度出口总额的 15.9%；美国也是印度第二大进口贸易伙伴，印度 2019 财年从美进口额占进口总额的 6.9%。

印美两国双边投资发展迅速。根据美国经济分析报告显示，2015 年美国在印度的直接投资达到了 283.3 亿美元。根据印度官方统计，2000 年 4 月至 2015 年 12 月进入印度的美国累计直接外资流入约为 179.4 亿美元，占外国直接投资总额的近 6%，使美国成为进入印度的第五大外国直接投资来源。近年来，印度对美国的投资不断增加。根据 2015 年 8 月英国特许保险学会（Charterd Insurance Institute，CII）和致同会计师事务所（Grant Thornton）联合发布的调查，已有 100 家印度公司在美国 35 个州进行了 150 亿美元的有形投资，创造了 91 000 多个就业岗位。2014 年，印度和美国签订了双边投资倡议，特别关注促进外国直接投资、证券投资、资本市场发展和基础设施融资。此外，印美还建立了基础设施协作平台，以部署尖端的美国技术、满足印度的基础设施需求。

（四）多边外交关系

在多边外交关系方面，印度是联合国的创始国之一，尽管那时它还未获得独

① 资料来源：印度外交部网站，“印美关系简介”，第 5 页，http://mea. gov.in/Portal/ForeignRelation/India_US_brief.pdf. 登录时间：2020 年 3 月 26 日。

立。1985 年，印度与 6 个邻国发起成立了南亚区域合作联盟（South Asian Association for Regional Cooperation）。此外，印度还是世界贸易组织（World Trade Organization）、环印度洋地区合作联盟（Indian Ocean Rim Association for Regional Cooperation）、金砖国家（BRICS）等多个国际机构的成员。2017 年 6 月，印度加入上海合作组织（Shanghai Cooperation Organization）。

第2章
印度经济概况

2.1 印度经济总体情况

印度独立前为英国殖民地，英国将印度视为原料产地和商品销售市场，并在印度实行以农业经济作物生产为主的单一经济体制，打破了印度之前自给自足的经济体制。

印度独立后，经济发展可以划分为两个阶段。第一阶段是从印度独立至20世纪80年代末，实行混合经济体制。尼赫鲁执政以后，印度确立了政治上实行议会民主制、经济上实行计划经济体制的“民主社会主义”发展路线。负责制定印度经济发展计划的是于1950年成立的印度国家计划委员会，1951年至2017年，印度国家计划委员会一共制定了12个经济发展五年计划。在第一阶段，印度国家计划委员会一共制定了8个五年计划，计划经济增长率平均为4.8%，实际为4.46%。第二阶段是20世纪90年代至今，印度政府进行了市场化改革，开始向市场经济转轨。印度五年计划的重心也从关注商品和服务质量、提高人均国内生产总值转向谋求人类福利的改善。为了更好地推进改革、释放市场动能，2015年1月，印度莫迪政府撤销了印度国家计划委员会（Planning Commission），取而代之的是改革印度全国学会（National Institution for Transforming India，NITI），职能定位从制定经济计划转为政府的“总理政策智库”，为政府提供经济发展的方向性和政策性建议，并提供相应的技术支持。[①]

农业是印度的重要行业，农业产值占印度国内生产总值（GDP）的五分之一，

---

① 资料来源：http://niti.gov.in/ content/overview# Government of India. 登录时间：2018年4月9日。

聚集了印度一半的劳动力。此外，印度国内生产总值增长主要行业是贸易、金融和其他服务业。在印度，尽管在组织部门（organized sector，例如采矿、种植园、工厂、现代交通、商业和服务企业）就业的劳动力不到全国劳动力的五分之一，但这部分产业却是国内经济增长的主要来源。大多数组织部门、工会、商会、专业协会和其他现代资本主义经济机构在印度社会经济中发挥重要作用，这些机构吸引了大多数科学家、技术人员和各行业专业人员。①

根据联合国贸易和发展会议公布的数据，2018 年印度国内生产总值为 2.745 3 万亿美元，GDP 增长率为 7.41%，人均 GDP 为 2 030 美元。商品贸易逆差为 1 896.86 亿美元，商品出口增长率为8.50%，五大出口目的地为美国、阿联酋、中国、中国香港和新加坡。服务贸易顺差为 285.25 亿美元，服务贸易出口领域主要包括交通、旅游及其他服务行业。②

表 2－1 印度各产业占国内总增加值（Gross Value Added, GVA）的比重

（单位：%）

	年度 产业	2011—2012	2012—2013	2013—2014	2014—2015	2015—2016	2016—2017	2017—2018	2018—2019
1	**农业、林业与渔业**	**18.5**	**18.2**	**18.6**	**18.2**	**17.7**	**17.9**	**17.2**	**16.0**
1.1	农业	12.1	11.8	12.1	11.2	10.6	11.1	10.0	—
1.2	畜牧业	4.0	4.0	4.1	4.4	4.6	4.6	4.9	—
1.3	林业和采伐业	1.5	1.5	1.5	1.5	1.5	1.3	1.2	—
	渔业	0.8	0.9	0.9	1.0	1.0	1.0	1.1	—
2	**工业**	**32.5**	**31.8**	**30.8**	**30.0**	**29.8**	**29.3**	**29.3**	**29.8**
2.1	采矿和采石业	3.2	3.1	2.9	2.7	2.4	2.4	2.3	2.4
2.2	制造业	17.4	17.1	16.5	16.3	16.8	16.8	16.4	16.6
2.3	电力、燃气和供水	2.3	2.3	2.5	2.5	2.7	2.6	2.7	2.8
2.4	建筑业	9.6	9.2	8.9	8.5	7.9	7.4	7.8	8.0

① 资料来源：ENCYCLOPAEDIA BRITANNICA，https://www.britannica.com/place/India. 登录时间：2017 年 11 月 1 日。

② 数据来源：联合国贸易与发展会议网站，https://unctadstat.unctad.org/CountryProfile/GeneralProfile/en-GB/356/index.html. 登录时间：2020 年 3 月 26 日。

续表

	产业 \ 年度	2011—2012	2012—2013	2013—2014	2014—2015	2015—2016	2016—2017	2017—2018	2018—2019
3	**服务业**	**49.0**	**50.0**	**50.6**	**51.8**	**52.5**	**52.8**	**53.5**	**54.2**
4	**基本价格的 GVA**	**100.0**	**100.0**	**100.0**	**100.0**	**100.0**	**100.0**	**100.0**	**100.0**

数据来源：印度农业、合作和农民福利部，《2018 年印度农业统计》，第 34 页，https://eands.dacnet.nic.in/; https://eands.dacnet.nic.in/PDF/Agricultural%20Statistics%20at%20a% 20Glance% 202018.pdf

2.2 印度农业概况

农业部门是印度国民经济的重要部门，农业、畜牧业、林业、渔业、家禽饲养业及相关行业解决了劳动力就业问题，并养活了 5 亿以上的人口，还为化肥、农药、农具和许多消费品生产工业提供了重要原料。随着印度经济结构与经济发展重心的调整，农林牧渔业在印度国内生产总值（GDP）的比重呈现下降趋势。1950—1951 年，农林牧渔业占国内生产总值的比重高达 56.4%；1989—1990 年，农林牧渔业在国内生产总值中的占比保持在 33.9%；2006—2007 年，农林牧渔业在印度国内生产总值中所占的比重为 18.5%；2013—2014 年，农林牧渔业在印度国内生产总值中的占比下降至 13.9%。

2.2.1 农业[①]

印度平原面积广大，是亚洲地区耕地面积最广的国家，并且其耕地面积在持续扩大，已经超过了国土总面积的一半。在土壤相对肥沃的地区，如印度河恒河平原或东海岸的三角洲，几乎全部土地都被用于农业耕种，这有利于发展农业。根据 2014—2015 年度的印度土地利用统计数据，全国总地理面积为 3.287 亿公顷，其中净播种面积 1.410 亿公顷，总播种面积 1.984 亿公顷，种植强度 142%。播种净面积占全部地理面积的 43%，净灌溉面积 6 840 万公顷。[②]

① 资料来源：印度农业、合作与农民福利部，《2018—2019 年度报告》，http://agricoop.nic.in/annual-report; http://agricoop.nic.in/sites/default/files/AR_2018-19_Final_for_Print.pdf. 登录时间：2020 年 3 月 26 日。

② 资料来源：印度农业、合作与农民福利部，《2018—2019 年度报告》，第 1 页，http://agricoop.nic.in/annual-report; http://agricoop.nic.in/sites/default/files/AR_2018-19_Final_for_ Print.pdf. 登录时间：2020 年 3 月 26 日。

印度的耕地资源概况如下表所示。①

表 2-2　　印度土地资源概况

总播种面积（2013—2014 年）	20 090 万公顷
净播种面积（2013—2014 年）	14 140 万公顷
总灌溉面积（2013—2014 年）	9 580 百万公顷
净灌溉面积（2013—2014 年）	6 810 万公顷
1950—1951 年度粮食产量	5 080 万吨
2004—2005 年度粮食产量	19 830 万吨
2017—2018 年度粮食产量	284.83 百万吨

数据来源：印度水利委员会，《2016—2017 年年度报告》，第 2 页，http://cwc.gov.in/reports-published-cwc; http://cwc.gov.in/sites/default/files/CWC_AY_2016-17.pdf; 印度农业、合作和农民福利部，《2018—2019 年度报告》，第 3 页，http://agricoop.nic.in/annual-report; http://agricoop.nic.in/sites/default/files/AR_2018-19_Final_for_Print.pdf; 印度农业、合作和农民福利部，《2018 年印度农业统计》，第 13 页，https://eands.dacnet.nic.in/; https://eands.dacnet.nic.in/PDF/Agricultural%20Statistics%20at%20a% 20Glance%202018.pdf

作为印度的主要产业，农业及其相关部门吸引了印度全国大部分的人口与劳动力。根据印度 2011 年人口普查数据，截至 2011 年，印度农业人口为 8.34 亿，占印度总人口的 68.88%，其中，农业劳动力为 2.63 亿，占印度全国劳动人口总数的 54.6%。随着印度产业调整及经济发展，农业部门吸收的劳动力数量正在下降。②

表 2-3　　印度人口及农业人口数量

（单位：亿人）

人口普查年份	总人口数	年均增长率（%）	农村人口（绝对数/百分比）	劳动力总数	农业人口（绝对数/百分比）		
					耕种人口	农业劳动力	总计
1951	3.611	1.25	2.986（82.7）	1.395	0.699（71.9）	0.273（28.1）	0.972（69.7）
1961	4.392	1.96	3.603（82.0）	1.887	0.996（76.0）	0.315（24.0）	1.311（69.5）

① 资料来源：印度土壤与土地利用调查机构，《2018—2019 年度报告》，http://slusi.dacnet.nic.in/annual_reports.html; http://slusi.dacnet.nic.in/annual_reports/Annual_Report_2018-19.pdf. 登录时间：2020 年 3 月 26 日。

② 资料来源：印度农业、合作和农民福利部，《2018 年印度农业统计》，第 15 页，https://eands.dacnet.nic.in/; https://eands.dacnet.nic.in/PDF/Agricultural%20Statistics% 20at%20a%20Glance%202018.pdf. 登录时间：2020 年 3 月 26 日。

续表

人口普查年份	总人口数	年均增长率（%）	农村人口（绝对数/百分比）	劳动力总数	农业人口（绝对数/百分比）		
					耕种人口	农业劳动力	总计
1971	5.482	2.20	4.390（80.1）	1.804	0.782（62.2）	0.475（37.8）	1.257（69.7）
1981	6.833	2.22	5.256（76.9）	2.446	0.925（62.5）	0.555（37.5）	1.480（60.5）
1991	8.464	2.16	6.306（74.5）	3.141	1.107（59.7）	0.746（40.3）	1.853（59.0）
2001	1 0.287	1.97	7.426（72.2）	4.022	1.273（54.4）	1.068（45.6）	2.341（58.2）
2011	1 2.108	1.50	8.337（68.9）	4.819	1.188（45.1）	1.443（54.9）	2.631（54.6）

数据来源：印度农业、合作与农民福利部，《2018 年印度农业统计》，第 15 页，https://eands.dacnet.nic.in/; https://eands.dacnet.nic.in/PDF/Agricultural%20Statistics%20at%20a%20Glance%202018.pdf

根据印度统计和计划执行部中央统计局（Central Statistics Office，CSO）发布的国民收入报告，2018—2019 年，印度农业及其相关部门对印度总增加值（GVA）的贡献约为 16.0%。从总增加值（GVA）角度来看，近年来，农业部门对印度总增加值（Gross Value Added，GVA）的贡献率整体较为稳定，保持在 16%～18%之间。但从趋势来看，农业部门增加值在印度国民经济总增加值中所占的比重正在持续下降，从 2014—2015 年的 18.2%下降到 2018—2019 年的 16.0%。农业和相关部门所占份额的下降是印度经济快速增长和产业结构调整的结果。① 2014 年至今，印度农业和相关产业创造的增加值及其在全国总增加值中所占比重的变化如下表所示。

① 资料来源：印度农业、合作与农民福利部，《2018—2019 年度报告》，第 1-2 页，http://agricoop.nic.in/annual-report; http://agricoop.nic.in/sites/default/files/AR_2018-19_Final_ for_Print.pdf. 登录时间：2020 年 3 月 26 日。

表 2-4　　印度农业及相关产业增加值（GVA）及其全国占比

（单位：一千万卢比，按现价计）

部门＼年度	2014—2015	2015—2016	2016—2017	2017—2018	2018—2019
农业和相关产业增加值	2 093 612	2 227 533	2 496 358	2 670 147	2 755 992
占全国增加值总额的百分比	18.2	17.7	17.9	17.2	16.0

数据来源：印度农业、合作与农民福利部，《2018—2019 年度报告》，第 1 页，http://agricoop.nic.in/annual-report;http://agricoop.nic.in/sites/default/files/AR_2018-19_Final_for_Print.pdf. 登录时间：2020 年 3 月 26 日。

鉴于农业部门的重要性，印度政府采取了一些措施促进农业可持续发展，包括提高土壤肥力、改进灌溉渠道和提高用水效率、支持有机农业、支持创建统一的全国农业市场，以及增加农民收入等。在改善农业技术方面，印度政府资助了不少大型灌溉渠项目，项目的重点是深水井建设、沿河小型水库建设等。印度政府的这些努力在一定程度上提升了灌溉能力，有利于粮食生产。

由于 2017 年季风期降雨量正常，加之印度政府采取的相关措施，使得 2017—2018 年度印度粮食谷物产量实现了显著增长。根据印度农业、合作与农民福利部的统计，2017—2018 年度印度全国粮食总产量约为 2.848 3 亿吨，比 2016—2017 年度的 2.751 1 亿吨相比提高了 972 万吨，也比前 5 年（2012—2013 年至 2016—2017 年）的平均粮食产量高出 2 466 万吨。其中，大米产量为 1.129 亿吨，创历史最高水平；小麦产量为 9 970 万吨，较 2016—2017 年度 9 851 万吨的产量高出 119 万吨；粗粮产量为 4 699 万吨，比平均产量高 529 万吨。由于主要豆类的种植面积和生产显著提高，2017—2018 年豆类的总产量为创纪录的 2 523 万吨，比前一年的 2 313 万吨产量高出 210 万吨。此外，2017—2018 年度，印度油籽总产量为 3 131 万吨，略高于 2016—2017 年的 3 128 万吨；甘蔗产量增加了 7 083 万吨，达到创纪录的 3.769 亿吨。①

① 资料来源：印度农业、合作和农民福利部，《2018 年印度农业统计》，第 3-4 页，https://eands.dacnet.nic.in/; https://eands.dacnet.nic.in/PDF/Agricultural%20Statistics%20at%20a%20Glance%202018.pdf. 登录时间：2020 年 3 月 26 日。

表 2－5　　印度主要农作物的种植面积、产量和产出收益

农作物	面积（十万公顷）			产量（百万吨）			产出收益（千克/公顷）		
	2015—2015 年	2016—2017 年	2017—2018 年	2015—2015 年	2016—2017 年	2017—2018 年	2015—2015 年	2016—2017 年	2017—2018 年
大米	434.99	439.93	437.89	104.41	109.70	112.91	2 400	2 494	2 578
小麦	304.18	307.85	295.76	92.29	98.51	99.70	3 034	3 200	3 371
粗粮	243.89	250.08	242.05	38.52	43.77	46.99	1 579	1 750	1 941
豆类	249.12	294.45	299.93	16.32	23.13	25.23	655	786	841
谷物	1 232.18	1 292.31	1 275.63	251.54	275.11	284.83	2 041	2 129	2 233
油籽	260.87	261.77	246.45	25.25	31.28	31.31	968	1 195	1 270
甘蔗	49.27	44.36	47.32	348.45	306.07	376.90	70 720	69 001	79 650
棉花	122.92	108.26	124.29	30.01	32.58	34.89	415	512	477
黄麻	7.82	7.63	7.35	10.52	10.96	10.14	2 421	2 585	2 481

数据来源：印度农业、合作与农民福利部，《2018—2019 年度报告》，第 4 页，http://agricoop.nic.in/annual-report; http://agricoop.nic.in/sites/default/files/AR_2018-19_Final_for_Print.pdf. 登录时间：2020 年 3 月 26 日。

2.2.2 畜牧业

畜牧业与农业有着紧密的联系，对国家的粮食安全至关重要。畜牧业是印度经济农业的重要分支，为很多农民提供了就业机会和生活来源。印度拥有丰富的畜禽资源，对改善农村人口的经济条件起着至关重要的作用。根据印度第 19 次牲畜普查，全国约有 3 亿只牛、6 507 万只羊、1.35 亿只山羊和约 1 030 万头猪。①

根据印度中央统计局的估计，2015—2016 年度印度畜牧业产值约为 81 184.7 亿卢比，约占农业和相关行业产值的 28.6%。在牛奶生产方面，印度是世界上最大的牛奶生产国，政府发起了旨在提高畜牧业生产力的措施，将牛奶产量从 2006—2007 年度的 1.026 亿吨提高至 2011—2012 年度的 1.28 亿吨。印度牛奶产量呈逐年上升趋势：2014—2015 年度的牛奶产量为 1.46 亿吨；2015—2016 年度的产量为 1.56 亿吨；2016—2017 年度的产量为 1.65 亿吨，年增长率为 6.37%。2016—2017 年度，印度人均牛奶可获得量约为每天 355 克。

① 资料来源：印度畜牧业、乳制品业及渔业部，《2017—2018 年度度报告》，第 1 页，http://dadf.gov.in/sites/default/filess/annual_report_17-18.pdf. 登录时间：2020 年 4 月 16 日。

在家禽养殖方面，印度的禽类生产已经有了具备先进技术的商业生产系统。目前，印度全国的家禽总数为 7.29 亿只（根据印度第 19 次牲畜普查统计），产蛋量稳步提升，2006—2007 年度的产蛋量为 507.0 亿个，2011—2012 年度的产蛋量为 664.5 亿个，2015—2016 年度的产蛋量提升至 829.3 亿个，2016—2107 年这一数字提升至 881.4 亿，人均可获得量（2016—2017 年）约为每年每人 69 个鸡蛋，禽肉产量约为 326 万吨。在肉类生产方面，“十二五”规划开始时（2012—2013 年）的肉类产量为 595 万吨，到 2016—2017 年度，肉类产量增加至 740 万吨。①

2.2.3 渔业

印度海岸线漫长，有着巨大的渔业潜力。印度是世界第二大鱼类生产国，也是世界第二大淡水鱼生产国。2016—2017 年，印度渔业产量为 1 141 万吨（海洋渔业为 364.1 万吨，内陆渔业为 776.9 万吨）。2017—2018 年度前两个季度，渔业产量为 580 万吨。2016—2017 年度渔业产值 3 787.09 亿卢比，该部门贡献了全国总增加值（GVA）的 0.92%和农业增加值的 5.23%。②

印度内陆的渔业养殖区域包括：315 万公顷的水库、236 万公顷池塘、124 万公顷的咸水区、19 万公顷的河流和运河流域；印度海洋的渔业捕捞区域包括：8 118 公里的海岸线、202 万平方公里的专属经济区、53 万平方公里的大陆架、1 537 个渔业中心以及 3 432 个渔村。印度水域的海洋渔业潜力为 441 万吨。③目前，由于印度海域 1 368 种可利用鱼类中，有 200 种具有重要商业价值的鱼类需要关注与保护，印度的海洋捕捞渔业呈下降趋势，捕捞范围扩张速度逐渐减慢。海水养殖是印度海洋捕捞渔业的重要补充，除了在公海进行海洋植物与动物养殖以外，印度国内还有许多咸淡水区和低洼潮区，为海水养殖提供了空间。长期以来，印度的海水养殖主要限于双壳贝类，比如贻贝、食用牡蛎、珍珠牡蛎，海藻等。

印度人造水库覆盖面积超过 300 万公顷，分布在各种适合鱼类生长的气候环境中。这些区域的平均鱼类产量潜力约为 250 千克/公顷，湿地的鱼类资源潜力约为 350 千克/公顷。除水库和淡水养殖是印度鱼类产量增长的两大支柱之外，其他

---

① 资料来源：印度畜牧业、乳制品业及渔业部，《2017—2018 年度度报告》，第 2－5 页，http://dadf.gov.in/sites/default/filess/annual_report_17-18.pdf. 登录时间：2020 年 4 月 16 日。

② 资料来源：印度畜牧业、乳制品业及渔业部年度报告，第 6 页，http://dahd.nic.in/sites/default/filess/Annual%20Report%202016－17.pdf. 登录时间：2018 年 4 月 26 日。

③ 资料来源：印度畜牧业、乳制品业及渔业部，《2017—2018 年度度报告》，第 93 页，2020 年 4 月 16 日。http://dadf.gov.in/sites/default/filess/annual_report_17-18.pdf

资源如高地水体、洪积平原湖泊和湿地、灌溉渠、盐渍和涝渍地区也将逐步被纳入养殖范围，以促进渔业生产。近年来，印度开放水域的水产品笼养和拦网养殖发展良好，为印度内陆水产养殖创造了巨大的潜力。据估计，印度水产养殖业的笼养和拦网养殖生产潜力约为 50 千克/立方米，进一步扩大和集约化的可能性很大。①

2.2.4 林业

森林资源能够为经济和社会的发展提供可再生原料、保持生物多样性、缓解气候变化、保护水土资源、改善空气质量、减轻贫困。由于地形多样，印度的森林资源非常丰富，但受火灾、放牧、害虫和入侵物种的影响，以及农业扩张和城市扩张的影响，印度国内的许多森林已经枯竭并退化。1988 年的印度国家森林政策强调了森林在国民经济和生态中的作用，该政策侧重于确保环境稳定、恢复生态平衡、保护现存的森林、满足农村和部落对燃料木材和饲料的需求。

印度森林调查机构（Forest Survey of India，FSI）通过解读遥感卫星数据评估了印度国内的森林覆盖情况。FSI 发布的 2003 年印度森林状况报告指出，印度的森林覆盖总量为 67.83 万平方公里，占印度地理面积的 20.64%。其中，5.13 万平方公里（1.56%）为密林，33.93 万平方公里（10.32%）为中密森林，28.78 万平方公里（8.76%）为开阔的森林。印度红树林面积达 4 461 平方公里，非森林覆盖面积约为 256.87 万平方公里（不包括灌木）。②

2.3 印度工业概况

工业部门是印度经济的重要组成部门，为印度经济的发展做出了巨大的贡献。印度工业部门齐全，形成了较完备的工业体系。其中，以纺织工业和食品工业为代表的轻工业是印度的传统工业，以钢铁、制药、采矿和机械等为代表的重工业发展迅速。近年来，航空航天、汽车制造、IT 产业等新兴工业化部门逐步兴起，拉动了印度经济结构的转型与升级。

“印度制造”计划是印度总理于 2014 年 9 月发起的，作为国家建设计划的一

---

① 资料来源：印度畜牧业、乳制品业及渔业部年度报告，《2017—2018 年度度报告》，第 94 页，2020 年 4 月 16 日。http://dadf.gov.in/sites/default/filess/annual_report_17-18.pdf

② 资料来源：印度森林调查机构年度报告，第 5 页，http://fsi.nic.in/ documents/ annualreport.pdf. 登录时间：2020 年 4 月 16 日。

部分，该计划旨在将印度转变为全球设计和制造中心。印度政府采取了许多措施来推动工业发展，例如资金支持和创造就业机会，其中包括“印度制造”“创业印度”倡议和“营商便利”等政策；逐步简化并放开外国直接投资（FDI）政策和程序；在全国范围内建设五大工业走廊[①]，形成制造业发展集群，为发展乡镇工业提供土地和优质基础设施资源，等等。根据印度国民经济核算统计，2017—2018 年度印度工业部门的增加值总额（GVA）增长了 5.9%。在行业内，制造业的总增加值（GVA）在 2017—2018 年度增长了 5.9%，相较于 2016—2017 年度下降了 2 个百分点。2018—2019 年度的前三个季度，制造业的增加值分别增长了 12.4%、6.9%和 6.7%。[②]

表 2－6　各行业增加值增长率

（以 2011—2012 年度价格为基础计算，单位：%）

年度 产业部门	2012—2013	2013—2014	2014—2015	2015—2016	2016—2017	2017—2018	2018—2019
1. 农业	1.5	5.6	－0.2	0.6	6.3	5.0	2.7
2. 工业	3.3	3.8	7.0	9.6	7.7	5.9	7.7
采矿与采石业	0.6	0.2	9.7	10.1	9,5	5.1	1.2
制造业	5.5	5.0	7.9	13.1	7.9	5.9	8.1
电力、燃气和供水业	2.7	4.2	7.2	4.7	10.0	8.6	8.0
建筑业	0.3	2.7	4.3	3.6	6.1	5.6	8.9
3. 服务业	8.3	7.7	9.8	9.4	8.4	8.1	7.4
贸易、酒店、交通、通讯和广播相关行业	9.8	6.5	9.4	10.2	7.7	7.8	6.8
金融、房地产和咨询服务	9.7	11.2	11.0	10.7	8.7	6.2	7.3
公共行政、国防和其他服务	4.3	3.8	8.3	6.1	9.2	11.9	8.5
基础价格计算的增加值	5.4	6.1	7.2	8.0	7.9	6.9	6.8

数据来源：印度重工业和公共企业部，《2018—2019 年度报告》，第 7-8 页，https://dhi.nic.in/writereaddata/DHI_2018-19_annual_report/ENGLISH/mobile/index. html. 登录时间：2020 年 4 月 16 日。

---

① 五大工业走廊包括德里—孟买工业走廊（DMIC）、清奈—班加罗尔工业走廊（CBIC）、东海岸工业走廊（ECEC）、阿姆利则—加尔各答工业走廊（AKIC）及班加罗尔—孟买工业走廊（BEMC）。这五个工业走廊形成了一个环，构成了印度未来制造业发展的新阵地。

② 资料来源：印度重工业和公共企业部，《2018—2019 年度报告》，第 7 页，https://dhi.nic.in/writereaddata/DHI_2018-19_annual_report/ENGLISH/mobile/index.html. 登录时间：2020 年 4 月 16 日。

2018 年 4 月至 2019 年 2 月，印度以工业生产指数（Index of Industrial Production，IIP）计算的工业产值增长了 4%（以 2011—2012 年度为基准年）。在此期间，制造业增长了 3.8%，矿业和电力行业分别增长了 3%和 5.5%。耐用消费品和基础设施/建筑产品的高速增长是驱动印度制造业增长的主要动力，其中，耐用消费品部门的生产增长了 6.4%。在耐用消费品中，轮辋（车轮）、成衣、各类泵类、电脑及配件、玻璃器皿、塑胶罐、奶瓶等容器、车轴、电暖器、汽车零件及配件、两轮机动车、开关/电路保护用品等产品需求较为强劲，消费增长迅速。此外，得益于船舶制造及其部件、商用车、变压器（小型）、农用拖拉机和机床、收割机和脱粒机、各种类型的空气/气体压缩机等资本品强劲需求的带动，2018 年 4 月至 2019 年 2 月期间，印度资本产品产量增加了 4.3%。①

表 2－7　各行业工业生产指数（IIP）增长率

（以 2011—2012 年度为基准年，以百分比计）

部门/组织	比重	2016—2017 年	2017—2018 年	2017 年 4 月－2018 年 2 月	2018 年 4 月－2019 年 2 月
按部门分类					
采矿业	14.372 5	5.3	2.3	2.3	3.0
制造业	77.633 2	4.4	4.6	4.6	3.8
电力行业	7.994 3	5.8	5.4	5.2	5.5
整体 IIP	100.00	4.6	4.4	4.3	4.0
按使用途径分类					
初级产品	34.048 6	4.9	3.7	3.8	3.6
资本产品	8.223 0	3.2	4.0	4.9	4.3
中间产品	17.221 5	3.3	2.3	2.2	－0.3
基础设施/建筑产品	12.338 4	3.9	5.6	5.3	7.7
耐用消费品	12.839 3	2.9	0.8	0.3	6.4
非耐用消费品	15.329 2	7.9	10.6	10.2	4.1
整体 IIP	100.00	4.6	4.4	4.3	4.0

数据来源：印度重工业和公共企业部，《2018—2019 年度报告》，第 9 页，https://dhi.nic.in/writereaddata/DHI_2018-19_annual_report/ENGLISH/mobile/index.html. 登录时间：2020 年 4 月 16 日。

① 资料来源：印度重工业和公共企业部，《2018—2019 年度报告》，第 8 页，https://dhi.nic.in/writereaddata/DHI_2018-19_annual_report/ENGLISH/mobile/index.html. 登录时间：2020 年 4 月 16 日。

2.3.1 重工业

（1）钢铁工业

钢铁工业是印度发展比较早的重工业领域之一。早在19世纪70年代中期，印度就建立了现代化的钢铁工厂。印度独立后，在政府大力推进重工业的经济发展战略下，印度的钢铁工业得到了快速的发展。2015年，莫迪政府提出钢铁振兴计划，印度政府再次强调把大力发展钢铁工业作为重要的经济发展目标，并提出要使钢铁产能在2030年达到3亿吨的政策目标。根据世界钢铁协会发布的数据，2016年，印度粗钢产量达到9 562万吨，同比增长7.4%，增幅位列全球十大产钢国之首；2017年，印度钢铁部发布消息称印度钢铁年产量首次突破1亿吨，钢铁总产量达到1.01亿吨。[①] 2017年5月，印度内阁通过了《2017年国家钢铁政策》，该政策旨在向钢铁产业新投资10万亿卢比（约合1.02亿人民币），以推进钢产量的提升。根据该政策，印度计划于2030—2031年将炼钢产能扩大至3亿吨。

与持续增长的钢产量形成对比的是印度国内较为低迷的钢铁消费。根据印度钢铁企业联合会（JPC）提供的数据，2017年4月，印度国内钢铁需求仅为600万吨，同比增幅为3.4%，远低于同一时期印度粗钢产量的同比增长率8.7%。刺激钢铁消费是当前印度政府发展钢铁工业政策的重中之重。据印度媒体报道，2017年初，印度政府拟强制要求国内基础设施建设项目使用本国产的钢铁，以借此刺激印度国内钢铁的生产与消费。《2017年国内钢铁政策》规定，在公共采购中印度企业要优先购买本国钢铁，以刺激国内钢产量的需求量。同时，该政策还设定了于2030—2031年将印度人均钢铁消费量扩大一倍至158千克的目标。除了国内钢铁消费量提升难度较大之外，印度钢铁工业的发展还面临生产设备陈旧、关键技术落后、设备利用率低等问题。

（2）机械制造业

印度的机械制造业属于资本品工业，是印度独立后优先发展的重要产业之一，其包含的产业部门众多，涉及的主要子行业包括：机床、纺织机械、建筑和采矿机械和其他重工业机械，如水泥机械、橡胶机械、冶金机械、化肥机械、印刷机械、乳品机械、物料搬运设备、油田设备、造纸机械，等等。

为鼓励机械制造业的发展，印度对机械工业、纺织机械工业和建筑、土方工程和采矿机械等业务进行了重组，并设立发展委员会，以更好地制定并实施相关

---

① 中国驻印度加尔各答总领馆经济商务室，《2017年印度钢铁产量首次突破1亿吨》，2018年1月15日。http://kolkata.mofcom.gov.cn/article/jmxw/201801/20180102698794.shtml

政策。此外，印度政府鼓励机械制造部门的企业通过技术提升和收购、建设共同工程设施以及增建现代工业园区等方式，提升行业的全球竞争力。目前，印度相关机械制造行业的许可证限制已经取消，经“自动路径”可直接进入的外国直接投资份额高达 100%，并且该行业可以自由地进行技术合作以及进口机器。

表 2-8　资本品部门各子部门生产数据

（单位：千万卢比）

子部门	2013—2014 年	2014—2015 年	2015—2016 年	2016—2017 年	2017—2018 年	3 年复合增长率（%）
机床生产部门						
机床	3 481	4 230	4 726	5 803	7 294	20.31
模具和冲压工具	13 793	14 647	15 000	14 647	16 068	3.89
重型工程部门						
纺织机械	6 775	6 960	6 580	6 650	6 900	0.46
印刷机械	6 069	15 748	16 916	16 424	15 016	-1.68
土方工程和采矿机械	8 099	18 300	19 662	28 207	32 400	15.67
塑料机械	2 150	2 500	2 700	3 000	3 375	11.93
食品加工机械	14 703	10 995	13 206	15 246	15 600	1.49

数据来源：印度重工业和公共企业部，《2018—2019 年度报告》，第 35 页，https://dhi.nic.in/writereaddata/DHI_2018-19_annual_report/ENGLISH/mobile/index.html. 登录时间：2020 年 4 月 16 日。

（3）汽车制造业

汽车工业是印度最重要的部门之一，也是印度经济增长的关键引擎。印度的汽车业发达，主要生产车型有：乘用车，轻型、中型和重型商用车，多用途车，摩托车，轻便摩托车，三轮车等。1991 年 7 月，随着印度新工业政策的颁布，印度政府开始逐渐放松对汽车制造业的管制，1993 年进一步放松了对乘用车制造行业的管制。20 世纪 90 年代以来，为了提升竞争力，印度政府还取消了汽车制造业对外商投资和技术转让的限制。目前，外国直接投资可以通过“自动路径”进入印度汽车制造行业，投资比例可高达 100%。印度汽车工业对印度经济的增长和发展做出了重大贡献，根据目前的统计数据，汽车行业的营业额相当于印度全国国内生产总值的 7.1%，直接和间接雇用了 3 700 多万人。预计到 2026 年，印度汽车行业营业额将占印度国内生产总值的 12%，创造 6 500 多万个就业岗位。

汽车行业的发展对“印度制造”目标有着重要意义，当前，印度政府正努力推进“2016—2026 年汽车行动计划”（Automotive Mission Plan 2016-2026），完成该计划设定的汽车制造业发展目标。在 2018—2019财年，印度汽车行业共生产了 3 092 万辆汽车，包括乘用机动车、商用机动车、三轮车、两轮车和四轮车，较上一财年增长了 6.26%；汽车出口总量从 2017—2018 财年的 404 万辆提升至 463 万辆，增长率为 14.50%。[①]

表 2-9　　印度汽车产量

（单位：万辆）

财年	2012—2013	2013—2014	2014—2015	2015—2016	2016—2017	2017—2018	2018—2019
产量	2 062.6	2 150	2 336.6	2 401.6	2 533	2 909.4	3 091.5
增长率（%）	1.20	4.24	8.68	2.78	5.48	14.86	6.26

数据来源：印度重工业和公共企业部，《2018—2019 年度报告》，第 40 页，https://dhi.nic.in/writereaddata/DHI_2018-19_annual_report/ENGLISH/mobile/index.html. 登录时间：2020 年 4 月 16 日。

表 2-10　　印度汽车出口量

（单位：万辆）

财年	2012—2013	2013—2014	2014—2015	2015—2016	2016—2017	2017—2018	2018—2019
出口产量	289.8	3 11	357.3	364.3	348	404.2	462.9
增长率（%）	-0.34	7.31	14.89	1.95	-4.47	16.15	14.50

数据来源：印度重工业和公共企业部，《2018—2019 年度报告》，第 40 页，https://dhi.nic.in/writereaddata/DHI_2018-19_annual_report/ENGLISH/mobile/index.html. 登录时间：2020 年 4 月 16 日。

（4）化学与石油化工产业

近年来，印度化学和石油化工产品产业持续增长。根据印度中央统计局（CSO）2019 年的统计数据，2017—2018 年度，印度化学和石油化工行业总增加值占印度制造业总增加值的比例约为 9.4%，占全国全部经济活动增加值总额的比例为 1.69%。如果将制药行业包括在内的话，化学和石油化工行业总增加值在印

① 资料来源：印度重工业和公共企业部，《2018—2019 年度报告》，第 39-40 页，https://dhi.nic.in/writereaddata/DHI_2018-19_annual_report/ENGLISH/mobile/index.html. 登录时间：2020 年 4 月 16 日。

度全部经济活动增加值总额中所占比重为 2.9%。从产值规模来讲，2016—2017 年度，印度化学工业产值为 6.8 万亿卢比，如果将制药行业包括在内的话，印度化学工业产值则为 10.8 万亿卢比。从产量来讲，2019—2020 年度（截至 2019 年 9 月），印度主要化学品和石油化工产品总产量为 1 387.1 万公吨，2014—2015 年至 2018—2019 年期间，化学品和石油化工产品总产量的复合增长率为 4.78%。①

表 2-11　2014—2015 年至 2019—2020 年印度主要化学品和石化产品的产量

（单位：万公吨）

	2014—2015 年	2015—2016 年	2016—2017 年	2017—2018 年	2018—2019 年	复合增长率	2019 年4月—2019 年 9 月
碱性化学物质	662.5	680.2	700.9	763.1	804.3	4.97	411.2
无机化学材料	94.4	100.2	105.3	105.8	106.4	3.03	49.9
有机化学材料	161.9	158.9	163.8	179.9	188.4	3.87	92.2
农药、杀虫剂	18.6	18.8	21.4	21.3	21.7	3.83	9.3
染料和颜料	28.5	30.4	32.0	36.7	38.2	7.54	19.1
主要基本化学品	966.0	988.4	1 023.4	1 106.9	1 158.9	4.66	581.7
人工/合成纤维	353.2	355.8	359.9	362.5	360.1	0.49	193.3
聚合材料	755.8	883.9	916.3	927.6	1 004.0	7.36	478.5
高弹材料（如橡胶）	17.2	24.2	28.5	30.8	35.1	19.58	17.8
合成洗涤剂	59.6	56.6	66.4	74.3	68.7	3.63	33.7
功能塑料	159.1	170.0	179.9	171.9	158.9	-0.04	82.1
主要基本石油化工产品（合计）	1 344.8	1 490.5	1 551.0	1 567.0	1 626.9	4.88	805.4
基本化学品、主要化学品和石油化学品（合计）	2 310.8	2 478.8	2 574.4	2 673.9	2 785.8	4.78	1 387.1

数据来源：印度化学品及化肥部下属化学品及石油化工局（DCPC），《2019—2020 年度报告》，第 5 页，https://chemicals.nic.in/document-report/annual-report. 登录时间：2020 年 4 月 16 日。

① 资料来源：印度化学品及化肥部下属化学品及石油化工局（DCPC），《2019—2020 年度报告》，第 4 页，https://chemicals.nic.in/document-report/annual-report. 登录时间：2020 年 4 月 16 日。

2.3.2 轻工业

（1）纺织工业

作为印度的传统工业，印度纺织业是全球最大的纺织业之一，在生产价值链中拥有较为广阔的原材料基础和制造实力。印度是仅次于中国的世界第二大纺织品制造国和出口国。从产值角度来看，印度纺织业的产值在印度工业总产值和国内生产总值中所占的比重分别为7%和2%；从贸易角度来看，印度纺织品贸易约占全球纺织品和服装贸易份额的5%，占印度出口收入的15%。2017—2018年度，纺织品和服装出口额占印度出口总额的比例高达13%。此外，纺织业也为印度国内劳动力提供了广阔的就业市场，是印度最大的就业来源之一。纺织业直接就业人数超过4 500万，另有6 000万人在纺织业相关部门工作，其中包括大量的妇女和农村人口。①

印度纺织业的主要原材料为棉花、黄麻、蚕丝、羊毛。印度国家纺织品公司（National Textile Corporation Ltd, NTC）是印度政府推动和发展纺织行业的重要公共事业单位，是印度最大的纺织品企业之一。截至2019年3月31日，印度国家纺织品公司净值为164亿卢比。目前，公司共有员工11 000人左右。②

表2－12　　印度国家纺织品公司情况

项目	2014—2015年	2015—2016年	2016—2017年	2017—2018年	2018—2019年3月
产量					
纱（十万千克）	518.54	562.02	521.95	527.81	510
布（十万米）	171.70	190.34	201.81	191.58	190
产能利用率（%）	85.47	86.67	84.81	87.61	85.50
营业额（千万卢比）	1 213.89	1 129.22	1 168.50	1 066.27	1 130.00
评级	Good	Good	Fair	Fair	-

数据来源：印度纺织部，《2018—2019年度报告》，第29页，http://texmin.nic.in/ documents/annual-report; http://texmin.nic.in/sites/default/files/Textiles-AnnualReport2018-2019% 28English%29.pdf

① 资料来源：印度纺织部，《2018—2019年度报告》，第1页，http:// texmin.nic.in/documents/annual-report; http://texmin.nic.in/sites/default/files/Textiles-AnnualReport2018-2019% 28English%29.pdf. 登录时间：2020年4月17日。

② 资料来源：印度纺织部，《2018—2019年度报告》，第26－29页，http://texmin.nic.in/documents/annual-report; http://texmin.nic.in/sites/default/files/Textiles-AnnualReport2018-2019%28English% 29.pdf. 登录时间：2020年4月17日。

（2）食品加工行业

印度食品加工业的发展离不开印度农业的发展以及食品需求的增长。多年来，印度的农业生产一直保持较高的产量。印度牛奶、酥油、豆类、生姜、香蕉、番石榴、番木瓜和芒果的产量排名世界第一；稻米、小麦和其他几种蔬菜和水果的产量排名世界第二。截至 2017—2018 统计年度，印度食品加工业部门近五年的平均年增长率为 8.41%，同一时期印度农业部门平均年增长率为 3.45%。就食品加工业对国内生产总值、就业和投资的贡献而言，食品加工行业已成为印度经济的一个重要组成部分。以 2011—2012 年为基期价格计算，2017—2018 年，食品加工行业分别占印度制造业和农业增加值的 8.83%和 10.66%。[①]

表 2－13　　食品加工业的总增加值与相关产业的比较

（以 2011—2012 年为基准年，单位：万亿卢比）

经济活动（总增加值）＼年度	2012—2013	2013—2014	2014—2015	2015—2016	2016—2017	2017—2018
全印度	85.46	90.64	97.12	104.92	113.19	121.04
制造业	14.87	15.61	16.84	19.04	20.55	21.77
农、林、渔业	24	16.09	16.06	16.16	17.17	18.03
食品加工业	1.30	1.30	1.34	1.61	1.78	1.92
以下行业总增加值的平均年增长率（%）						
全印度	7.21	6.05	7.15	8.03	7.88	6.94
制造业	7.96	4.97	7.90	13.06	7.94	5.93
农、林、渔业	3.45	5.57	－0.22	0.65	6.27	4.98
食品加工业	8.41	0.39	2.66	20.55	10.76	7.68
以下行业总增加值占印度总增加值的份额（%）						
食品加工业	1.52	1.44	1.38	1.54	1.58	1.59
制造业	17.40	17.22	17.34	18.15	18.16	17.98
农、林、渔业	17.84	17.75	16.53	15.40	15.17	14.90

① 数据来源：印度食品加工业部，《2018—2019 年度报告》，第 33 页，https://mofpi.nic.in/sites/default/files/eng_mofpi_annual_report_2018-19.pdf; http://texmin.nic.in/sites/default/files/Textiles-AnnualReport2018-2019%28English%29.pdf. 登录时间：2020 年 4 月 17 日。

续表

年度 经济活动（总增加值）	2012—2013	2013—2014	2014—2015	2015—2016	2016—2017	2017—2018
食品加工业的总增加值占以下行业总增加值的比例（%）						
制造业	8.72	8.34	7.94	8.46	8.68	8.83
农、林、渔业	8.51	8.09	8.32	9.97	10.39	10.66

数据来源：印度食品加工业部，《2018—2019 年度报告》，第 34 页，https://mofpi.nic.in/sites/default/files/eng_mofpi_annual_report_2018-19.pdf. 登录时间：2020 年 4 月 17 日。

（3）制药工业

印度制药工业的规模世界排名第三，总产值世界排名第十。印度制药工业（包括药品和医疗器械）的总规模约为 430 亿美元（3.01 万亿卢比），其中，药品行业的增长率为 7%～8%，医疗器械行业的增长率为 15%～16%。印度制药工业的出口总额（包括药品和医疗器械）约为 200 亿美元（1.47 万亿卢比），其中，药品出口约占该行业出口总额的 90%；印度药品和医疗器械进口总额约 7 280 亿卢比，其中医疗器械进口占 52%左右。目前，制药行业对印度国内生产总值的贡献率约为 1.72%。

印度是全球最大的仿制药供应国，是世界上最大的廉价疫苗供应国之一。由于价格低、质量高，印度的药物在世界范围内受到青睐。因此，印度制药业的国际化程度较高，拥有广阔的海外销售市场。印度的出口药品销往 200 多个国家和地区，包括美国、日本和澳大利亚、西欧等药品监管非常严格的市场，其中，美国、英国、南非和俄罗斯是印度的主要药品出口市场。印度的医药出口结构中，药物制剂和生物制剂约占 77%，原料药和半成药占 21%。印度仿制药占全球仿制药出口总额的 20%。

为了引导并推进制药工业的发展，印度政府在化学品和化肥部下设立了药品局（Department of Pharmaceuticals），旨在进一步加强对国内制药部门发展以及药品价格、研究与开发、知识产权保护和国际承诺的管理。此外，印度商工部产业政策和促进部修订了印度制药工业外国直接投资政策，为制药工业领域的外国直接投资提供便利。根据该政策，在绿地制药项目（Greenfield Pharma Projects）下，外国直接投资可通过“自动路径”进入印度制药行业，最高份额可达 100%；在棕地制药项目（Brownfield Pharma Projects）下，在投资比例不超过 74%的情况下，外国直接投资可以通过“自动路径”进入印度制药行业，超过 74%的外国直接投资需要经过印度政府审批方能进入制药行业。其中，医疗设备领域的外国直接投资在棕地和绿地领域都是自动进行的。2017 年 5 月，印度撤销了外商投资促进委员会（Foreign Investment Promotion Board, FIPB），改由各行政部门处理需要政府批准的外国直接投资申请。在撤销外商投资促进委员会后，印度药品局已批准了 25 项外国直接投资计划，投资总额为 249.6 亿卢比。制药行业是印度吸引外资最多的八个行业之一。① 目前，印度国内太阳制药（Sun Pharmaceutical）、西普拉（Cipla）、瑞迪博士实验室（Reddy's Laboratories）等大型知名企业还在欧美等国建立了合资企业，在吸引外资的同时，也能扩大印度制药行业的国际影响力。

2.4 印度服务业概况

自独立以来，印度的服务业发展迅速。服务业产值从 1952—1953 年的 1 015.6 亿卢比上升至 2013—2014 年的 38 676.8 亿卢比，增长了 38 倍。除旅游、交通等传统服务业之外，以信息和金融为代表的现代服务业也得到了长足发展，印度已成为全球软件、金融等服务业的重要出口国。

2.4.1 旅游业

旅游业是印度政府重点发展的产业之一，也是印度重要的就业部门。2017 年，印度对旅游业的投资额高达 416 美元，居世界第三位。近年来，在印度政府的努力下，印度旅游业得到了一定的发展，入境旅游人数和旅游业收入不断增加，但与世界平均水平还有较大差距。2017 年，旅游业为印度创造直接就业岗位 2 614 万个，创造的总就业岗位达 4 162 万个，均位列世界第二，仅次于中国。旅游业对印度国内生产总值的直接贡献为 913 亿美元，占印度国内生产总值的 3.7%；对印度国内生产总值的总贡献则达 2 406 亿美元，约占印度国内生产总值的 9.4%。2016 年，旅印外国游客为 880 万人次，世界排名第 40 位，为印度创造外汇收入 229 亿美元；2017 年，旅印外国游客上升为 1 020 万人次，同比增长 14%，为印度创造外汇收入 277 亿美元。②

从游客来源来看，印度旅游业收入的提高主要靠国内游客拉动，国内游客带

① 印度化学品和化肥部药品局，《2019—2020 年度报告》，第 3 – 4 页， https://pharmaceuticals.gov.in/annual-report，https://pharmaceuticals.gov.in/sites/default/files/Annual%20Report%202019-20.pdf. 登录时间：2020 年 4 月 17 日。

② 李燕：印度旅游业发展的经验、问题及其借鉴，《南亚研究季刊》，2018 年第 3 期，第 46 – 48 页。

来的收入占印度旅游业总收入的 88%，国外游客带来的收入仅占该部门总收入的 12%，仅为 1.5 万亿卢比。2014—2017 年，印度国内游客人数增加了 28.8%，而同期外国游客人数增加了 20.4%。①

印度的主要旅游点有阿格拉、德里、斋浦尔、昌迪加尔、那烂陀、迈索尔、果阿、海德拉巴、特里凡特琅等。

印度旅游业的发展主要面临如下问题。第一，基础设施有待完善。表现为机场接待能力有限，国内景区之间便利设施不够完善，酒店与客房数量缺口较大。以酒店与客房为例，截至 2017 年 5 月底，印度全国经旅游部批准的星级酒店只有 959 家，客房 5.4 万间；全国酒店总数仅为 1 903 家，客房总数 10.4 万间，远不能满足旅客需求。第二，旅游行业管理水平有待提高。印度旅游服务机构数量较少，2017 年，印度全国经旅游部认证的旅行社仅有 170 余家，入境旅游运营商 420 家，旅游运输运营商 89 家，国内旅游运营商 105 家，印度全国旅游服务机构共计 823 家。②

表 2-14　　2013—2017 年印度旅游业发展情况

年度 详情	2013—2014	2014—2015	2015—2016	2016—2017
外国游客（万人次）	696.7	770.3	800	880
外国游客同比增长率（%）	5.9	10.6	3.8	9.7
创造外汇（亿美元）	184.45	196.57	197.00	229.00
同比增长率（%）	4.0	6.6	0.2	8.8

资料来源：中国外交部网站

泰姬陵

① 新华网：《印度 2017 年外国游客人数增长 14%》，2018 年 8 月 6 日，http://www.xinhuanet.com/world/2018-08/06/c_1123231479.htm. 登录时间：2020 年 4 月 17 日。

② 李燕：印度旅游业发展的经验、问题及其借鉴，第 49 - 50 页。

新德里萨夫达尔疆陵墓

比比卡马格巴拉陵（小泰姬陵）

斋普尔 风之宫

德里 胡马雍陵

德里 阿格拉森阶梯井

斋普尔 月亮水井

德里 洛迪花园

德里 红堡

印度教圣城瓦拉纳西

金奈 Valluvar Kottam

2.4.2 交通运输业

印度交通运输业主要包括公路运输、铁路运输、水路运输和航空运输。其中，公路运输对印度经济发展的影响最大。

（一）公路运输

印度的公路主要包括五种类型，即高速公路（Expressways）、国道（National Highways，NH）、邦级高速公路（State Highways，SH）、主要和其他区域性公路（Major & Other District Roads）以及村道（Rural Roads）。当前，印度全国公路总里程已达到 530 万公里，总里程位居世界第二位。

国道是印度国内运送乘客和运输货物的主要道路。根据印度国家高速公路管理局（National Highways Authority of India，NHAI）的统计报告，截至 2017 年 6 月底，印度境内国道和高速公路的总里程为 11.543 5 万公里（其中，国道总里程约为 7.2 万公里），仅占印度公路总长度的 2%，但却承担着印度全国 40%的公路运输量。随着印度国内汽车数量的增加、客运与货运规模的快速扩大，印度公路网扩建势在必行。近年来，印度政府实施了“国道发展计划”（National Highways Development Project，NHDP），并在该计划下启动和加强国家公路建设的重大举措。①

---

① National Highways Authority of India，*Indian Road Network*，http://www.nhai.org/indian-road-network.htm

运输车辆

孟买早高峰街头

（二）铁路运输

2016—2017 年度，印度铁路部门运营收入（除去支出）超过 491.3 亿卢比。2016 年，印度新建铁路 953 公里，将 1 020 公里的铁路转换为宽轨，并对 2 487 公里的铁路进行了翻新修筑。近年来印度铁路的运行效率指标如下。

表 2-15　　印度铁路运行效率指标

效率指标	宽轨		米轨	
	2015—2016 年	2016—2017 年	2015—2016 年	2016—2017 年
每车厢每天的净吨公里数	7 510	7 359	365	—
满载（全牵引）时车速（公里/小时）	23.4	23.7	19.9	—
载货量占货车总里程的百分比	64.0	63.3	50.2	—
每个货运列车的净负荷（吨）	1 664	1 600	498	—
每发动机小时净吨公里数	17 506	16 337	2 177	—
每辆车每天的乘用车公里数	569	564	154	134

数据来源：印度铁路部，《2016—2017 年度报告与账务》，第 6 页，http://www.indianrailways.gov.in/railwayboard/uploads/directorate/stat_econ/IRSP_2016-17/Annual_Report_Accounts_Eng/3.pdf. 登录时间：2020 年 4 月 17 日。

表 2-16　　印度铁路客运业务量

	2015—2016 年	2016—2017 年	增长数量	增长率（%）
载客量（百万人次）	8 107	8 116	9	0.11
旅客周转量（十亿人次）	1 143	1 150	7	0.61
客运收入（千万卢比）	44 283.26	46 280.46	1 997.2	4.51

数据来源：印度铁路部，《2016—2017 年度报告与账务》，第 5 页，http://www.indianrailways.gov.in/railwayboard/uploads/directorate/stat_econ/IRSP_2016-17/Annual_Report_Accounts_Eng/3.pdf. 登录时间：2020 年 4 月 17 日。

表 2－17　　　　　　　　　印度铁路货运业务收入

	2015—2016 年	2016—2017 年	增长数量	增长率（%）
吨位收入（百万）*	1 101.51	1 106.15	4.64	0.42
净吨公里收入（十亿）	654.481	620.175	－34.306	－5.24
货物收入（千万卢比）	106 940.55	102 027.82	－4 912.73	－4.59

*康坎铁路除外

数据来源：印度铁路部，《2016—2017 年度报告及账务》，第 5 页，http://www.indianrailways.gov.in/railwayboard/uploads/directorate/stat_econ/IRSP_2016-17/Annual_Report_Accounts_Eng/3.pdf. 登录时间：2020 年 4 月 17 日。

孟买 维多利亚火车站

停在昌迪加尔车站开往德里的火车（车厢上贴有本节车厢乘客名单）

（三）水路运输

在水运方面，印度的港口、登记船舶数量均有所增长。

登记船舶数量和吨位方面，截至2017年12月31日，印度船队拥有1 371艘船舶，总登记吨位（GRT）为1 235万吨，而2016年12月底，船队拥有1 301艘船舶，总吨位为1 143万吨，这一年间净增加70艘船、92万吨位；与独立之初相比，印度在船舶总登记吨位方面增长了65倍。2017年12月31日，在登记的1 371艘船舶中，共有928艘船（占比68.0%，吨位147万）从事沿海贸易，其余443艘（占比32.0%，吨位1 088万）用于海外贸易。因此，用于海外贸易的吨位为印度船队总吨位数的88.1%，而沿海贸易的吨位则占11.9%。印度商船的船龄特征表明，大约40.1%的船队运营时间在20年以上，19.9%的船队在6～10年，15.7%的船队在0～5年，而12.9%的船队在16～20年，11.4%的船队在11～15年。①

印度的主要港口有12个，包括坎德拉港（Kandla）、孟买港和那瓦舍瓦港（Mumbai Port & Nhava Sheva Port）、帕纳吉港和莫尔穆冈港（Panaji Port or Panjim Port and Mormugao Port）、芒格洛尔港（New Mangalore Port）、科钦港（Cochin Port or Kochin Port）、杜蒂戈林港（Tuticorin Port）、金奈港（Chennai Port OR Madars Port）、印诺尔港（Kamarajar Port）、维沙卡帕特南港（Visakhapatnam Port）、帕拉迪布港（Paradip Port）、霍尔迪亚港和加尔各答港（Haldia Port and Kolkata Port）等。这12个主要港口承担印度57%的航运任务。2016—2017年，印度主要港口承担的货运任务较上一年度增长了7.03%，② 除此之外，印度还有205个非主要港口。

表2-18　印度的港口

年度		2010—2011	2011—2012	2012—2013	2013—2014	2014—2015	2015—2016	2016—2017
港口数量	主要港口	12	12	12	12	12	12	12
	非主要港口	199	200	200	200	200	205	205
	总计	211	212	212	212	212	217	217

① 资料来源：印度航运部年度报告，http://shipmin.gov.in/ showfile.php?lid=2688. 登录时间：2018年4月28日。

② Transport Research Wing，Ministry of Shipping，Government of India，*Basic Port Statistics of India 2016—2017*，April 3，2018，p. XIII，http://shipmin.gov.in/showfile.php?lid=2687.

续表

年度		2010—2011	2011—2012	2012—2013	2013—2014	2014—2015	2015—2016	2016—2017
货物运送量（百万吨）	主要港口	570.09	560.19	545.83	555.49	581.34	605.89	648.47
	非主要港口	315.36	353.74	387.92	416.97	470.89	465.87	485.22
	合计	885.45	913.93	933.75	972.46	1 052.23	1 071.76	1 133.69
输送旅客数（千人）	主要港口	344	465	408	368	220	408	473
	非主要港口	13 535	20 974	21 645	21 485	19 434	22 006	22 599
	合计	13 879	21 439	22 053	21 853	19 654	22 414	23 072
雇员数（千人）	主要港口	53	53	52	45	42	38	35
	非主要港口	3	3	5	6	4	4	5
主要港口经济表现（百万卢比）	总收入	80 084	92 672	99 560	100 854	103 464	126 811	134 557
	总支出	70 431	83 299	94 446	98 566	93 462	106 629	106 388

资料来源：Transport Research Wing，Ministry of Shipping，Government of India，*Basic Port Statistics of India 2016—2017*，April 3，2018，http://shipmin.gov.in/showfile.php?lid=2687

随着印度私营部门加入航运产业的投资与运营，印度主要港口的基础设施建设明显加快，营运能力和效率显著提高。2016—2017 年，印度 12 个主要港口的航运能力提高至 10.658 亿吨，是 2005—2006 年航运能力的 2 倍多。印度航运部门的航运能力利用率（capacity utilization）从 1994—1995 年的 112.6%下降到 2016—2017 年的 60.8%，表明印度主要港口的货运能力得到了极大提高，能够满足持续增长的航运吞吐量要求。

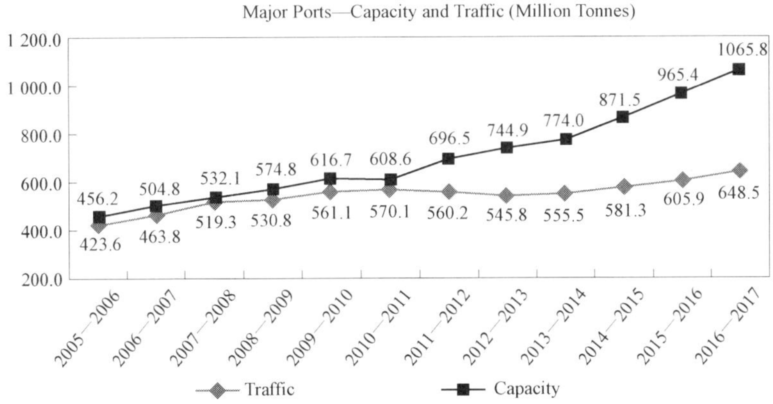

图 2－1　2005—2017 年印度主要港口的航运能力与实际货运量

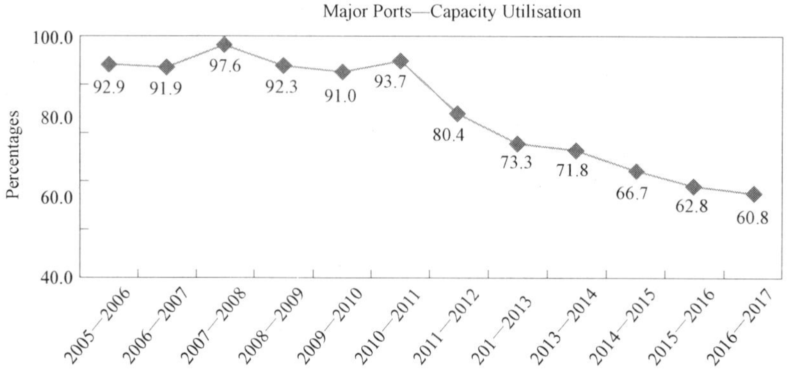

图 2-2　2005—2017 年印度主要港口的航运能力利用率

资料来源：Transport Research Wing，Ministry of Shipping，Government of India，*Basic Port Statistics of India 2016-2017*，http://shipmin.gov.in/showfile.php?lid=2687

表 2-19　印度港口和航运部门的经费与支出

（单位：千万卢比）

五年计划	港口部门		航运部门	
	经费	支出	经费	支出
一五计划（1951—1956 年）	37	28	26	19
二五计划（1956—1961 年）	45	33	48	53
三五计划（1961—1966 年）	86	93	57	40
年度计划（1966—1969 年）	54	53	23	32
四五计划（1969—1974 年）	195	249	141	155
五五计划（1974—1979 年）	571	488	450	469
六五计划（1980—1985 年）	647	765	755	444
七五计划（1985—1990 年）	1 230	1 513	827	720
八五计划（1992—1997 年）	3 557	2 302	3 669	3 033
九五计划（1997—2002 年）	10 081	5 316	6 305	2 466
十五计划（2002—2007 年）	5 418	2 893	7 754	2 992
十一五计划（2007—2012 年）	30 305	6 905	15 026	9 788
十二五计划（2012—2017 年）	15 764	11 900.43	10 142	4 664

续表

五年计划	港口部门		航运部门	
	经费	支出	经费	支出
2017—2018年	4 835	2 799.17	1 740	1 399.77
2018—2019年	5 229	—	1 482	—

资料来源：Transport Research Wing，Ministry of Shipping，Government of India，*Indian Shipping Statistics 2017*，p.viii. http://shipmin.gov.in/showfile.php?lid=2688.

瓦拉纳西的恒河沿岸

（四）航空运输

印度地处东半球和西半球之间，拥有理想的地理位置，此外，还有约3亿中产阶级人口以及迅速发展的经济，这使印度在民航领域具有较大的潜力。尽管有这些优势，但是印度航空部门尚未取得应有的成绩，目前在乘客人数方面排名世界第 10 位。

2016 年 6 月 15 日，印度政府颁布了独立以来第一项综合民航政策，即《2016 年印度综合民用航空政策》（National Civil Aviation Policy 2016），并于 2016 年 6 月 29 日在宪报上公布了该项政策。《2016 年印度综合民用航空政策》旨在建立一个综合的生态系统，以促进民航部门的大力发展，进而促进旅游业发展，增加就业，推动区域均衡增长。印度政府还希望通过该政策的执行大幅降低飞行成本、放松管制以提高营商便利性、简化程序、实施电子治理，促进包括货运、通用航空、航空航天制造和技能开发在内的整个航空部门链的协调发展。作为该计划的步骤之一，民航部启动了区域互联互通计划，计划将未连接的机场连接起来，票价上限为每小时 2 500 卢比。①

2017 年 1 月至 11 月，印度国内航空公司乘客数量为 1.056 亿人次，较上一年度的 9 000 万增长了 17.3%。② 2016 年 1 月至 12 月，印度国内航空公司的乘客数量为 9 948 万人，而上一年同期为 8 075 万人，增长了 23.18%。近年来，印度政府将计划外和非计划航空运输服务的外国直接投资限额从 49%提高到 100%，份额为 49%以下的投资可以通过“自动路径”完成，超过 49%的则需要政府批准。非定居印度居民（NRI）可以通过“自动路径”完成份额为 100%的外国直接投资。③

2.4.3 电信与信息业

近年来，得益于政府的改革举措和工业部门的快速发展，印度电信部门发展迅速。

目前，印度是仅次于中国的世界第二大电信市场，电信基础用户为 11.89 亿，其中，移动电话用户 11.68 亿，固定电话用户 2 096 万。截至 2019 年 7 月底，印度全国电话主线普及率为 90.23%，其中，农村电话主线普及率为 57.01%，而城市电话主线普及率为 160.87%。

印度的互联网和宽带普及率正在稳步增长，推动了政府的“数字印度”计划。截至 2020 年 6 月底，印度互联网用户（包括宽频及窄带用户）总数达 6.65 亿。

---

① 资料来源：印度民航部，《2016—2017 年度报告》，第 6 页，https:// www.civilaviation.gov.in/sites/default/files/annual_report-2016_17_en.pdf. 登录时间：2020 年 4 月 17 日。

② 资料来源：印度民航部，《2017—2018 年度报告》，第 7 页，https:// www.civilaviation.gov.in/sites/default/files/annual_report-2017_18_en.pdf. 登录时间：2020 年 4 月 17 日。

③ 资料来源：印度民航部，《2016—2017 年度报告》，第 8 页，https:// www.civilaviation.gov.in/sites/default/files/annual_report-2016_17_en.pdf. 登录时间：2020 年 4 月 17 日。

通过无线电话等方式接入互联网的用户数为 6.44 亿，有线互联网用户数为 2 167 万，宽带用户数为 5.95 亿。[①]

表 2－20　　印度窄带和宽带用户数量

（单位：百万人）

年份（截至每年 3 月 31 日）	农村	城市	网络用户总数
2014	—	—	251.58
2015	107.56	194.77	302.33
2016	111.95	230.71	342.66
2017	136.52	285.68	422.19
2018	145.83	348.13	493.96
2019	227.01	409.72	636.73
2020 年 4 月至 6 月	238.26	427.05	665.31

数据来源：印度电信部网站，http://www.dot.gov.in/telecom-glance

外国直接投资对印度电信行业特别是电信基础设施的发展起了重要作用，过去几年电信行业的外国投资流量如下。

表 2－21　　印度电信行业外国直接投资

年度	千万卢比	十亿美元
2013—2014	7 987	1.3
2014—2015	17 372	2.9
2015—2016	8 637	1.3
2016—2017	37 435	5.6
2018—2019	—	2.67
2019—2020	29 352	4.23

数据来源：印度电信部网站，http://www.dot.gov.in/telecom-glance

印度出台了“数字印度”计划，旨在为推动印度基于知识的转型发展做准备。

① 资料来源：印度电信部网站，http://www.dot.gov.in/telecom-glance. 登录时间：2020 年 4 月 17 日。

“数字印度”计划的重点是实现以技术为核心的变革，即“IT（印度人才）+ IT（信息技术）= IT（明日印度）”。该计划将许多现行计划汇集在一起，建立和扩大核心信息通信技术基础设施服务。①

2.4.4 金融服务业

印度的定期商业银行（Scheduled Commercial Banks，SCBs）包括公共部门银行、私营部门银行、地区农村银行和外国银行。其中，公共部门银行（Public Sector Banks, PSBs）是印度银行业的支柱。公共部门银行和公共部门银行资助的区域农村银行（Regional Rural Banks, RRBs）在印度银行市场中占主导地位，并构成定期商业银行（Scheduled Commercial Banks，SCBs）银行网络的主要部分，特别是在农村和半城市地区。印度公共部门银行营业额占印度银行业总营业额的比重约为 70%，它们也是私营银行、金融机构和金融市场等其他主体的主要资金来源。因此，公共部门银行的正常运营对支持经济增长的信贷活动至关重要。截至 2019 年 12 月 31 日，公共部门银行存款和未偿还贷款分别占定期商业银行（SCBs）的 65%以上和 60%。按绝对值计算，印度公共部门银行的存款总额为 888 万亿卢比，预支总额为 63.63 万亿卢比。②

在印度，尽管金融普及取得了重大进展，但金融服务的覆盖范围仍需扩大。2011 年人口普查中，只有约 58.7%的印度家庭可以获得银行服务，其中农户获得金融服务的比例较低，仅为 54.5%，而城市家庭获得金融服务的比例为 67.7%。此外，2012 年只有 35%的印度成年人可以使用正规的银行账户，仅有 8%的人能从正规金融机构借款。据印度储备银行 2013 年年度报告显示，59.2 万个村庄中只有 7%的村落拥有银行分行。由于缺乏健全的、可互操作的支付机制，农村地区的商业通讯网络不仅在跨银行访问时会受限，在单个银行服务点间访问时也会受限。③

---

① 资料来源：印度电子和信息技术部年度报告，http://meity.gov.in/writereaddata/files/Annual_ Report_ 2017%E2%80%9318.pdf. 登录时间：2018 年 4 月 28 日。

② 资料来源：印度经济事务部，《2019—2020 年度报告》年度报告，第 272 页，https://dea.gov.in/ annual-reports https://dea.gov.in/sites/default/files/Annual%20Report%202019-2020%20%28English%29.pdf. 登录时间，2020 年 4 月 17 日。

③ 资料来源：印度经济事务部，《2017—2018 年度报告》，https://dea.gov.in/sites/default/files/Final%20Annual%20Report%20English_0.pdf. 登录时间：2020 年 4 月 18 日。

表 2-22　印度金融机构、自动取款机（ATM）、商业通讯点（BC）数量

	2014 年 3 月 31 日	2015 年 3 月 31 日	2016 年 3 月 31 日	2017 年 3 月 31 日	2017 年 9 月 30 日
1. 定期商业银行（SCBs）分支机构数量					
农村	41 924	45 158	47 457	48 865	49 223
半城市化地区	32 629	35 003	36 959	38 170	38 581
城市	20 844	22 363	23 618	24 575	24 922
大都市	22 514	24 032	25 436	26 464	26 742
总计	**117 911**	**126 556**	**133 470**	**138 074**	**139 468**
2. 定期商业银行（SCBs）的 ATM 数量	160 055	181 398	199 099	208 354	207 375
3. 农村银行网点	337 678	504 142	534 477	547 233	511 383
4. 被 BCs 覆盖的城市网点	60 730	96 847	102 552	102 865	123 941

数据来源：印度经济事务部，《2017—2018 年度报告》，第 259 页，https://dea.gov.in/annual-reports; https://dea.gov.in/sites/default/files/Final%20Annual%20Report% 20English_0.pdf. 登录时间：2020 年 4 月 17 日。

第3章
印度对外贸易环境

3.1 印度对外贸易概况

3.1.1 印度对外贸易政策的发展

自20世纪40年代末独立以来，印度的经济发展战略经历了由“内向型”向“外向型”转变的过程。与之相对应，印度的对外贸易政策也从“贸易保护”逐渐走向“贸易自由化”。纵观印度对外贸易政策的发展历史，可将其划分为三个主要发展阶段。

第一阶段：“内向型”经济发展战略下的“贸易保护”阶段

自1947年独立至1991年期间，为保护本国工业体系建设，印度政府推行“内向型”经济发展战略，分别于20世纪40年代至20世纪70年代采取“进口替代”经济发展战略，20世纪80年代至90年代采取“进口替代”与“出口导向”相结合的经济发展战略。整体来讲，此阶段印度国民经济发展与工业体系建设对对外贸易的依赖程度很低，对外贸易在经济发展战略中处于较为边缘化的地位。因此，在对外贸易政策领域，印度政府推行相对封闭、优先发展国内产业的保护主义的政策，广泛实行贸易保护和贸易管制，建立了一整套以高关税和复杂非关税壁垒（Nontariff Barriers，NTBs）为主要内容的贸易保护政策体系。在贸易保护主义思想的影响下，20世纪90年代以前，印度并未融入世界经济体系之中。

由于独立初期印度的工业基础十分薄弱，进口替代产业部门对进口机器设备等资本品的刚性需求很高。但由于印度出口换汇能力低下，有限的外汇支付能力不足以支撑国内进口替代行业对进口资本品的依赖。20 世纪 80 年代，印度甘地政府尝试推行贸易政策自由化改革，希望依托增加出口创汇缓解外汇储备短缺的问题。然而，由于甘地政府推行了不加区分的进口自由化政策，反而导致外汇储备进一步急剧下降。为了应对外汇支付能力不足的局面，甘地政府对内对外大规模举债。20 世纪 90 年代初期，印度国际收支持续恶化，外汇储备几近枯竭，发生了严重的外汇支付危机。

在“内向型”经济发展战略的指导下，自 1947 年独立至 20 世纪 90 年代初期的四十余年中，印度工业体系不健全，国民经济脆弱不堪，经济发展缓慢。自 20 世纪 50 年代至 80 年代，印度年均经济增长率仅为 3.5%；20 世纪 80 年代至 90 年代，在政府大量举债促经济发展的政策刺激下，印度经济增长率提高至年均 5.5%，但其经济发展具有极大地不可持续性和不稳定性。

第二阶段：全面经济改革时期的“贸易自由化”阶段

为了从根本上解决制约经济发展的问题，拉奥政府于 1991 年启动了全面经济改革，制定并实施了“外向型”经济发展战略，逐渐加大“出口导向”经济发展战略的实施力度，推行以“贸易自由化”为核心内容的对外贸易政策改革，尤其是大力推动进口自由化改革，积极参与经济全球化，适时推进经济的私有化、市场化和全球化。在推行贸易自由化的过程中，拉奥政府吸取了甘地政府的教训，在对外贸易政策改革中始终坚持“渐进、有限”的“渐进主义”改革原则，既积极推动贸易自由化，又注重建立适度的贸易保护机制，以有效保护国内相关产业免受国际经济波动的冲击。在此阶段，印度对外贸易政策改革步伐滞后于产业自由化进程。

在此期间，印度政府实施了一系列促进对外贸易发展的相关政策与举措。在对外贸易政策方面，为了实现进口自由化、促进出口发展，印度政府于 1992 年 4 月 1 日首次颁布了《进出口政策（1992—1997）》（EXIM Policy 1992-1997）。《进出口政策》是印度经济改革的重要举措。为保持对外贸易政策的稳定性与连续性，印度政府每五年重新修订并出台新的《进出口政策》。在 1991 年至新千年时期的经济改革过程中，《进出口政策（1992—1997）》和《进出口政策（1997—2002）》（EXIM Policy 1997-2002）发挥了关键作用。依据《进出口政策（1997—2002）》，印度政府将此阶段对外贸易发展的目标设定为：推动经济从低水平向高水平发展、实现经济可持续发展、提高工农服务业的世界竞争力、创造新的就业机会、生产高质量消费品等。

在进口促进方面，印度政府大幅降低进口关税水平、优化关税结构；放宽外国商品进入印度市场的限制，取消了绝大多数国外商品的进口数量限制、许可证[①]以及其他监管和自由裁量控制，除列入负面清单的进口商品外，其他所有商品均可自由进出口；[②] 实现了经常账户下印度卢比的可自由兑换。在出口促进方面，印度政府积极鼓励出口产业发展，大力促进商品出口，建立了以世界贸易组织（WTO）规则为依托、以“鼓励出口”为核心的自由化贸易模式。在此期间，印度政府出台了多项促进商品出口的计划：（1）“资本货物出口促进计划”（Export Promotion Capital Goods Scheme，EPCG Scheme）。该计划允许企业在完成一定的出口义务的前提下，享受资本品进口优惠汇率或零关税。在 EPCG 计划下，进口资本品关税从 15%下降至 10%；在 EPCG 零关税计划下，农业及相关行业的最低限额已从 20 亿卢比降至 5 亿卢比；（2）“预先许可计划”（Advance Licence Scheme）。在该计划下，出口商的出口义务期限已从 12 个月延长至 18 个月，对于已支付 1%未履行出口商品价值的出口商，出口义务期限可以再延长 6 个月；（3）“关税权利义务证书”（Duty Entitlement Pass Book Scheme，DEPB）。在 DEPB 计划下，出口商可以申请可自由兑换成货币的信用，[③] 该信用可以以特定的百分比抵消出口产品离岸价格。[④]

经过十余年“贸易自由化”改革，印度初步实现了贸易自由化，关税水平大幅下降，对外贸易程序得以简化。此外，由于资本品进口数量的增加，印度工业生产能力和劳动生产率得以大幅提高。然而，由于采取了“渐进主义”的对外贸易改革措施，印度的改革成效大打折扣，不利于充分发挥对外贸易对经济增长的拉动作用。第一，印度关税水平依然偏高，不利于出口产业发展。从纵向历史角度来看，这一时期印度关税水平已明显下降；但与其他发展中国家横向对比，印度依然是发展中国家中关税最高的经济体之一。第二，印度政府将服务业作为全面经济改革的关键部门，服务业增长率快速提高，然而相对农业和工业而言，服务业吸纳劳动力数量有限，并未有效改善严重的失业与贫困状况。第三，基础设施建设落后、劳动力等要素市场不健全等也是这一时期影响印度产业生产能力、

---

① 取消许可证制度（尤其是进口许可证）是印度对外贸易政策改革的主要任务之一。1991 年，印度政府取消了大多数机械设备、制造业中间产品的进口许可证；1995 年底，印度政府又取消了原材料、资本品和中间品等商品的进口许可证；2001 年，印度政府进一步取消了消费品的进口许可证。自此，印度政府基本取消了大部门产品的进口许可证，只对少数对安全、环境与健康有关的商品继续实行进口许可证管理。

② 《进出口政策（1997—2002）》（EXIM Policy 1997—2002）的进口自由化举措：大幅减少限制进口商品的数量，在原来 542 项限制进口商品清单中，将 150 项转移至特别进口许可证（Special Import License，SIL）清单，其余 392 项转移至开放一般许可证（Open General License，OGL）清单。

③ 该信用仅可用于抵消以出口为目的而进口的原材料、中间体、零部件和包装材料等价格。

④ “India Exim Policy- Foreign Trade Policy”，http://www.exim-policy.com/

限制出口产业发展的重要因素。

第三阶段："对外贸易综合发展"阶段

进入21世纪以来，国际经济形势和国际经济环境发生了新的变化，经济全球化趋势进一步加深。为了进一步推动经济的增长，印度政府于2002年发布了第十个五年计划，要求在"十五计划"期间实现8%的年均GDP增长率、人均年收入较2012年翻一番、大幅增加就业、大幅降低贫困人口比例等经济发展目标。①

此外，印度政府不断提升自身在全球经济与全球自由贸易战略中的身份定位，追求在世界经济舞台上扮演更重要的角色，占据更关键的地位，发挥更重要的作用，强调把印度塑造为全球经济大国与区域经济强国作为重要的战略目标，成为"自信而崛起的力量"。自2004年起，印度商业与工业部开始制定《对外贸易政策》（Foreign Trade Policy），以此作为印度对外贸易发展的指导原则，每五年为一个执行周期。在《对外贸易政策》（Foreign Trade Policy）中，可以看到印度政府给自身在世界经济中的定位的变化：从2004年至2009年的"制造、贸易与服务的'全球轴心国'"，到2009年至2014年的"世界贸易的全球参与者"，再到2015年至2020年的"世界贸易的关键参与者"与"国际贸易话语体系的领导者"。

印度对外贸易政策服务于新的经济发展战略。为了满足建设世界经济大国的需要，在此阶段，印度政府将对外贸易政策聚焦于对外贸易的综合发展，要求从全方位、综合的角度推动印度对外贸易的全面发展，大幅增加印度对外贸易额在全球贸易中所占的比例，提升印度在国际贸易领域的影响力。为此，印度政府将之前每五年颁布一次的《进出口政策》修订升级为《对外贸易政策》，② 根据国内外经贸形势的变化，每五年制定新的对外贸易发展目标、政策与措施。

在此阶段，印度政府新的贸易政策与措施主要包括如下几个方面。第一，将对外贸易发展与国内产业发展、就业紧密联系，努力实现出口贸易的多元化。新的对外贸易政策更加重视传统农业、纺织业等劳动密集型产业的出口，注重出口产品在国内的价值增加，注重对国内相关产业的适度保护，注重出口贸易发展对内需的拉动，注重国内资本的积累。第二，推动出口产业的发展，在原有出口促进计划的基础上，又出台一系列出口促进措施与项目：（1）免税与税收减免计划（Duty Exemption / Remission Schemes）。将用于出口生产的原材料进口列入免税与

---

① Government of India，Planning Commission，"Chapter 1: Perspective，Objectives and Strategy"，*Tenth five-year Plan: 2002—2007*，pp.5 7，July 12，2002，http://planningcommission.nic.in/plans/planrel/fiveyr/10th/10defaultchap.htm.

② 印度历年《对外贸易政策》可参阅印度商业与工业部网站：http://dgft.gov.in/policies/ foreign-trade-policy

税收减免计划，从而促进出口产业发展；（2）“免税进口授权书计划”（Duty Free Import Authorisation，DFIA）。在该计划下，用于出口产品生产的进口原材料，以及在生产出口产品过程中所使用的进口燃料、能源和催化剂等享受免税的优惠政策。DFIA 计划于 2006 年 5 月 1 日正式生效，取代了之前的“退税证书计划”（Duty Free Replenishment Certificate，DFRC）。（3）“出口奖励计划”（Target Plus Scheme，TPS）。“星级出口企业”可以以出口增量为基础获取关税信贷，以支付进口资本品的关税。第三，设立各类经济特区（Special Economic Zone，SEZ）与自由贸易及仓储园区（Free Trade & Warehousing Zones，FTWZ），给予特区企业更多的优惠，并为经济和对外贸易的增长提供基础设施。印度设立的“经济特区”主要包括加工出口区（Export Processing Zones，EPZ）、免税区（Free Zones，FZ）、工业园区（Industrial Estates，IE）、自由贸易区（Free Trade Zones，FTZ）、自由港（Free Ports）和城市企业区（Urban Enterprise Zones）等。第四，设立出口导向的科技园区项目，促进技术密集型制造业的发展，提高出口产品质量，提高出口产品国际竞争力。在此阶段设立的科技园区包括：电子硬件科技园（Electronics Hardware Technology Parks，EHTPs）、软件科技园（Software Technology Parks，STPs）和生物科技园（Bio-technology parks，BTPs）等。第五，2015 至 2020 年期间，印度商务部推出一项新的出口鼓励计划——“出口贸易基础设施计划”（Trade Infrastructure for Export Scheme，TIES）。该计划旨在通过资助等手段对关键出口领域的基础设施进行建设或升级，以满足鼓励出口的需求，进而提高印度的出口竞争力。

进入 21 世纪以来，印度的对外贸易改革取得了显著成效，但也存在明显的问题。从统计数据来看，2005 年度印度的出口总额为 996.16 亿美元，而 2017 年度这一数字攀升至 2 991.63 亿美元，2017 年出口贸易增速高达 13.3%，远高于国内生产总值的增长速度。然而，印度整体贸易逆差却呈扩大之势，贸易逆差从 2005 年的 432.54 亿美元扩大到 2017 年的 1 478.4 亿美元。其中，服务贸易出口增长强劲，已实现贸易顺差，由 2005 年 84.57 亿美元贸易逆差变为 2017 年 299.67 亿美元贸易顺差。但由于受到印度服务业规模限制，印度整体对外贸易的逆差趋势并未改变。[①] 从具体产业部门来看，制造业发展不均衡。在此阶段，印度政府大力扶植技术密集型制造业发展，虽然劳动密集型制造业有所发展，但发展程度有限，未能消化印度大量的劳动力，解决就业问题依然是摆在印度政府面前的主要挑战

---

① United Nations Conference on Trade and Development，*General Profile: India*，https://unctadstat.unctad.org/CountryProfile/GeneralProfile/en-GB/356/index.html.

之一。此外，印度的贸易自由化水平依然低于世界平均水平，印度依然存在较高水平的贸易壁垒和国内管制。

未来，印度《对外贸易政策 2015—2020》（Foreign Trade Policy 2015—2020）将增加出口数量、提高出口质量作为对外贸易的重心。印度政府在《2017 年对外贸易政策声明：中期审议》（*Foreign Trade Policy Statement 2017: Mid-Term Review*）中指出，当前印度出口数量和质量还较低，未来，印度将重点推动"出口促进战略"，并把"出口促进战略"（Export Promotion Mission）与"印度制造"（Make in India）、"数字印度"（Digital India）、"技能印度"（Skills India）、"创业印度"（Startup India）和"清洁印度"（Swachh Bharat）等计划紧密结合。因此，印度"出口促进战略"集中表现为推动已经具备优势或具备潜在优势的相关领域的产品出口。这些"促进战略"涉及的领域是具备增强国内制造业基础且具有高价值创造、高就业创造的部门，主要包括国防设备、医疗器械、农业加工、技术纺织品、化工产品等。出口推动战略是 2015 年至 2020 年期间印度整体出口增长战略的关键。①

3.1.2 印度对外贸易总体特征

3.1.2.1 对外贸易增速快，但发展水平较低

印度进出口贸易得到长足发展，但对外贸易对印度国内生产总值增长的贡献率非常有限，进口增速远高于出口增速，贸易逆差趋势在较长时间内无法逆转。

作为新兴经济体的代表，印度国内生产总值保持高速增长，已然成为全球经济增长的重要驱动力。根据联合国贸易和发展会议公布的数据，2017年印度国民生产总值为2.5558万亿美元，增长率为 6.20%，人均为 1 908 美元。② 商品出口增长率高达13.30%，服务贸易顺差为 299.67 亿美元，服务贸易出口领域主要包括交通、旅游及其他服务行业。③ 从贸易结构看，印度出口商品的主要领域包括贵金属及制品、纺织品及原料和化工产品等，2016 年三个类别商品的出口总额分别为 432.4 亿美元、354.9 亿美元和 340.5 亿美元，分别增长 11.2%、下降 4.6%、增长

---

① Government of India，Ministry of Commerce and Industry Department of Commerce，"Foreign Trade Policy Statement 2017: Mid-Term Review"，December 2017，p.6. http://dgft.gov.in/sites/default/files/ftpst17-051217.pdf. 登录时间：2019 年 3 月 24 日。

② 数据来源：联合国贸易与发展会议网站，https://unctadstat.unctad.org/CountryProfile/GeneralProfile/en-GB/356/index.html. 登录时间：2019 年 3 月 15 日。

③ 数据来源：联合国贸易与发展会议网站，https://unctadstat.unctad.org/CountryProfile/GeneralProfile/en-GB/356/index.html. 登录时间：2019 年 3 月 15 日。

2.2%，占印度出口总额的 16.4%、13.4%和 12.9%。印度主要进口商品包括矿产品、机电产品和贵金属及制品等，2016 年三个类别商品的进口总额分别为 950.5 美元、695.7 亿美元和 481.8 亿美元，分别下降 16.9%、增长 3.1%、下降 19.3%，占印度进口总额的 26.4%、19.4%和 13.4%。2017 年，印度货物出口贸易和货物进口贸易的赫芬达尔指数（Herfindahl Index）均为 0.048，表明印度货物进出口贸易市场集中度不高，货物进出口贸易市场较为分散。[①]

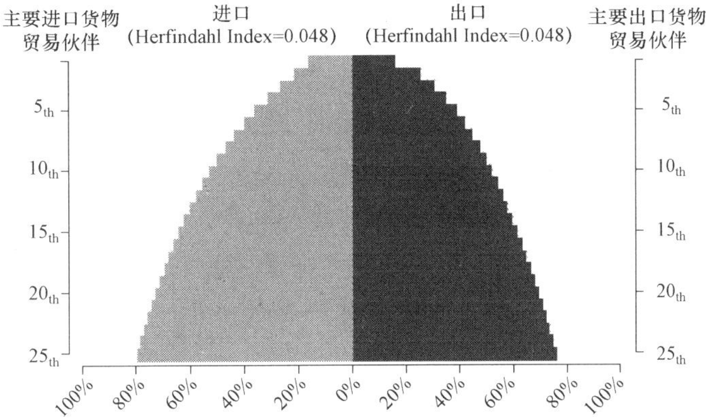

图 3－1　2017 年印度货物进出口贸易市场集中度（2017 年主要贸易伙伴累计份额）

数据来源：Department of Economic and Social Affairs，United Nations，2017 International Merchandise Trade Statistics Yearbook (Volume 1，Trade by Country)

表 3－1　2015—2017 年印度货物贸易出口商品前十名[②]

出口货物类别	价值（百万美元）			单位价值			
	2015 年	2016 年	2017 年	2015 年	2016 年	2017 年	单位
所有货物	264 381.0	260 326.9	294 364.5	—	—	—	—
原油以外的石油	30 455.0	26 951.0	34 849.7	0.5	—	0.5	US$/kg
钻石（未加工）	21 873.3	24 025.9	24 656.9	—	—	339.4	US$/carat

① Department of Economic and Social Affairs，United Nations，*2017 International Merchandise Trade Statistics Yearbook (Volume 1，Trade by Country)*，2019，p.171，https://comtrade.un.org/pb/. 登录时间：2019 年 3 月 22 日。

② Department of Economic and Social Affairs，United Nations，*2017 International Merchandise Trade Statistics Yearbook (Volume 1，Trade by Country)*，2019，p.171，https://comtrade.un.org/pb/. 登录时间：2019 年 3 月 22 日。

续表

出口货物类别	价值（百万美元）			单位价值			
	2015 年	2016 年	2017 年	2015 年	2016 年	2017 年	单位
珠宝首饰用零件及贵重金属	9 991.7	12 554.1	12 763.4	26.0	26.1	27.7	thsd US$/kg
药物（不包括 HS 代码开头 30.02、30.05 和 30.06 的药物）	11 235.6	11 612.0	11 530.3	31.1	32.0	—	US$/kg
大米	6 380.1	5 315.5	7 075.8	0.6	0.5	0.6	US$/kg
用于运输的汽车和其他机动车	5 392.9	6 368.3	6 589.8	5.1	6.1	6.2	thsd US$/unit
机动车辆零件及配件（HS 代码开头 87.01 至 87.05 的货物）	3 885.5	4 020.8	4 436.6	5.7	6.3	6.3	US$/kg
黄金（包括镀金、铂金）	5 311.7	4 335.4	2 272.5	37.4	40.3	40.2	thsd US$/kg
冷冻牛肉	4 030.6	3 680.7	3 935.8	3.2	3.0	3.0	US$/kg
甲壳类动物	3 195.7	3 595.4	4 750.3	8.3	8.4	—	US$/kg

数据来源：Department of Economic and Social Affairs，United Nations，2017 International Merchandise Trade Statistics Yearbook (Volume 1，Trade by Country)

表 3－2　　　2015—2017 年印度货物贸易进口商品前十名①

进口货物类别	价值（百万美元）			单位价值			
	2015 年	2016 年	2017 年	2015 年	2016 年	2017 年	单位
所有货物	390 744.7	356 704.8	444 052.4	—	—	—	—
从沥青矿物、原油中提取的石油	72 321.7	60 869.1	82 101.9	0.4	0.3	0.4	US$/kg
黄金（包括镀金、铂金）	34 999.5	22 944.5	36 154.6	33.5	34.7	35.1	thsd US$/kg
钻石（未加工）	16 405.1	18 970.7	27 236.9	—	—	131.4	US$/carat
有线电话或电报用电子设备	15 814.0	14 728.9	20 609.3	—	—	—	—

① Department of Economic and Social Affairs，United Nations，*2017 International Merchandise Trade Statistics Yearbook (Volume 1，Trade by Country)*，2019，p.172，https://comtrade.un.org/pb/. 登录时间：2019 年 3 月 22 日。

续表

进口货物类别	价值（百万美元）			单位价值			
	2015 年	2016 年	2017 年	2015 年	2016 年	2017 年	单位
煤炭及煤制成的煤球和类似固体燃料	14 115.0	12 707.4	20 097.1	0.1	0.1	0.1	US$/kg
石油气体和其他气态碳氢化合物	11 868.1	9 586.1	13 087.5	0.5	0.3	0.4	US$/kg
未按品种归类的商品	10 852.2	10 613.4	4 067.0	—	—	—	—
棕榈油及其组分	5 922.1	5 641.7	6 769.9	0.6	0.7	0.7	US$/kg
自动数据处理机及其部件	5 220.5	4 605.3	5 558.0	89.8	20.9	87.1	US$/unit
机动车辆零件及配件（HS 代码开头 87.01 至 87.05 的货物）	3 795.4	3 668.5	4 348.1	14.8	14.1	14.7	US$/kg

数据来源：Department of Economic and Social Affairs，United Nations，*2017 International Merchandise Trade Statistics Yearbook* (Volume 1，Trade by Country)

尽管对外贸易发展较快，但印度对外贸易逆差趋势短期内无法逆转。（1）货物贸易逆差逐年拉大。印度货物贸易逆差从 2005 年的 432.54 亿美元、2010 年的 1 238.82 亿美元、2015 年的 1 254.22 亿美元扩大到 2017 年的 1 478.40 亿美元，十余年扩大了近 3 倍。另据印度商业信息统计署与印度商务部统计，2018 年印度货物进出口额为 8 367.09 亿美元，同比增长 11.7%。其中，出口 3 246.32 亿美元，同比增长 8.4%；进口 5 120.77 亿美元，同比增长 13.8%。[①]（2）服务贸易顺差有所减少。2005 年印度服务贸易还处于逆差状态，逆差额为 84.57 亿美元；2010 年服务贸易开始实现顺差，顺差额为 21.40 亿美元；2015 年印度服务贸易顺差达到 327.11 亿美元，但这一数字在 2017 年缩小为 299.67 亿美元，下降了 27.44 亿美元。[②]

① 数据来源：中国商务部，《2018 年印度货物贸易及中印双边贸易概况》，https://countryreport.mofcom.gov.cn/record/view110209.asp?news_id=63402. 登录时间：2019 年 3 月 28 日。

② 数据来源：联合国贸易与发展会议网站，https://unctadstat.unctad.org/CountryProfile/GeneralProfile/en-GB/356/index.html. 登录时间：2019 年 3 月 15 日。

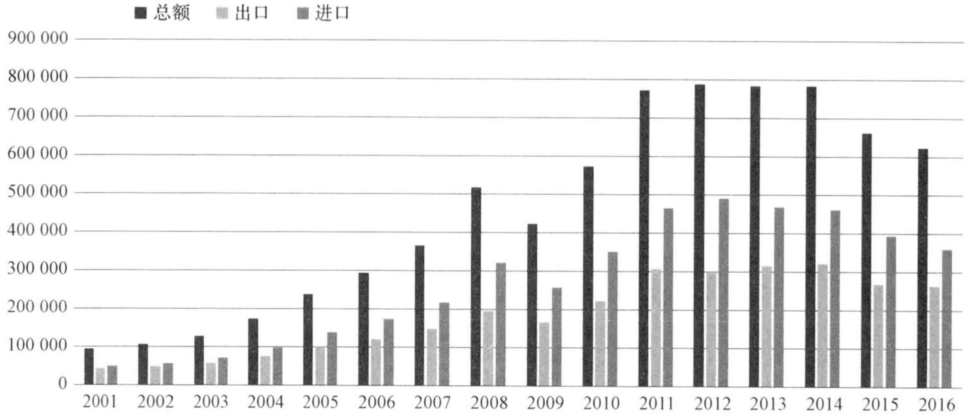

图 3-2 2001—2016 年印度贸易走势（单位：百万美元）

数据来源：中国商务部《2016 年印度货物贸易及中印双边贸易概况》

表 3-3 2001—2018 年印度贸易统计

（单位：百万美元）

年份	总额	同比（%）	出口	同比（%）	进口	同比（%）	差额	同比（%）
2001	93 458	0.6	43 314	2.4	50 144	-0.9	-6 829	-17.5
2002	106 070	13.5	49 299	13.8	56 771	13.2	-7 472	9.4
2003	128 640	21.3	57 457	16.5	71 183	25.4	-13 725	83.7
2004	172 943	34.4	75 631	31.6	97 313	36.7	-21 682	58
2005	238 021	37.6	99 651	31.8	138 370	42.2	-38 720	78.6
2006	294 136	23.6	121 259	21.7	172 876	24.9	-51 617	33.3
2007	365 107	24.1	147 564	21.7	217 543	25.8	-69 978	35.6
2008	516 480	41.5	195 070	32.2	321 410	47.7	-126 340	80.5
2009	422 860	-18.1	165 202	-15.3	257 658	-19.8	-92 456	-26.8
2010	573 705	35.7	222 922	34.9	350 783	36.1	-127 861	38.3
2011	772 162	34.6	307 086	37.8	465 076	32.6	-157 990	23.6
2012	787 675	2	297 261	-3.2	490 413	5.4	-193 152	22.3
2013	783 098	-0.6	315 147	6	467 950	-4.6	-152 803	-20.9
2014	783 102	0	321 740	2.1	461 363	-1.4	-139 623	-8.6
2015	662 073	-15.5	267 947	-16.7	394 125	-14.6	-126 178	-9.6
2016	626 236	-5.4	264 572	-1.3	361 664	-8.2	-97 092	-23.1
2017	743 491	18.7	296 554	12.1	446 938	23.6	-150，384	54.9
2018	836 709	11.7	324 632	8.4	512 077	13.8	-187 445	24.7

数据来源：中国商务部《2018 年印度货物贸易及中印双边贸易概况》，https:// countryreport. mofcom. gov.cn/record/view110209.asp?news_id=63402. 登录时间：2019 年 3 月 28 日。

印度广泛参与全球化进程，致力于提高在国际贸易领域的影响力。但作为新兴发展中国家，印度在自由贸易战略方面相对谨慎而保守，尽管印度参与对外贸易的范围非常广泛，但参与程度相对较低，贸易自由化程度也偏低。

以印度的自由贸易战略为例，一方面，印度积极推动全球性与区域性自由贸易协定（Free Trade Agreements，FTAs）的谈判与签署，所参与的自由贸易协定形式多样，签署和参与的自由贸易协定绝对数量大、覆盖地域范围广。与印度签署自由贸易协定的除了南亚、东盟等周边经济体外，还包括日本、韩国、美国、澳大利亚、英国、欧盟等。与此同时，印度还在与海湾合作委员会（海合会）、南方共同市场、南部非洲关税同盟等进行自由贸易协定谈判，并参与区域全面经济伙伴关系（RCEP）谈判。在亚洲国家中，印度是自由贸易协定（包括已经签署生效的和正在谈判的）数量最多的国家之一，仅次于新加坡，位列第二名。亚洲开发银行亚洲区域整合中心（Asia Regional Integration Center）的自由贸易协定数据库的数据显示，截至 2019 年 3 月，印度签署、正在谈判和提议的双边与诸边贸易协定共 42 项，其中签署并已生效的贸易协定 13 项、签署但尚未生效的贸易协定 2 项、正在谈判的贸易协定 14 项、提议并处于调研阶段的贸易协定 13 项。[①] 另据印度商业与工业部的统计，当前印度已完成谈判的自由贸易协定和参与谈判的区域贸易协定各 19 项，印度参与的其他贸易谈判和协定 23 项。[②]

表 3－4　　2018 年印度对主要区域组织的进出口额

（单位：百万美元）

区域组织	出口额			进口额		
	金额	同比（%）	占比（%）	金额	同比(%)	占比(%)
总值	324 632	8.4	100.0	512 007	13.8	100.0
亚太经合组织	143 469	7.3	44.2	247 976	13.6	48.4
经合组织	139 858	10.9	43.1	164 180	10.9	32.1
东盟 10+6	66 526	7.7	20.5	174 773	9.9	34.1
北美自由贸易区	58 230	11.5	17.9	42 072	25.4	8.2

① Asian Development Bank，Asia Regional Integration Center，*Free Trade Agreements by Country*，https://aric.adb.org/fta-country.

② “Trade Agreement”，Ministry of Commerce and Industry of India，https://commerce.gov.in/InnerContent.aspx?Type=InternationalTrademenu＆Id=32;转引自贺平等：身份悖论与印度自由贸易战略的困境，《太平洋学报》，2018 年第 11 期，第 37 页。

续表

区域组织	出口额			进口额		
	金额	同比（%）	占比（%）	金额	同比（%）	占比（%）
欧盟 28 国	57 487	11.7	17.7	54 984	17.4	10.7
中东 15 国	55 775	2.0	17.2	121 006	29.6	23.6
石油输出国组织	46 405	2.4	14.3	136 508	30.7	26.7
东盟 10 国	36 208	1.5	11.2	57 302	26.1	11.2
南亚区域合作联盟	25 501	18.5	7.9	4 028	33.3	0.8
中东欧自由贸易区	3 516	9.8	1.1	2 190	−8.7	0.4

数据来源：中国商务部《2018 年印度货物贸易及中印双边贸易概况》，https://countryreport.mofcom.gov.cn/record/view110209.asp?news_id=63402. 登录时间：2019 年 3 月 28 日。

但另一方面，印度在贸易谈判中涉及关税减免程度、承诺开放指标、服务业准入等关键领域却持保守态度，表现出防御性特征。印度所签署的双边与诸边自由贸易协定的标准普遍不高，关税水平和非关税壁垒明显高于经合组织国家和其他金砖国家，[①] 货物自由化率较低，且很少涉及覆盖服务部门的条款。在货物贸易关税减让方面，印度在自由贸易协定中的货物贸易自由率普遍较低，所签订的自由贸易协定覆盖范围有限且涵盖较少的关税减免细目，关税减让率明显低于对象国。例如，印度与泰国谈判自由贸易协定早期收获协议时，泰国要求列入不纳入零关税商品清单的产品仅有 100 项，而印度列出的产品高达 1 000 项；在《印度－韩国全面经济伙伴关系协定》（India-Republic of Korea Comprehensive Economic Partnership Agreement）中，韩国承诺在 8 年内削减 93%的关税，而印度只承诺削减 85%的关税，低于韩国 8 个百分点；在《印度－日本全面经济伙伴关系协定》（India-Japan Comprehensive Economic Partnership Agreement）中，日本承诺的关税减免范围覆盖 97%的贸易量和 92%的产品，而印度承诺的关税减免范围仅覆盖 90%的贸易量和 87%的产品，贸易覆盖范围和产品覆盖范围均低于日本承诺的关税减免范围。[②] 在服务贸易方面，印度更加保守，所签署的自由贸易协定较少涉及服务贸易内容，对于涉及服务贸易部门的服务贸易协定则主要采用“肯定列表”的承诺方式，服务贸易承诺开放的深度和广度都明显低于货物贸易，且低于对象

① “OECD Economic Surveys: India 2017”，OECD，https://www.oecd-ilibrary.org/sites/eco_surveys-ind-2017-en/index.html?itemId=/content/publication/eco_surveys-ind-2017-en. 登录时间：2019 年 3 月 22 日。

② 贺平等：身份悖论与印度自由贸易战略的困境，第 38 页。

国。尽管2010年以来，印度新近签署的自由贸易协定基本覆盖WTO服务部门分类涉及的几个关键服务贸易部门，但相较于其他国家，印度的服务贸易开放程度依然处于较低水平。

表3-5　　印度部分已签署生效的自由贸易协定质量评估[①]

自由贸易协定名称	货物自由化率	所覆盖的服务部门
《亚太贸易协定》(1976)	部分符合WTO	无条款
《印度-斯里兰卡自由贸易协定》(2001)	符合WTO	无条款
《印度-尼泊尔贸易协定》(2002)	部分符合 WTO	无条款
《印度-阿富汗自由贸易协定》(2003)	部分符合 WTO	无条款
《印度-新加坡全面经济合作协定》(2005)	符合 WTO	全面
《南亚自由贸易协定》(2006)	部分符合 WTO	部分
《印度-不丹贸易协定》(2007)	部分符合 WTO	无条款
《印度-智利特惠贸易安排》(2007)	部分符合 WTO	无条款
《印度-南方共同市场特惠贸易安排》(2009)	部分符合 WTO	无条款
《印度-韩国全面经济伙伴协定》(2010)	符合 WTO	全面
《印度-东盟全面经济合作协定》(2010)	部分符合 WTO	无条款(后于2014年签署服务投资协议)
《印度-马来西亚全面经济合作协定》(2011)	符合 WTO	部分
《印度-日本全面经济伙伴协定》(2011)	符合 WTO	全面

当前，印度是世界贸易组织成员中使用贸易救济措施（Trade Remedy）最频繁的国家之一，是世界上使用反倾销税最多的国家，尤其是针对中国商品实施的反倾销税。根据世界贸易组织“贸易监测数据库”（Trade Monitoring Database）的统计数据，自2008年1月1日至2019年3月22日，印度政府共计使用贸易救济措施283次，约占同期二十国集团（G20）国家使用贸易救济措施次数的16%。印度政府实施的283次贸易救济措施中包括237次反倾销调查（Anti-Dumping）、9次反补贴调查（Countervailing）和37次保障措施（Safeguard Measures）。[②]

① 贺平等：身份悖论与印度自由贸易战略的困境，第38页。

② WTO，*Trade Monitoring Database*，March 22，2019，http://tmdb.wto.org/SearchMeasures.aspx?lang=en-US.

3.1.2.2 营商环境有所改善，但仍有待进一步改善

经过近 30 年的贸易自由化改革，纵向对比，印度的整体营商环境得到了很大的改善。根据 2019 年世界银行发布的《营商环境报告》，2019 年印度营商环境便利度得分 67.23 分，比 2018 年营商环境便利度得分高出近 7 分，提高了 6.63%，且高于南亚区域 56.71 的平均分数；营商环境在全球 190 个经济体中排名第 77 位，较 2018 年的第 100 名实现了大幅提升，上升了 23 个名次。[①] 印度在开办企业、保护少数投资者、获得信贷、获得电力等方面取得了 80 分以上的成绩，在保护少数投资者、获得信贷和获得电力方面在全球处于较为领先地位。

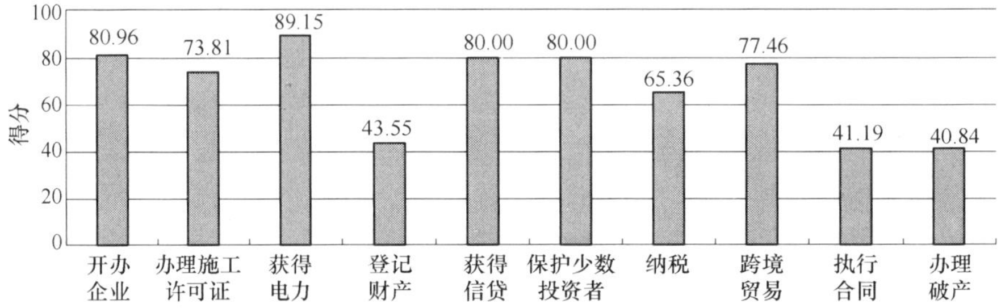

图 3-3 2019 年印度营商环境指标得分（100 分为满分）[②]

数据来源：World Bank，*Doing Business 2019: Economy Profile India*，p.4. http://www.doingbusiness.org/content/dam/doingBusiness/country/i/india/IND.pdf.

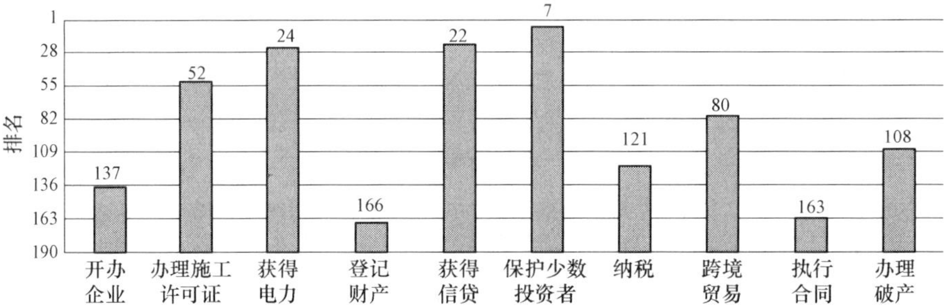

图 3-4 2019 年印度营商环境指标全球排名（共 190 个经济体）[③]

数据来源：World Bank，*Doing Business 2019: Economy Profile India*，p.4. http://www.doingbusiness.org/content/dam/doingBusiness/country/i/india/IND.pdf.

---

① World Bank Group，*Doing Business 2019: Economy Profile India*，p.4，http://www.doingbusiness.org/en/data/exploreeconomies/india#; World Bank Group，*Doing Business 2018: Reforming to Create Job*，p.4，http://chinese.doingbusiness.org/content/dam/doingBusiness/media/Annual-Reports/English/DB2018-Full-Report.pdf

② 经济体的营商环境便利度分数反映在 0 到 100 的范围内。其中 0 代表最低，100 代表最高。

③ 经济体营商环境便利度排名范围是从 1 到 190。

然而，印度在营商环境便利度的全球排名与其经济战略、对外贸易政策中所宣示的大国定位和大国形象还有较大差距。近30年来，印度拥有独立以来最稳定的政府机构，但印度政府并没有进行进一步的结构性改革，其推行的新一轮市场化改革力度有限、效果不显著。因此，当前印度国内依然存在未经彻底改革且范围较大的严格管制壁垒，在法律环境改善、生产要素市场改革、基础设施建设与升级、税制改革等方面依然较为滞后，尤其是在登记财产、执行合同和开办企业等关键营商环境指标上排名接近垫底，严重制约了印度经济改革和贸易开放的发展进程。

印度在营商环境方面面临的具体问题表现在如下六个方面：第一，印度政府为鼓励出口而推行的免税制度、出口支持方案与特别经济区项目操作极其复杂，国内各类税收制度极其繁复，且各邦设置的标准不一，进一步增加了政策环境的复杂性。第二，印度政府部门官僚主义特征明显，公共行政部门办事效率较为低下，办事周期较长，腐败问题突出，交易成本较高。第三，印度严格限制外资参与国内服务业，尤其是保险、航空、建筑、零售和分销等高价服务部门，这些服务部门保留特别高的保护水平。印度政府对服务业实施的限制措施包括：限制外资股本比例与商业机构设立形式、设置复杂而昂贵的许可程序等，进而导致国内服务业相关改革停滞不前。第四，印度的法律条款十分僵化，尤其是限制性极强的劳动法，严格限制企业大规模雇佣非技术工人，且养老金制度改革停滞，劳动力市场发展极为不健全。[①] 第五，印度的公共财政、基础设施建设和初等及高等教育水平要比中国和其他东亚国家差很多，不利于为国内市场提供丰富、高质量的生产要素。第六，印度政府还设置了极其严厉的国内农业产业发展的干预政策，包括补贴、价格控制和其他内部贸易壁垒等，此处还有针对能源的价格管制和巨额补贴政策，目的是保护国内相关产业的发展。

3.1.3 贸易市场与主要贸易伙伴

3.1.3.1 贸易市场及其定位[②]

迄今为止，印度对外贸易的主要对象是西方工业化大国。加强印度与西方工

---

① Razeen Sally，“Indian Trade Policy After the Crisis”, *South Asia in the New Decade: Challenges and Prospects*，Amitendu Palit and Gloria Spittel edited，2012，World Scientific Pub Co Inc，pp.225-250.

② Government of India，Ministry of Commerce and Industry Department of Commerce，*Foreign Trade Policy Statement 2017: Mid-Term Review*，December 2017，pp.3-5，pp.24-42，http://dgft.gov.in/sites/default/files/ftpst17-051217.pdf. 登录时间：2019 年 3 月 24 日。

业化大国的贸易关系是提升印度在全球价值链中的地位、为印度制造业提供高质量进口资本要素投入，为印度制造业和服务业引入现代化国际标准的关键。此外，未来，印度要进一步加强同新兴市场的贸易联系，以及同那些与印度经济具有较强互补性的关键生产要素供应国之间的贸易联系。其中，拉丁美洲和非洲是印度新的贸易增长前沿；作为多元文化大熔炉的东南亚是印度“向东行动”政策的重点领域；当前印度针对东北亚、中东等地区的贸易相对较少，具有相当大的潜力。

印度《对外贸易政策（2015—2020）》明确阐述了不同市场在印度对外贸易战略中的定位。

（一）北美地区

美国是印度在北美地区最重要的贸易伙伴，加拿大和墨西哥也是印度在北美地区的重要贸易伙伴，印度与北美三国均已建立并加强制度化的高层对话。

（1）美国

美国是印度在全球最大的贸易伙伴之一。从统计数据来看，美国是印度最大的出口目的地。2016 年至 2017 年，印度 15.3%的出口产品销往美国，双边商品贸易额约为 660 亿美元。由于最近一段时期内美国经济表现良好，它将继续成为推动印度出口增长的支柱。印度在与美国的双边贸易关系中重点关注如下议题：第一，加强纺织、制药、农业、皮革和珠宝首饰等高就业行业产品的对美出口，以出口带动印度国内相关产业的升级；第二，加强技术产品和服务的对美出口，提高印度高技能服务业对美国的出口量，增加进入美国市场的印度高技能专业劳动力数量。近年来印度对美国的信息技术服务出口贸易使印度对美出口贸易总额提高了约 1 000 亿美元，技术产品和服务出口是印度对美出口的关键组成部分。

当前，印美关系发展顺畅。印度与美国已经建立了定期对话机制，双方可以就贸易关系相关问题进行直接沟通与磋商。此外，鉴于印度是美国普惠制（Generalized System of Preferences，GSP）的最大使用者，美国延长了 2013 年 7 月到期的普惠制计划。但印美贸易关系也面临一些问题与挑战，这些问题与挑战主要集中在知识产权保护、美国政府有关专业人才流动的政策、美国政府有关劳工和技能的政策等相关领域。此外，美国国内的贸易保护主义有抬头趋势，这也是威胁印美贸易关系的风险因素。

（2）加拿大与墨西哥

印度与加拿大的双边贸易额约为 61 亿美元，印加双边贸易增长潜力巨大，两国的多个部门之间存在着互补性。当前，印加双边自由贸易协定谈判正在进行中，预计这项协议将为印度就业创造部门提供重要的贸易机会。然而，加拿大在农产品领域（印度的敏感领域）的强势地位、对服务市场准入的一些原则立场以及印度对加拿大承诺渗透至联邦以下级别的关切等是印加两国在自由贸易协定谈判中必须要面临的关键挑战。

墨西哥是印度在北美地区的主要对外贸易市场。印墨双边贸易额约为 64 亿美元，具有较大的增长潜力。在《美墨加大协定》（原《北美自由贸易协定》）的框架下，印度与墨西哥双边贸易既存在机遇也存在挑战。

（二）欧盟

欧盟是印度信息技术服务的一个重要市场。但由于欧盟法规对数据安全相关方面的限制，印度对欧盟的信息技术服务贸易还有待进一步发展。此外，由于欧盟严格的贸易政策与法规，印度对欧盟的出口贸易面临不少挑战，包括严格的卫生和植物检疫标准、复杂的配额制度和关税制度以及欧盟国家针对印度产品采取的贸易救济措施等。欧盟针对印度实施的“普遍优惠计划”（Generalised Scheme of Preference，GSP）有利于印度在某些领域保持竞争优势，但该计划将纺织品、皮革、部分化学品、矿产品等领域排除在优惠计划之外，对印度对欧盟的出口产生了不利影响。此外，欧盟推出了普遍优惠制下的“出口自我认证机制”（Self-Certification Mechanism for Exports），印度已于 2017 年 1 月 1 日起接受并实施该机制。“出口自我认证机制”的实施将大大降低印度出口商在普惠制下的交易成本。此外，自 2007 年起，印度与欧盟国家开始进行“印度－欧盟双边贸易和投资协定”（India-EU Bilateral Trade and Investment Agreement，BTIA）的谈判，截至 2012 年已进行 16 轮谈判。2016 年初，双方再次启动谈判，印度希望能够尽早完成“印度－欧盟双边贸易和投资协定”的谈判。未来，印度对欧盟贸易政策的重心将集中在高增加值新产品出口领域，尤其是医疗设备、化学品、加工食品以及服务贸易等领域。

（三）南亚地区

南亚地区是印度政府特别重视的地区，印度与南亚邻国的贸易关系也是印度政府着重关注的领域。印度致力于在南亚地区建立一个包括纺织、机械产品、化工品、制药、汽车零部件、塑料和皮革制品等不同行业价值链的区域性经济区。在构建南亚区域性经济区的目标驱动下，建立南亚地区各国之间的物理联系和数字连接是印度当前对外贸易战略的一个关键目标。在对外贸易领域高度互联互通的南亚将会为印度更好地推进与东南亚和中亚地区的贸易关系创造良好的条件。

（四）东南亚地区

东南亚地区是印度对外贸易的另一个重点地区。印度与东南亚地区的贸易往来一直非常频繁，东盟地区的几项贸易协定进一步加强了这种贸易往来。自 2012 年以来，印度一直在与东盟及其自由贸易协定伙伴（中国、日本、韩国、澳大利亚和新西兰）进行“区域全面经济伙伴关系协定”的谈判。“区域全面经济伙伴关系协定”涵盖了全球40%的贸易和38%的国内生产总值，旨在促进成员国间服务和商品贸易的平衡。

此外，印度与柬埔寨、老挝、缅甸和越南的贸易一体化是其区域贸易战略的重要组成部分，印度与东南亚四国的贸易一体化将有利于为印度东北部经济的发展创造机会。当前，一项旨在鼓励印度私营部门在东南亚地区建立制造业中心的发展基金已经正式启动。

（五）东北亚地区

在东北亚国家中，印度最重要的贸易伙伴是中国。印度在贸易、投资和经济合作等领域与中国进行全面对话与接触。印度与中国贸易关系的重点议题包括：第一，印度将继续加强同中国在市场准入问题的谈判，以及在药品和农产品、信息技术服务、旅游、电影和娱乐等商品和服务部门出口的非关税壁垒等问题的谈判。第二，印度还将鼓励中国投资以提高印度的制造能力等。

此外，根据印度与日本和韩国的双边贸易安排，进一步加强与日本、韩国的贸易和投资联系依旧是印度在东北亚地区对外贸易政策的重点。

（六）大洋洲地区

澳大利亚和新西兰是印度在大洋洲地区的主要贸易伙伴。

印度和澳大利亚在能源和矿产领域有着强有力的互利伙伴关系。澳大利亚的铁矿石、焦煤、铜、金、铀和液化天然气是印度经济发展迫切需要的关键进口资本品。当前，澳大利亚所有的初级出口产品都在印度零关税或极低关税贸易政策的框架之内。除矿业和能源相关项目外，在冷链加工、大型食品园区、生物技术项目、海洋部门、基础设施、清洁和可再生能源、工程和制造业以及制药等领域，澳大利亚都有扩大在印度投资的趋势。当前，印度正在与澳大利亚进行“全面经济合作协定”（Comprehensive Economic Cooperation Agreement，CECA）谈判，该谈判涉及货物贸易、服务贸易、投资等相关议题。此外，印度还通过正在谈判的“区域全面经济伙伴关系协定”（RCEP）与澳大利亚进行广泛的双边接触。

与此同时，印度还积极推动与新西兰的“区域全面经济伙伴关系协定”谈判和双边“全面经济合作协定”的谈判。新西兰是全球公认的乳制品生产国和乳制品出口国，也是水果、羊肉和羊毛的重要出口国。但这些农产品领域是印度进口管制的高度敏感领域。

（七）非洲地区

印度积极参与非洲大陆国家和非洲区域性组织的贸易协定、出口项目和能力建设倡议。当前，印度与非洲大陆国家在贸易与投资以及能力建设、技术援助、医疗和教育等服务提供方面还有巨大的开发潜力。未来，农业加工、制造业、采矿业、纺织业、制药业、工程业、基础设施开发和建筑业等领域是印度与非洲大陆国家开展经贸合作的重点领域，极具发展前景。

近年来，西亚北非地区经济增长迅速，被印度认为是吸收出口产品的重要潜在市场。当前，印度正在与以色列以及海湾合作委员会（Gulf Cooperation Council）六个成员国进行自由贸易协定谈判。鉴于西亚北非地区丰富的石油天然气资源，印度与西亚北非海湾国家的自由贸易协定对印度的能源安全具有重要意义。

（八）拉丁美洲和加勒比地区

印度正在推行扩大和深化与拉丁美洲和加勒比地区国家贸易关系的计划，并努力与该地区国家发展新的贸易关系。印度针对拉丁美洲和加勒比地区对外贸易政策的重点包括：第一，实现对拉丁美洲和加勒比海地区出口贸易多元化；第二，以信贷便利化促出口项目发展；第三，扩大印度与南方共同市场的协议，加强与智利、秘鲁和其他主要经济体的伙伴关系。第四，汽车、化学品和工程货物等部门领域是印度针对该地区对外贸易政策的重点。

（九）独联体国家与俄罗斯

独联体国家[①]（Commonwealth of Independent States, CIS）蕴藏着丰富的矿产和碳氢化合物，这对印度工业尤其是制造业的持续发展至关重要。2012—2017年，印度和独联体地区的贸易增长了4.8%。虽然印度与独联体国家之间贸易相对较少，但具有相当大的潜力。

在独联体国家中，俄罗斯是印度最重要的对外贸易对象。2016—2017年，印度与俄罗斯的贸易额为74.8亿美元，低于潜在水平。印俄双方在碳氢化合物、核能、制药、化肥、钻石、焦煤、农产品、纺织品、皮革、工程、信息技术服务和基础设施建设等领域具有互补性，有进一步合作的空间。2014年12月，俄罗斯总统访印期间，印俄发表联合声明，提出到2025年实现双边货物和服务贸易总额达到300亿美元的目标。未来，印度政府将印度与俄罗斯贸易关系的重点放在鼓励双方私人部门参与双边经贸合作方面。

印度增进与独联体国家经贸合作的主要措施包括：第一，深化印度与欧亚经济联盟（Eurasian Economic Union，EAEU）自由贸易协定（India-EAEU FTA），加强印度与包括白俄罗斯、哈萨克斯坦、吉尔吉斯斯坦、亚美尼亚和俄罗斯在内的欧亚经济联盟的贸易关系；第二，启用国际南北运输走廊（International North

① 资料来源：Government of India, Ministry of Commerce and Industry Department of Commerce, *Foreign Trade Policy Statement 2017: Mid-Term Review*, December 2017, p.37, http://dgft.gov.in/sites/default/files/ftpst17-051217.pdf.

South Transport Corridor）；第三，在双方均感兴趣的关键领域进行价值链建设；第四，促进印度国内具有强大制造基础的高附加值产品对独联体国家的出口，解决独联体国家实施的非关税壁垒和部分地区监管对印度制药业带来的挑战。涉及的主要出口产品包括机械产品、电子产品、药品和制药、纺织品和农产品等。此外，印度将继续在独联体国家开展包括阿尤什（AYUSH）在内的医疗保健产品和服务的综合推广方案，以展示和推销印度制药业的独特优势。

3.1.3.2 主要贸易伙伴

印度最主要的三个出口贸易伙伴为美国、阿联酋和中国香港。2016 年，印度针对三个主要出口贸易伙伴的货物贸易出口额分别增长 3.3%、0.8%和 8.8%，占印度货物出口贸易总额的比重分别为 15.8%、11.7%和 5.0%。同期，印度排名前三位的进口贸易伙伴为中国、美国、阿联酋。2016 年，印度针对这三个主要进口贸易伙伴的货物进口贸易额分别下降 0.8%、增长 1.8%、下降 6.2%，占印度进口总额的比重分别为 16.9%、6.0%和 5.4%。

印度前三大货物贸易逆差来源为中国、瑞士和沙特阿拉伯。2016 年，印度针对中国、瑞士和沙特阿拉伯的货物贸易逆差额分别为 516.9 亿美元、139.5 亿美元和 130.4 亿美元。印度货物贸易顺差则主要来自美国、阿联酋和中国香港。2016 年，印度针对美国、阿联酋和中国香港的货物贸易顺差额分别为 199.2 亿美元、116.0 亿美元和 61.4 亿美元。①

表 3－6　　2016 年印度对主要贸易伙伴出口额

（单位：百万美元）

国家和地区	金额	同比（%）	占比（%）
总值	264 044	－1.5	100
美国	41 641	3.3	15.8
阿联酋	30 821	0.8	11.7
中国香港	13 243	8.8	5
中国	8 964	－7.7	3.4
英国	8 572	－3.7	3.3
新加坡	7 665	－2	2.9

① United Naitons Conference on Trade and Development，*GENERAL PROFILE: INDIA*，https://unctadstat.unctad.org/CountryProfile/GeneralProfile/en-GB/356/index.html. 登录时间：2019 年 3 月 24 日。

续表

国家和地区	金额	同比（%）	占比（%）
德国	7 176	2.1	2.7
孟加拉国	6 142	3.4	2.3
越南	5 982	12.1	2.3
比利时	5 376	8.2	2
尼泊尔	5 158	38.6	2
沙特阿拉伯	5 058	–27.6	1.9
荷兰	4 847	–1.7	1.8
法国	4 828	1.1	1.8
意大利	4 515	6.5	1.7

数据来源：中国商务部，《2016年印度货物贸易及中印双边贸易概况》

表3–7　　2016年印度对主要贸易伙伴进口额

（单位：百万美元）

国家和地区	金额	同比（%）	占比（%）
总值	359 545	–8.8	100
中国	60 656	–0.8	16.9
美国	21 721	1.8	6
阿联酋	19 216	–6.2	5.4
沙特阿拉伯	18 102	–14.8	5
瑞士	14 981	–29.1	4.2
印度尼西亚	12 385	–11.2	3.5
韩国	12 222	–6.8	3.4
德国	11 561	–4.3	3.2
伊拉克	9 871	–12.8	2.8
日本	9 868	2.4	2.8
澳大利亚	8 929	–6.5	2.5
马来西亚	8 682	–9.7	2.4
伊朗	8 229	31.7	2.3
比利时	7 434	–11.1	2.1
尼日利亚	7 407	–27.5	2.1

数据来源：中国商务部，《2016年印度货物贸易及中印双边贸易概况》

3.2 印度服务贸易

3.2.1 服务贸易概况①

金融危机以来，全球服务贸易发展呈现起伏态势，总体优于货物贸易的增长，服务贸易占世界贸易总量的比重稳步上升。服务贸易对国际贸易贡献度日益提高，成为拉动世界贸易增长的引擎。

自 20 世纪 80 年代至今，印度政府在国际服务贸易领域的立场发生了非常大的变化。在 20 世纪 80 年代末 90 年代初世界贸易组织乌拉圭回合谈判期间，印度同大多数发展中成员共同极力反对《服务贸易总协定》（General Agreement on Trade in Service，GATS）；然而 2001 年以来，在多哈回合谈判期间，印度则与美国和欧盟站在一起，成为国际服务贸易自由化的坚定支持者之一。

当前，服务业是印度经济增长的关键驱动力，是印度重要的净外汇创收部门和吸引外国直接投资最多的部门。据印度储备银行（Reserve Bank of India）发布的国际服务贸易统计月报，2019 年 1 月，印度服务贸易出口总额为 177.45 亿美元，同比增长 14 亿美元，长幅为 8.6%。② 2017 年，印度最大的服务贸易出口类别是计算机服务和其他商业部门，最大的服务贸易进口类别是运输和其他商业服务。③ 2015 年至 2016 年，印度服务业贡献了 53%的总增加值（若包括建筑业则为 61.5%）。印度服务出口贸易占印度国内生产总值的比重由 2014 年的 7.5%上升至 2017 年的 11%，服务贸易占对外贸易总额的比重超过 35%。2014 年，印度服务出口贸易额占全球服务出口贸易总额的比重为 3.2%，位列全球第八，而同年印度货物出口贸易额仅占全球货物出口贸易总额的 1.7%。④ 2008 年，印度首次实现

---

① Government of India，Ministry of Commerce and Industry Department of Commerce，*Foreign Trade Policy Statement 2017: Mid-Term Review*，December 2017，pp.53-56，http://dgft.gov.in/sites/default/files/ftpst17-051217.pdf. 登录时间：2019 年 3 月 25 日。

② Reserve Bank of India，"India's International Trade in Services"，https://rbi.org.in/Scripts/Pr_DataRelease.aspx?SectionID=352&DateFilter=Year. 登录时间：2019 年 3 月 36 日。

③ OECD，"*OECD Services Trade Restrictiveness Index (STRI): India*"，December 2018，p.1. http://www.oecd.org/trade/topics/services-trade/documents/oecd-stri-country-note-india.pdf. 登录时间：2019 年 3 月 26 日。

④ Government of India，Ministry of Commerce and Industry Department of Commerce，*Foreign Trade Policy Statement 2017: Mid-Term Review*，December 2017，p.53，http://dgft.gov.in/sites/default/files/ftpst17-051217.pdf. 登录时间：2019 年 3 月 25 日。

服务贸易顺差，此后，印度在服务出口方面一直保持着稳定的顺差，且服务贸易顺差规模不断扩大，2005 年至 2017 年，印度服务贸易顺差增长了近 3.5 倍。① 印度的服务贸易顺差弥补了印度 50%以上的货物贸易逆差。近年来，印度在服务贸易领域表现出越来越强的国际竞争力。

印度对外服务贸易的部门结构和出口市场方向具有鲜明的特点。

第一，计算机和信息服务、通讯服务、金融服务等在印度对外服务贸易中占据相当大的比重，特别是信息技术部门，印度的比较优势明显，目前已经成为仅次于美国的世界第二大软件大国。其中，信息技术/信息技术支持服务（Information Technology/Information Technology Enabled Services，IT/ITES）部门对印度服务出口的贡献最大。尽管 IT/ITES 部门在印度出口中所占的比例略低于 50%，但 IT/ITES 部门在印度服务贸易净出口中所占的比例高达 90%；此外，印度 IT/ITES 部门约 80%的服务出口贸易进入了西方发达国家的市场，其中超过 60%的服务出口贸易进入美国市场、20%的进入欧盟国家。

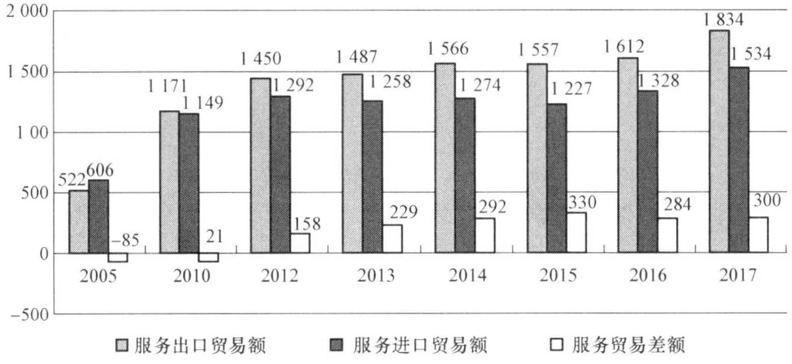

图 3-5 2005—2017 年印度服务贸易发展（单位：亿美元）

数据来源：2005 年和 2010 年数据来源于 United Nation Conference on Trade and Development，General Profile: India，https://unctadstat.unctad.org/CountryProfile/GeneralProfile/en-GB/356/index.html；2012 年至 2017 年数据来源于 WTO and World Bank，*I-TIP Services: India*，June，2018. http://i-tip.wto.org/services/ChartResults.aspx. 登录时间：2019 年 3 月 25 日。

第二，运输和旅游等传统服务部门在印度对外服务贸易中所占比重并不高。据联合国贸易与发展会议的统计，2017 年，交通、旅游两个部门的对外服务贸易额仅占印度当年对外服务贸易总额的 9.2%和 14.9%，② 远远低于信息技术部门。

---

① 张艳、付鑫：中印国际服务贸易政策比较研究，《国际贸易》，2018 年第 6 期。

② United Nation Conference on Trade and Development，*General Profile: India*，https://unctadstat.unctad.org/CountryProfile/GeneralProfile/en-GB/356/index.html. 登录时间：2019 年 3 月 26 日。

第三，印度在许多以技能为基础的服务和劳动密集型服务方面具有内在竞争力和出口潜力。医疗、教育、专业、研发、咨询、印刷出版、娱乐服务等领域将成为印度进一步扩大服务贸易出口的重点领域。

3.2.2 服务贸易政策

服务业是印度具有巨大潜力的贸易和经济领域。2001 年以来，印度政府大力扶植印度服务产业。在对外服务贸易发展方面，印度政府以“服务出口导向”为基本原则，稳步推进服务贸易开放政策。根据印度《对外贸易政策（2015—2020）》，在新的发展阶段，印度政府以扩大服务贸易出口为服务贸易发展的重点，并对服务贸易实行有监管的自由化政策。

为了有效推动印度服务出口贸易的大幅提升，印度政府制定了 2015 年至 2020 年对外贸易发展的联合出口目标，即到 2020 年印度货物出口贸易与服务出口贸易总额达到 9 000 亿美元。为达到服务出口贸易发展目标，印度政府研讨、制定并实施了一系列对内对外措施。

对内层面，努力提高印度服务业的竞争力，并鼓励国内具有竞争优势的行业（如电信行业）积极参与国际竞争。

第一，印度工业与商业部开展了针对服务业的大刀阔斧的改革，具体举措包括进一步明确“一流服务业部门”（Champion Services Sectors）、审议印度服务业管制框架、鼓励服务业投资并保证投资质量与透明度等。

第二，以“印度服务出口计划”（Service Export from India Scheme，SEIS）取代之前的“印度服务计划”（Served from India Scheme，SFIS），旨在进一步鼓励高质量的服务出口贸易。“印度服务出口计划”针对在印度境内经营的服务提供商（Service Providers located in India），[①] 主要涵盖法律、会计、建筑、工程、教育、医院服务、酒店与餐饮以及其他商务服务业部门。依据“印度服务出口计划”，服务贸易出口商将获得其服务出口贸易净外汇收入 3%～5%的可转让的奖励券，2017 年 11 月 1 日至 2018 年 6 月 30 日期间，该计划下的奖励券额度又增加了两个百分点。

对外层面，印度政府努力推动与重要服务贸易市场签订全面伙伴关系协定，获得重要海外服务贸易市场的有效市场准入。

第一，美国与欧盟市场是印度对外服务贸易政策的重中之重。当前，美国的贸

① 在早期政策中，“印度服务计划”只针对“印度服务提供商”（Indian Service Providers），对服务商有国籍要求而无经营地点要求。

易保护主义有所抬头，再加上美国政府在知识产权保护、限制专业人才流动以及劳工与技能等方面的政策限制，印度对美服务贸易出口面临一定的威胁。为此，印度政府将持续加强与美国经济的贸易和投资联系，以稳定并提高印度对美服务贸易出口额。对于欧洲市场，印度政府一方面持续推动于2016年1月重启的“印度-欧盟双边贸易和投资协定”（BTIA）谈判；另一方面加强同欧洲自由贸易区（European Free Trade Area，EFTA）国家[①] 在服务贸易领域的合作，开启“贸易与经济伙伴关系协定”（Trade and Economic Partnership Agreement，TEPA）的谈判。

第二，在南亚区域一体化战略下，印度积极推动“南亚自由贸易协定服务贸易框架协议”（SAFTA Trade In Services Framework Agreement）的谈判，争取尽快缔结该协议。该协议将为南亚地区服务贸易自由化开辟更广阔的道路，使南亚国家服务贸易产品更具竞争力。[②]

第三，在印度“向东看”的整体国家战略下，印度将进一步推进与东南亚地区国家的服务贸易合作。2014年，印度与东盟国家签署了《东盟－印度服务和投资贸易协定》（ASEAN-India Agreement on Trade in Services and Investment），并于2015年7月1日正式生效。该协定的签署为印度和东盟国家的服务贸易商提供了市场确定性和稳定的政策环境，有利于强化东盟国家同印度的经贸往来和商业关系，同时也为印度和东盟国家之间的人力资本、资金流动创造了机会。[③]

第四，继续推动印度对发展中国家的服务贸易出口。根据2011年世界贸易组织第八届部长级会议通过、2015年第十届部长级会议生效的《最不发达国家服务豁免协议》（LDC Services Waiver），印度政府承诺向世界贸易组织成员中的最不发达国家（LDC Members of the WTO）提供服务贸易优惠政策，主要包括综合工程服务、管理咨询服务、娱乐与体育服务、文化与体育服务、海上运输与海事辅助服务等15个部门，这些部门并不包含在世界贸易组织的《服务贸易总协定》之内。

第五，印度政府举办年度“全球服务博览会”（Global Exhibition on Services，GES），搭建扩大印度服务业全球知名度和影响力的平台。博览会可以增加服务贸易量，加强同全球服务贸易伙伴的多边关系，提高印度在全球服务出口贸易中的份额。[④]

---

① 欧洲自由贸易区（European Free Trade Area，EFTA）国家主要包括冰岛、挪威、瑞士和列支敦士登等。

② Government of India，Ministry of Commerce and Industry Department of Commerce，“*Foreign Trade Policy*”，p.28，http://dgft.gov.in/sites/default/files/ftpst17-051217.pdf. 登录时间：2019年3月26日。

③ Government of India，Ministry of Commerce and Industry Department of Commerce，“*Foreign Trade Policy*”，p.29，http://dgft.gov.in/sites/default/files/ftpst17-051217.pdf. 登录时间：2019年3月26日。

④ Government of India，Ministry of Commerce and Industry Department of Commerce，“*Foreign Trade Policy*”，p.55，http://dgft.gov.in/sites/default/files/ftpst17-051217.pdf. 登录时间：2019年3月26日。

3.2.3 服务贸易限制领域与限制程度

近年来，随着印度服务业的壮大、服务贸易自由化改革的持续深入，印度对服务贸易领域的各种限制措施正在逐步减少，服务贸易限制程度呈逐年降低态势。

经合组织“服务贸易限制指数”（Service Trade Restrictiveness Index，STRI）① 监管数据库将服务贸易限制性措施分成了五类，分别是“对外资进入的限制措施”（Restrictions on foreign entry）、“对自然人流动的限制”（Restrictions to movement of people）、“其他歧视性措施”（Other discriminatory measures）、“妨碍竞争的措施”（Barriers to competition）和“规制透明度”（Regulatory transparency）②。根据该数据库的统计，经横向国际对比，印度服务贸易领域的限制性指数明显然处于较高水平。

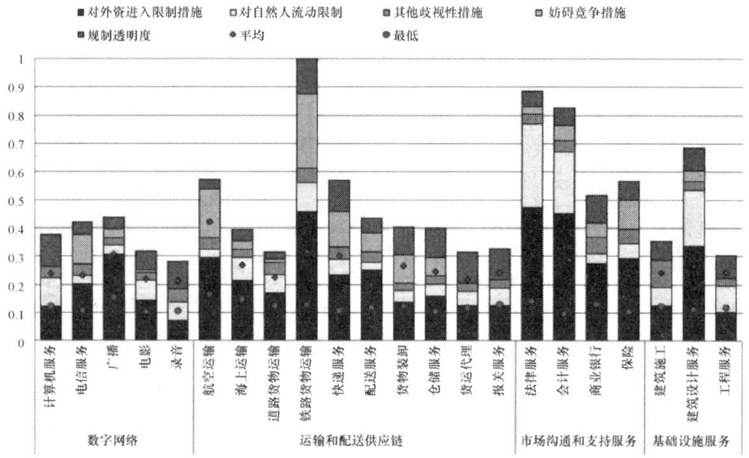

图 3-6　2017 年印度服务贸易限制性指数（STRI）及领域③

数据来源：OECD，“OECD Services Trade Restrictiveness Index (STRI): India”，http://www.oecd.org/trade/topics/services-trade/documents/oecd-stri-country-note-india.pdf. 登录时间：2019 年 3 月 26 日。

---

① 2014 年，经合组织推出“服务贸易限制性指数”，用于衡量成员以及巴西、中国、哥斯达黎加、印度、印度尼西亚、立陶宛、俄罗斯和南非等服务贸易壁垒，这些国家的服务贸易量占全球服务贸易量的 80% 以上。“服务贸易限制性指数”的计算共涉及 22 个服务业部门。该指数可以为各国服务贸易政策制定者确定改革方案，评估各国服务贸易政策的效果，为服务贸易协定的谈判提供充分的信息，为服务贸易商进入外国市场提供政策准则等。http://www.oecd.org/trade/topics/services-trade/. 登录时间：2019 年 3 月 26 日。

② OECD，*Services Trade Restrictiveness Index Regulatory Database*，https://qdd.oecd.org/subject.aspx? Subject=063bee63-475f-427c-8b50-c19bffa7392d. 登录时间：2019 年 3 月 26 日。

③“服务贸易限制性指数”的值介于 0 和 1 之间，1 代表限制性最高。计算这些数值的依据是服务贸易限制性指数监管数据库，该数据库包含对 34 个经合组织成员国以及巴西、中国、印度、印度尼西亚、俄罗斯和南非的监管信息。服务贸易限制性指数数据库根据最惠国原则对各项措施进行记录。不考虑优惠贸易协定。航空运输和公路运输仅涵盖商业机构（包括人员流动）。OECD，“*OECD Services Trade Restrictiveness Index (STRI): India*”，December 2018. http://www.oecd.org/trade/topics/services-trade/documents/oecd-stri-country-note-india.pdf. 登录时间：2019 年 3 月 26 日。

（一）印度服务业所有部门的“服务贸易限制指数”得分均高于全球平均水平

2017 年，印度在电信服务（Telecommunication）、铁路货运（Rail freight transport）、配送服务（Distribution services）、法律服务（Legal services）、会计服务（Accounting services）、商业银行（Commercial banking）、保险（Insurance）和建筑设计服务（Architecture services）等部门的“服务贸易限制指数”得分是全球平均得分的 2 倍及以上；计算机服务（Computer services）、仓储服务（Storage and warehouse）、建筑施工（Construction）、货物装卸（Cargo-handling）等部门的“服务贸易限制指数”得分也接近全球平均得分的 2 倍。

以下三个因素可以解释印度服务业所有部门“服务贸易限制指数”得分偏高的原因。

第一，当前印度服务贸易领域的外国直接投资受到《外国直接投资综合政策》（*Consolidated FDI Policy*）的管制，该政策将印度的服务业分为“禁止行业”（prohibited sectors）和“许可行业”（permitted sectors）两类。在“许可行业”的类别下，外国投资者既可以通过需要事先得到审批的“政府路径”（government route）对印度服务业进行投资，也可以通过不需事先批准的“自动路径”（automatic route）对印度服务业进行投资。但在一些服务业部门，印度政府对采用“自动路径”的外国直接投资行为有一定的投资额度限制，超过额度限制则需要政府的审批。

第二，印度一项关于居民与非居民之间股份转让的规定也拉高了印度服务业所有部门“服务贸易限制指数”的得分。该规定要求印度居民与非居民之间转让股份必须遵守定价准则、并购规定，而这些规定通常需要通过在印度设立控股公司来进行。

第三，印度政府要求对那些以公司内部受让人、合同服务供应商或独立服务供应商的身份在印度临时提供服务的自然人进行较为严格的“劳动力市场考察”。这些外籍自然人首次获得入境许可后最多可在印度停留 24 个月；多次入境商务签证的有效期最长为 5 年，每次停留时间不得超过 6 个月。同时要求，印度设立的外资公司的公司董事会成员和经理中都需要至少一名印度居民。最后，在公共采购中，印度政府要求给予印度当地供应商优惠政策倾斜。

（二）铁路货运（rail freight transport）、建筑服务（architecture services）和会计服务（accounting services）是印度“服务贸易限制指数”得分最高的三个领域

铁路货运、建筑设计服务和会计服务部门的“服务贸易限制指数”得分最高，

主要因为印度政府对这三个部门的管制严格。第一，对铁路运输部门，印度政府禁止外资进入，印度国有的印度铁路公司（Indian Railways）垄断铁路运营权。再加上外国铁路运营商在印度没有运输权（transit rights），因此，外资无法参与铁路运输服务。不过，外国投资可以参与印度铁路基础设施建设、运营和维护，从事这些领域的外国投资可通过“自动路径”进入，且外资最高投资比例可达100%。第二，在印度，建筑师是受管制的职业，所有的建筑师必须获得资格执照，只有持有执照的建筑师才能拥有股份、进入董事会或管理建筑公司。对于外国建筑师，可以通过持有临时执照的方式在印度从事建筑咨询领域的服务工作。第三，会计师和审计员也必须持有资格执照，并且只有印度公民才有资格获得执照，公司无法以法人身份获得执照。会计和审计公司或专业人士只有在参与特定项目或在特定时间段内才能获得有限许可的执照。

（三）工程服务（engineering services）、录音（sound recording）和航空运输（air transport）是印度“服务贸易限制指数”得分最低的三个领域

虽然印度在工程服务、录音和航空运输三个服务业部门的“服务贸易限制指数”得分最低，但依然高于参与统计的所有国家的平均水平。这三个服务部门较低的服务贸易限制程度可归结于以下原因：第一，在印度，工程部门不是国家管制部门，只受到一般政策框架的约束；第二，录音部门特有的贸易限制规定仅是对版权管理的法定垄断；第三，对于航空运输部门，除了国有的印度航空公司（Air India），印度允许投资比例为100%的外资航空公司进入印度航空运输服务市场。其中，投资比例小于或等于49%的外国投资者可采用“自动路径”进行投资，外资占多数的投资则需要通过“政府路径”进行。此外，印度政府对于外资控股的合资航空公司还有额外的规定：（1）外国航空公司不得购买提供客运服务的印度航空公司的股票；（2）董事会的大多数成员必须是印度公民；（3）参与航空公司运营的外国人必须接受“安保核查”（security clearance）；（4）不允许“全机出租”（wet lease），并在舱位分配时优先考虑历史舱位等。

（四）“服务贸易限制指数”得分下降和上升的服务业部门

随着印度服务贸易自由化改革的推进，印度政府针对一些服务贸易部门的限制性措施呈现减少之势，尤其是在“妨碍竞争的措施”和“对外资进入的限制措施”上，政府采取了较为积极的行动。根据经合组织（OECD）“服务贸易限制指数”监管数据库的统计，2014 年至 2018 年间，印度在货运装卸、电信、航空运输、海上运输四个部门的“服务贸易限制指数”有所下降，限制服务贸易的措施有所减少。具体来讲，在“妨碍竞争的措施”方面，印度政府的自由化举措最多，

减少了针对海运部门、公路运输部门、建筑设计服务部门、计算机部门、广播等部门的妨碍竞争的限制措施；在“对外资进入的限制措施”方面，航空运输部门、保险部门和广播部门的限制性措施减少最为明显。例如，2015 年，印度政府将印度保险行业的外资股权上限由 26%提升至 49%，并允许外资保险公司分支机构在印度从事再保险业务。2016 年，印度政府进一步放开了外国资本在印度的投资限制，取消了机场服务、有线和卫星广播部门对外资控股的限制，放宽了民用航空部门对外资股权的限制。同时，自 2016 年开始，印度政府取消了服务业大多数部门对设立公司的最低资本要求。2018 年，印度政府又取消了海上运输部门的一系列限制措施。[①] 此外，印度电信部门已经全面开放，允许外资企业与本国企业公平竞争。

由于印度政府在服务贸易自由化中秉承谨慎开放的政策原则，印度不少服务业部门的开放进程缓慢，甚至出现政策反复与倒退。目前，印度政府在仓储、货运代理、海关报关、建筑设计、工程、电影、广播、录音、公路运输、快递、配送、保险、商业银行、计算机和建筑施工部门的限制措施依然较多，2014 年至 2018 年，这些服务贸易部门的“服务贸易限制指数”呈现上升趋势。其中，仓储、货运代理、海关报关、工程、电影、广播、录音、公路运输、快递、配送、保险、计算机和建筑施工部门的“服务贸易限制指数”在经历 2015 年至 2016 年的小幅回落之后，2017 年开始呈现上升态势。印度政府规定，从 2017 年开始将对从非居民广告公司购买的广告服务征收 6%的税收，这是典型的“妨碍竞争的措施”。

表 3-8　　2014—2018 年印度“服务贸易限制指数”得分

年份	货运装卸	仓储	货运代理	海关报关	会计	建筑设计	工程	法律	电影	广播	录音
2014	0.447	0.392	0.308	0.321	0.827	0.664	0.294	0.886	0.306	0.431	0.268
2015	0.436	0.382	0.297	0.309	0.827	0.664	0.284	0.886	0.299	0.423	0.250
2016	0.387	0.382	0.297	0.309	0.827	0.664	0.284	0.886	0.299	0.423	0.250
2017	0.404	0.400	0.316	0.328	0.827	0.684	0.303	0.886	0.319	0.439	0.280
2018	0.404	0.400	0.316	0.328	0.827	0.684	0.303	0.886	0.319	0.439	0.280

① OECD，“Services Trade Restrictiveness Index (STRI): India” database，https://stats.oecd.org/Index.aspx?DataSetCode=STRI. 登录时间：2019 年 3 月 27 日。

续表

年份	电信	航空运输	海上运输	公路货物运输	铁路货物运输	快递	配送	商业银行	保险	计算机	建筑施工
2014	0.475	0.599	0.407	0.312	1.000	0.564	0.439	0.500	0.565	0.365	0.336
2015	0.475	0.599	0.400	0.300	1.000	0.556	0.429	0.500	0.552	0.349	0.324
2016	0.475	0.540	0.400	0.300	1.000	0.556	0.429	0.500	0.552	0.349	0.324
2017	0.475	0.573	0.412	0.315	1.000	0.570	0.445	0.517	0.565	0.377	0.366
2018	0.421	0.573	0.395	0.315	1.000	0.570	0.445	0.517	0.565	0.377	0.366

数据来源：OECD，“Services Trade Restrictiveness Index (STRI): India”database，https://stats.oecd.org/Index.aspx?DataSetCode=STRI. 登录时间：2019 年 3 月 27 日。

3.2.4 服务贸易政策发展方向

当前印度在服务贸易领域的限制水平较高，但印度政府依然展示出推动服务贸易进一步开放与自由化的决心和态度。提高国内服务贸易市场自由化程度、推动服务出口贸易的大踏步发展是印度政府未来服务贸易政策的出发点和落脚点。

印度政府认为，当前阻碍印度服务贸易出口增长的市场因素和政策因素主要来自国际和国内两个层面。国际层面，阻碍服务贸易出口的主要因素是主要服务贸易伙伴的贸易保护主义措施。国内层面，阻碍服务贸易出口的因素主要包括：国内监管薄弱，限制了国内服务贸易出口商提供服务的能力；国内服务贸易人才缺口与基础设施薄弱；国内缺乏服务贸易标准等。

未来，印度贸易服务政策将重点集中在以下三个方面。

第一，调整服务贸易出口市场，促进服务贸易出口市场的多元化。

当前，印度服务贸易出口主要面向西方发达国家市场，由于美国、欧盟国家经济发展放缓，国内贸易保护主义呈抬头之势，随之而来的保护主义措施必然会直接影响印度服务贸易出口的增长速度。因此，印度迫切需要调整服务贸易出口市场，促进服务贸易出口市场的多元化。未来，日本、中国和韩国可能是印度服务贸易出口最具潜力的市场。为了争取获得更大的服务贸易市场准入，印度将会加强同这些地区的服务贸易协定谈判。与重要的海外服务贸易市场国家签署全面经济伙伴协议是印度有效开拓海外服务贸易市场的主要方式，未来，印度将会持续推动各种双边或诸边区域性贸易合作谈判。

第二，提升服务贸易的质量，增强服务贸易产品的国际竞争力。

提升服务贸易产品质量是印度服务贸易出口导向政策的重中之重。为此，印度政府正在酝酿相关措施。从印度现有的《对外贸易政策》文件中可以看出，印度政府计划从制定服务贸易产品标准、加强服务贸易产品质量监管等方面多管齐下，提高服务贸易产品的质量。未来，印度政府将会根据不同服务性产品与公共利益的攸关程度出台不同的质量标准，并实施不同程度的监管。对于与公共利益密切相关的服务性产品，如医疗、教育等，印度政府将会通过立法手段出台标准，并严格监管；对于其他领域的监管可能通过制定最低标准或者自愿标准体系的方式执行。此外，印度政府正在努力推行制度化的服务性产品质量认证体系，并通过该体系对服务贸易产品提供者进行评级，以确保印度的服务贸易产品符合最高标准。

当前，印度商业和工业部正在对全国服务业的各部门进行评估，对于具有较强出口实力和潜力的服务业部门，印度商业和工业部将制定重点服务业领域战略，以确保重点服务业领域的服务产品质量，进一步提升印度服务性产品的国际竞争力。

第三，以服务业带动制造业发展，用服务业提高制造业的竞争力。

与服务贸易相比，印度以制造业为基础的货物贸易较为落后。当前，制造业结构变得越来越复杂，制造业的“服务化”现象也越来越显著。因此，印度突出的服务贸易能力有助于提高印度制造业的竞争力，这也是未来印度服务业发展的努力目标之一。服务业将在“印度制造”倡议中发挥越来越重要的作用。未来，印度政府将着重推动与制造业密切相关的服务业部门，如运输、配送和物流链、金融和支付基础设施、公用事业（如电信、广播等）等专业服务部门。为此，国内基础设施薄弱、高昂的交易成本等将是印度政府在一段时间内着力解决的问题。印度政府已经出台了一些政策和措施，如印度商业和工业部设立了一个新的司级单位，着力于促进印度国内物流一体化发展与整合；2017 年 7 月 1 日，印度政府正式推出消费税，这是其精简税收制度、降低企业成本的重要举措之一。

3.3 中印双边贸易关系

3.3.1 中印双边贸易发展现状

作为世界上两个最大的新兴经济体、金砖国家重要成员国，中国与印度在亚洲乃至世界经济发展中发挥着至关重要的作用。

印度于 1950 年与新中国建立外交关系，是最早与中国建交的国家之一。随后中国与印度开始进行经贸往来和经贸合作。但由于受到中印两国政治关系以及各自经济发展战略的影响，20 世纪 50 年代初至 20 世纪 90 年代初的 40 余年间，中印两国贸易发展缓慢，贸易规模非常有限。1977 年，中印两国恢复直接贸易。1990 年，中印双边贸易总额仅为 2.6 亿美元。20 世纪 90 年代中期，随着中印双边政治关系的缓和，中印双边贸易开始逐步改善，呈现良好的发展态势，中印双边贸易规模逐年提升。自 1990 年至 1999 年，中印双边贸易增速高于 50%。1999 年，中印双边贸易额增至 20 余亿美元，约是 1990 年贸易总额的 10 倍。

进入 21 世纪以来，中印双边贸易发展开始进入快车道，双边贸易额保持 20%～90%的年均增长速度。据印度商业信息统计署与印度商业与工业部统计，2018 年，中印双边贸易额已增长至 902.7 亿美元。其中，印度对中国出口贸易总额为 165.29 亿美元，同比增长 30.2%，占印度 2018 年全年出口贸易额的 5.1%，上涨 0.8 个百分点，中国是印度第三大出口目的地国，仅次于美国和阿联酋；印度从中国进口的贸易总额为 737.44 亿美元，同比增长 2.3%，占印度进口总额的 14.4%，下降 2 个百分点，中国是印度最大的进口来源国；2018 年，印度对华贸易逆差额高达 572.16 亿美元，下降 3.6%，占印度对外贸易逆差总额的 30.52%，中国连续多年是印度对外贸易逆差的最大来源国。[①] 近年来，中印经贸关系日趋紧密，双边经贸合作也持续稳定发展，中国是印度第一大贸易伙伴，印度是中国在南亚最大的贸易伙伴。

从中印双边贸易结构来看，矿产品、化工产品、纺织品及原料、机电产品和贱金属及其制品是印度对华出口贸易的前五大类商品。其中：矿产品是印度对华出口的第一大类产品。2018 年，印度对华矿产品出口总额为 50.33 亿美元，同比增长 53.3%，占印度 2018 年对华出口总额的 30.5%；化工产品是印度对华出口的第二大类产品。2018 年，印度对华化工品出口总额为 36.31 亿美元，同比增长 55%，占印度 2018 年对华出口总额的 22%；纺织品及原料是印度对华出口的第三大类产品。2018 年，印度对华纺织品及原料出口总额为 18.37 亿美元，同比增长 20.6%，占印度 2018 年对华出口总额的 11.1%；机电产品是印度对华出口的第四大类产品。2018 年，印度对华机电产品出口总额为 13.64 亿美元，同比增长 20.6%，占印度 2018 年对华出口总额的 8.3%；贱金属及制品是印度对华出口的第五大类产品。2018 年，印度对华贱金属及制品出口总额为 11.65 亿美元，同比大幅下降 46.3%，占印度 2018 年对华出口总额的比重下降至 7.1%。此外，塑料与橡胶、动物产品、

① 中国商务部，《国别贸易报告：2018 年印度货物贸易及中印双边贸易概况》，https://countryreport.mofcom.gov.cn/record/view110209.asp?news_id=63401. 登录时间：2019 年 3 月 28 日。

动植物油脂、贵金属及制品、植物制品、光学、钟表、医疗设备等也是印度对华出口的主要商品类别（HS 类）。

表 3－9　　2018 年印度对中国出口主要商品构成（类）

（单位：百万美元）

海关分类	HS 编码	商品类别	2018 年	2017 年	同比（%）	占比(%)
类	章	总值	16 529	12 696	30.2	100.0
第 5 类	25-27	矿产品	5 033	3 283	53.3	30.5
第 6 类	28-38	化工产品	3 631	2 343	55.0	22.0
第 11 类	50-63	纺织品及原料	1 837	1 523	20.6	11.1
第 16 类	84-85	机电产品	1 364	1 131	20.6	8.34
第 15 类	72-83	贱金属及制品	1 165	2 168	–46.3	7.1
第 7 类	39-40	塑料、橡胶	1 117	488	129.1	6.8
第 1 类	01-05	活动物；动物产品	575	148	287.2	3.5
第 3 类	15	动植物油脂	410	424	–3.4	2.5
第 14 类	71	贵金属及制品	334	217	53.9	2.0
第 2 类	06-14	植物产品	219	151	44.7	1.3
第 12 类	64-67	鞋靴、伞等轻工产品	181	193	–6.0	1.1
第 18 类	90-92	光学、钟表、医疗设备	156	157	–0.8	0.9
第 17 类	86-89	运输设备	126	133	–5.5	0.8
第 8 类	41-43	皮革制品；箱包	119	132	–10.0	0.7
第 10 类	47-49	纤维素浆；纸张	102	21	386.9	0.6
		其他	**159**	**184**	**–13.5**	**1.0**

资料来源：中国商务部，《国别贸易报告：2018 年印度货物贸易及中印双边贸易概况》，“表 15 印度对中国出口主要商品构成（类）”，https://countryreport.mofcom.gov.cn/record/view110209.asp?news_id=63416. 登录时间：2019 年 3 月 28 日。

表 3－10　　2018 年印度对中国出口主要商品构成（章）

（单位：百万美元）

HS 编码	商品类别	2018 年	2017 年	同比(%)	占比(%)
章	总值	16 529	12 696	30.2	100.0
27	矿物燃料、矿物油及其产品；沥青等	3 163	1 084	191.7	19.1
29	有机化学品	3 046	1 758	73.3	18.4

续表

HS 编码	商品类别	2018 年	2017 年	同比(%)	占比(%)
52	棉花	1 463	1 155	26.7	8.9
26	矿砂、矿渣及矿灰	1 165	1 536	–24.2	7.1
39	塑料及其制品	1 051	430	144.5	6.4
84	核反应堆、锅炉、机械器具及零件	831	669	24.1	5.0
25	盐；硫磺；土及石料；石灰及水泥等	704	662	6.4	4.3
74	铜及其制品	647	1 386	–53.4	3.9
03	鱼及其他水生无脊椎动物	566	142	298.2	3.4
85	电机、电气、音像设备及其零附件	533	461	15.6	3.2
15	动、植物油、脂、蜡；精制食用油脂	410	424	–3.4	2.5
71	珠宝、贵金属及制品；仿首饰；硬币	334	217	53.9	2.0
72	钢铁	303	397	–23.9	1.8
32	鞣料；着色料；涂料；油灰；墨水等	223	157	42.2	1.4
90	光学、照相、医疗等设备及零附件	151	156	–3.0	0.9
67	加工羽毛及制品；人造花；人发制品	139	151	–7.9	0.8
38	杂项化学产品	131	133	–1.2	0.8
87	车辆及其零附件（铁道车辆除外）	104	84	24.0	0.6
48	纸及纸板；纸浆、纸或纸板制品	101	20	396.1	0.6
79	锌及其制品	100	272	–63.3	0.6
53	其他植物纤维；纸纱线及其机织物	98	125	–21.1	0.6
41	生皮（毛皮除外）及皮革	95	105	–9.5	0.6
33	精油及香膏；香料制品及化妆盥洗品	92	114	–19.1	0.6
09	咖啡、茶、马黛茶及调味香料	91	39	135.0	0.6
13	虫胶；树胶、树脂及其他植物液、汁	84	47	78.6	0.5
28	无机化学品；贵金属等的化合物	73	131	–43.9	0.4
40	橡胶及其制品	66	58	14.3	0.4
73	钢铁制品	61	66	–7.3	0.4
62	非针织或非钩编的服装及衣着附件	57	49	15.0	0.3
55	化学纤维短纤	54	63	–13.6	0.3

资料来源：中国商务部，《国别贸易报告：2018 年印度货物贸易及中印双边贸易概况》，“表 13 印度对中国出口主要商品构成(章)”，https://countryreport.mofcom.gov.cn/record/ view110209.asp?news_id=63414. 登录时间：2019 年 3 月 28 日。

机电产品、化工产品、贱金属及其制品、塑料与橡胶、纺织品及原料是印度从中国进口总额排名前五的商品。其中：机电产品是印度从中国进口总额最多的第一大类产品。2018 年，印度从中国进口机电产品总额为 370.12 亿美元，同比下降 8.3%，占印度 2018 年从中国进口商品总额的 50.2%；化工产品是印度从中国进口的第二大类产品。2018 年，印度从中国进口化工产品总额为 136.67 亿美元，同比大幅增长 30.8%，占印度 2018 年从中国进口商品总额的 18.5%；贱金属及制品是印度从中国进口的第三大类产品。2018 年，印度从中国进口贱金属及制品总额为 54.55 亿美元，同比增长 12.5%，占印度 2018 年从中国进口商品总额的 7.4%；塑料和橡胶是印度从中国进口的第四大类产品。2018 年，印度从中国进口塑料和橡胶总额为 29.96 亿美元，同比大幅增长 21.3%，占印度 2018 年从中国进口商品总额的 4.1%；纺织品及原料是印度从中国进口的第五大类产品。2018 年，印度从中国进口纺织品及原料总额为 28.58 亿美元，同比上升 6.0%，占印度 2018 年从中国进口商品总额的 3.9%。此外，运输设备、家具、玩具、光学、钟表、医疗设备、陶瓷、玻璃、矿产品等也是印度从中国进口的主要商品类别（HS 类）。在以上印度进口的主要大类商品中，德国、沙特阿拉伯和美国是中国的关键性竞争对手。

表 3－11　　2018 年印度自中国进口主要商品构成（类）

（单位：百万美元）

海关分类	HS 编码	商品类别	2018 年	2017 年	同比（%）	占比（%）
类	章	总值	**73 744**	**72 055**	**2.3**	**100.0**
第 16 类	84-85	机电产品	37 012	40 348	−8.3	50.2
第 6 类	28-38	化工产品	13 667	10 448	30.8	18.5
第 15 类	72-83	贱金属及制品	5 455	4 851	12.5	7.4
第 7 类	39-40	塑料、橡胶	2 996	2 470	21.3	4.1
第 11 类	50-63	纺织品及原料	2 858	2 696	6.0	3.9
第 17 类	86-89	运输设备	2 450	2 295	6.7	3.3
第 20 类	94-96	家具、玩具、杂项制品	1 877	1 829	2.6	2.6
第 18 类	90 92	光学、钟表、医疗设备	1 708	1 724	−0.9	2.3
第 13 类	68-70	陶瓷；玻璃	1 485	1 227	21.1	2.0
第 5 类	25-27	矿产品	1 332	947	40.7	1.8
第 10 类	47-49	纤维素浆；纸张	543	580	−6.4	0.7
第 12 类	64-67	鞋靴、伞等轻工产品	513	474	8.4	0.7

续表

海关分类	HS 编码	商品类别	2018 年	2017 年	同比(%)	占比(%)
第 14 类	71	贵金属及制品	427	637	–33.0	0.6
第 8 类	41-43	皮革制品；箱包	416	342	21.5	0.6
第 2 类	06-14	植物产品	160	289	–44.7	0.2
		其他	**847**	**898**	**–5.7**	**1.1**

资料来源：中国商务部，《国别贸易报告：2018 年印度货物贸易及中印双边贸易概况》，“表 16　印度自中国进口主要商品构成（类）”https://countryreport.mofcom.gov.cn/record/view110209.asp?news_id=63417. 登录时间：2019 年 3 月 28 日。

表 3－12　　　2018 年印度自中国进口主要商品构成（章）

（单位：百万美元）

HS 编码	商品类别	2018 年	2017 年	同比(%)	占比(%)
章	**总值**	73 744	72 055	2.3	100.0
85	电机、电气、音像设备及其零附件	23 357	27 529	–15.2	31.7
84	核反应堆、锅炉、机械器具及零件	13 655	12 819	6.5	18.5
29	有机化学品	8 523	6 574	29.7	11.6
39	塑料及其制品	2 692	2 139	25.8	3.7
73	钢铁制品	1 725	1 376	25.3	2.3
31	肥料	1 622	1 114	45.6	2.2
90	光学、照相、医疗等设备及零附件	1 611	1 600	0.7	2.2
87	车辆及其零附件（铁道车辆除外）	1 572	1 321	19.0	2.1
38	杂项化学产品	1 391	1 244	11.8	1.9
72	钢铁	1 364	1 658	–17.7	1.9
27	矿物燃料、矿物油及其产品；沥青等	1 144	822	39.2	1.6
76	铝及其制品	1 097	720	52.4	1.5
28	无机化学品；贵金属等的化合物	1 060	579	83.2	1.4
94	家具、寝具等；灯具；活动房	1 051	1 103	–4.7	1.4
89	船舶及浮动结构体	712	857	–16.9	1.0
70	玻璃及其制品	595	521	14.3	0.8
59	浸、包或层压织物；工业用纺织制品	550	525	4.7	0.8

续表

HS 编码	商品类别	2018 年	2017 年	同比(%)	占比(%)
68	矿物材料的制品	543	355	52.9	0.7
32	鞣料；着色料；涂料；油灰；墨水等	528	467	13.1	0.7
48	纸及纸板；纸浆、纸或纸板制品	499	540	−7.6	0.7
95	玩具、游戏或运动用品及其零附件	492	444	11.0	0.7
64	鞋靴、护腿和类似品及其零件	440	418	5.2	0.6
80	针织物及钩编织物	431	417	3.3	0.6
71	珠宝、贵金属及制品；仿首饰；硬币	427	637	−33.0	0.6
54	化学纤维长丝	421	354	18.9	0.6
83	贱金属杂项制品	416	390	6.5	0.6
42	皮革制品；旅行箱包；动物肠线制品	386	306	26.2	0.5
69	陶瓷产品	348	351	−0.1	0.5
96	杂项制品	333	282	18.0	0.5
82	贱金属器具、利口器、餐具及零件	318	258	23.3	0.4

资料来源：中国商务部，《国别贸易报告：2018 年印度货物贸易及中印双边贸易概况》，“表 14 印度自中国进口主要商品构成（章）”，https://countryreport.mofcom.gov.cn/record/view110209.asp?news_id=63415. 登录时间：2019 年 3 月 28 日。

3.3.2 中印双边贸易的特点

经过几十年的发展，中印双边贸易已经进入新的发展时代。在新的发展时代，中印双边贸易主要表现出如下几个特点。

（一）中印双边贸易水平整体偏低，但发展潜力巨大

自新千年以来，中印双边贸易迅猛发展，双边贸易额保持非常高的增长速度。但中印两国在彼此对外贸易总额中所占的比重并不高。（1）与中印两国优越的地缘条件以及各自的经济总量、人口规模和市场规模相比，现有的中印双边贸易规模远未达到应有水平。作为世界上最大的两个发展中经济体，2018 年，中国和印度的国内生产总值分别为 12.02 万亿美元和 2.56 万亿美元，经济增速分别高达 6.9%和 6.2%。此外，中国和印度更是各自拥有 14.10 亿人口和 13.39 亿人口的巨大的国内市场。[①] 这与当前中印两国双边贸易在彼此对外贸易总额中所占的比重

① United Nation Conference on Trade and Development，UNCTAD，General Profile: China and India，https://unctadstat.unctad.org/CountryProfile/GeneralProfile/en-GB/156/index.html，https://unctadstat.unctad.org/CountryProfile/GeneralProfile/en-GB/356/index.html. 登录时间：2019 年 3 月 28 日。

极不相匹配，中印双边贸易与两国经济规模与市场规模仍存在太大差距。(2) 与中印两国各自主要对外贸易伙伴相比，中印双边贸易额在各自对外贸易总额中所占比重不高。2018 年，中国虽然为印度最大的进口来源国，但印度从中国进口商品额仅占印度当年进口贸易总额的 14.4%。同时，印度针对中国的出口贸易额也仅占印度当年出口贸易总额的 5.1%，只比印度对中国香港的出口额比重（4.1%）多 1 个百分点，更是不及印度对阿联酋的出口额比重（8.9%）。因此，当前中印双边贸易水平整体偏低。但是，鉴于中印两国的经济规模和市场规模以及稳定的经济发展趋势，中印双边贸易还有巨大的发展潜力和广阔的发展空间。

表 3-13　　2018 年印度与主要贸易伙伴的贸易状况

（单位：百万美元）

国家与地区	进口贸易额	占比（%）	国家与地区	出口贸易额	占比（%）
总值	**512 077**	**100.0**	**总值**	**324 632**	**100**
中国	**73 744**	**14.4**	美国	51 419	15.8
美国	33 515	6.6	阿联酋	28 726	8.9
沙特阿拉伯	28 379	5.5	**中国**	**16 529**	**5.1**
阿联酋	26 871	5.3	中国香港	13 274	4.1
伊拉克	23 080	4.5	新加坡	10 365	3.2
瑞士	18 023	3.5	英国	9 806	3.0
韩国	16 383	3.2	孟加拉国	9 103	2.8
印度尼西亚	16 028	3.1	德国	8 973	2.8
中国香港	15 967	3.1	荷兰	8 659	2.7
伊朗	14 786	2.9	尼泊尔	7 754	2.4
德国	14 737	2.9	比利时	6 800	2.1
新加坡	14 352	2.8	越南	6 712	2.1
澳大利亚	14 171	2.8	马来西亚	6 699	2.1
日本	12 539	2.5	意大利	5 554	1.7
尼日利亚	11 168	2.2	沙特阿拉伯	5 506	1.7

资料来源：中国商务部，《国别贸易报告：2018 年印度货物贸易及中印双边贸易概况》，“表 2 印度对主要贸易伙伴出口额”，https://countryreport.mofcom.gov.cn/record/view110209.asp?news_id= 63403；“表 3 印度自主要贸易伙伴进口额”，https://countryreport.mofcom.gov.cn/record/view110209.asp?news_id=63404. 登录时间：2019 年 3 月 28 日。

（二）中印双边贸易具有一定的互补性，但互补性趋弱、竞争性趋强

中印两国虽同为新兴工业化国家，但两国发展进程不同，处于不同的工业化发展阶段。当前，中国已经进入工业化中后期发展阶段，而印度却处于工业化中早期发展阶段。因此，中印两国对进口产品的需求具有一定的差异，这有利于中印双边贸易的互补发展。

根据印度商业信息统计署、印度商业与工业部联合发布的数据来看，2018 年，印度对中国的出口商品主要是初级产品，初级产品占印度对华出口商品总额的比重超过 70%。印度对华出口的主要商品类别包括：矿产品（30.5%）、纺织品及原料（22%）、贱金属及制品（7.1%）、塑料与橡胶（6.8%）、活动物与动物产品（3.5%）、动植物油脂（2.5%）、贵金属及制品（2.0%）和植物产品（1.3%）等。从全球范围来看，中国是印度矿产品（HS25-27）、纺织品及原料（HS50-63）的主要销售市场之一。据统计，2018 年，印度向全球出口的矿产品、纺织品及原料中，分别有 9.6%和 5%销往中国。[①]

印度从中国进口的商品则主要为零部件、机器设备等工业产品，工业产品占印度从中国进口商品总额的比重超过 70%。印度从中国进口的主要商品类别包括：机电产品（50.2%）、化工产品（18.5%）、运输设备（3.3%）、光学、钟表、医疗设备（2.3%）等。其中，机电产品在印度从中国进口商品的总额中占绝对优势，总额高达 370.12 美元，占印度从中国进口商品总额的 50.2%。[②] 从全球范围来看，在印度从全球各地进口的机电产品（HS84-85）、运输设备（HS86-89）、化工产品（HS28-38）和光学、钟表、医疗设备（S90-92）中，分别有 38.7%、39%、28.1%和 59.6%来自中国，远高于四个商品类别中排在第二位的进口来源地中国香港（8.5%）、美国（7.4%）、美国（8.1%）和德国（4.6%）。[③]

由此可见，在双边贸易领域，中国将印度作为主要的工业品出口目的国，而印度则将中国作为主要的原材料出口目的国，中印两国在贸易领域具有一定的互

① 中国商务部，《国别贸易报告：2018 年印度货物贸易及中印双边贸易概况》，“表 11 印度五大类出口商品的国别/地区构成”，https://countryreport.mofcom.gov.cn/record/view110209.asp?news_id=63412. 登录时间：2018 年 3 月 28 日。

② 中国商务部，《国别贸易报告：2018 年印度货物贸易及中印双边贸易概况》，“表 16 印度自中国进口主要商品构成（类）”，https://countryreport.mofcom.gov.cn/record/view110209.asp?news_id=63417. 登录时间：2019 年 3 月 28 日。.

③ 中国商务部，《国别贸易报告：2018 年印度货物贸易及中印双边贸易概况》，“表 12 印度五大类进口商品的国别/地区构成”，https://countryreport.mofcom.gov.cn/record/view110209.asp?news_id=63413；“表 17 印度自中国进口的十大类商品及其国别/地区构成”，https://countryreport.mofcom.gov.cn/record/view110209.asp?news_id=63418. 登录时间：2019 年 3 月 28 日。

补性，这为双边贸易的持续发展提供了动力。

但值得指出的是，虽然中印两国对外贸易在商品结构上存在一定的互补性，但两国主要出口商品存在一定的相似性和重合度。比如机电产品、化工产品、纺织品及原料等产品在中印两国出口商品中都占有较大的比重，在国际贸易市场上，中印两国存在一定的竞争关系。随着两国经济的发展以及两国政府促进出口战略的推动，中印两国在国际贸易市场上的竞争性将会进一步增强。

（三）中印双边贸易不平衡问题凸显，印度对华贸易保护主义倾向日益加剧

2006 年以前，中印双边贸易处于基本平衡的状态。但由于中印双边贸易商品结构的不同，印度主要向中国出口低增加值的初级产品，而中国则主要向印度出口增加值较高的工业品，因此中印双边贸易的平衡逐渐被打破。2006 年，中国对印度的进出口贸易总额由上一年度 8.3 亿美元的逆差转变为 43 亿美元的顺差，实现了对印度贸易的首次顺差。此后，在中印双边贸易中，中国整体处于顺差状态，且贸易顺差额呈扩大趋势。2017 年，中国对印度贸易顺差高达 516.97 亿美元，中国已成为印度最大的贸易逆差国。

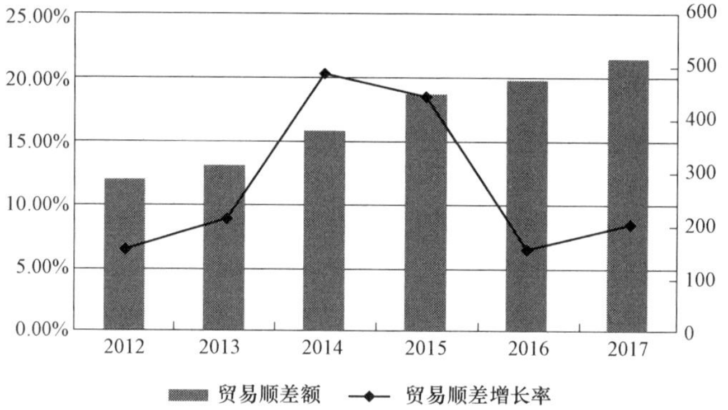

图 3－7　2012—2017 年中国对印度贸易顺差（单位：亿美元）

数据来源：中国海关

随着中国对印度贸易顺差的不断扩大，贸易逆差对印度经济带来的负面影响逐渐凸显出来。为减少贸易赤字，印度政府采取了较大规模的贸易保护措施，其中使用最多的贸易保护主义措施是针对进口商品的反倾销调查和制裁。中国是受到印度反倾销调查和反倾销制裁最多的国家，中印双边贸易也因此出现越来越多的摩擦。（1）印度针对中国商品发起的反倾销调查数量快速增加。印度对华采取反倾销调查始于 1994 年，1994 年至 1999 年间印度对华发起的反倾销调查案件的数量较少，平均每年 4～5 起；2000 年至 2010 年印度发起的对华反倾销调查数量

激增，增加到每年 10～12 起，其中 2001 年和 2008 年均高达 15 起；2011 年至 2014 年稍有回落，但随后又再次快速上升，2018 年前两个月印度对华发起的反倾销调查已多达 8 起。[①] 据中国商务部统计，自 1994 年至 2017 年 8 月底，印度一共对中国发起了 212 起反倾销调查，并呈现明显的上升趋势。印度针对中国发起反倾销调查案件在印度对外发起的反倾销案件总数中所占的比例也持续增加。（2）印度针对中国商品发起的反倾销调查所涉及的产品范围和行业领域越来越广。从 1994 年至 2003 年，十年间，印度对华发起的反倾销调查案件中，约 80%的案件集中针对机电、化工和钢铁三个行业的产品。随着后来中印双边经贸往来的加深，反倾销调查涉及的行业领域和产品范围不断增加。2004 年至 2013 年，除传统行业以外，纺织产品、塑料和橡胶产品、造纸也是印度发起反倾销调查的重点行业领域，所占比例也在 80%以上。2014 年至今，印度对华发起的反倾销调查涉及广泛领域，包括化学品、玻璃产品、医药类产品、光伏电池及组件、轮胎、玩具等。

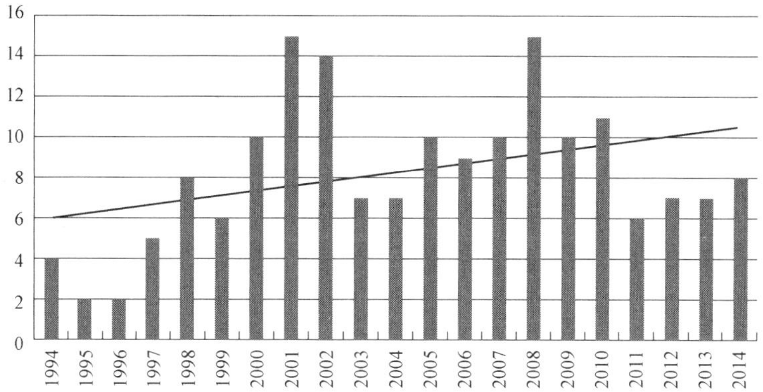

图 3－8　1994—2014 年印度发起对华反倾销调查的数量

数据来源：WTO，“Anti-Dumping: Statistics on Anti-dumping”，https://www.wto.org/english/tratop_e/adp_e/adp_e.htm. 登录时间：2019 年 3 月 28 日。

3.3.3　中印双边贸易机制性平台

当前，中印双边贸易稳步推进，双边贸易发展潜力巨大。为了进一步推进中印双边贸易的跨越式发展、解决存在的问题与挑战，两国政府签署了一系列双边

① WTO，“Anti-Dumping: Statistics on Anti-dumping”，https://www.wto.org/english/tratop_e/adp_e/adp_e.htm. 登录时间：2019 年 3 月 28 日。

协议，并搭建了增进双边贸易关系的机制性平台。

（一）双边经济与贸易协议

首先，中国与印度两国政府先后签署了多项双边经济与贸易协议，为双边经济贸易关系的发展创造良好的政策条件。

（1）1984 年 8 月 15 日，中国政府与印度政府签署了首个双边政府间贸易协定，即《中华人民共和国政府和印度共和国政府贸易协定》。根据该协定，缔约双方将在进出口货物关税和其他税费、海关报关和结关程序、贸易涉及的资金或有价证券转让等方面享受最惠国待遇。

（2）1991 年 12 月，中国与印度政府签署了《关于恢复边境贸易的备忘录》，中印边境贸易正式恢复；1992 年 7 月，两国政府签署了《关于边境贸易出入境手续议定书》；2003 年 6 月，两国政府再次签署《关于扩大边境贸易的备忘录》，在中印边境增开一条道路并在每侧增设一处边贸市场。

（3）1994 年，中印两国政府签署了《关于对所得避免双重征税和防止偷漏税的协定》（Agreement Between the Government of the People's Republic of China and the Government of the Republic of India for the Avoidance of Double Taxation and the Prevention of Fiscal Evasion with Respect to Taxes on Income）和两国银行合作谅解备忘录。

（4）2006 年 11 月，中国商务部同印度商业与工业部签署《中华人民共和国政府和印度共和国政府关于促进和保护投资的协定》，该协定为中印两国双边投资提供了合作框架，为两国投资者相互投资创造了良好的政策环境，有利于保护投资、激励投资积极性。

（5）2008 年 10 月，中印两国政府签署《中印贸易救济合作机制谅解备忘录》，以加强中印双方商务管理部门在反倾销、反补贴等贸易救济领域的信息交流与政策沟通。

（5）2010 年 12 月，中国银监会与印度储备银行签署双边合作谅解备忘录，着力推动中印双边金融监管合作和信息交换。

（6）中印两国政府签署了《中华人民共和国国家质量监督检验检疫总局与印度出口检验委员会关于铁矿石检验的合作协议》，该协议确立了中印两国间铁矿石贸易的检验机制，有助于进一步促进双边铁矿石贸易。

（7）中印两国政府签署了《中国证券监督管理委员会与印度远期市场委员会商品期货监管合作谅解备忘录》，该谅解备忘录建立了两国进行商品期货监管的合作框架，有利于增进彼此对监管和技术信息的相互了解，并推动两国期货市场诚信体系的建立，保护投资者的利益。

（8）2014 年，中印两国政府签署《经贸合作五年发展规划》，为全面深化和平衡中印经济关系制定了路线图。

（二）多层次双边经贸合作机制

此外，中印双方还在经济和贸易合作方面建立了稳定的交流机制，为推进双边贸易关系的发展搭建了多层次的机制性平台。

（1）中印领导人非正式会晤机制。2018 年 4 月底，在印度总理莫迪访华期间，中国国家主席习近平与莫迪在武汉举行了首次非正式会晤。非正式会晤的交流形式进一步加深了两位领导人之间的友谊与互信，创造了中印领导人交往的新模式，为中印关系翻开新的一页，对中印双边经济发展乃至地区和世界的稳定与发展产生了积极影响。截至 2019 年底，中印领导人非正式会晤已经举行了两次。

（2）强化中印两国高层领导人定期会晤的机制。2010 年，中国总理温家宝访印期间，中印两国共同建立"中印战略经济对话机制"（Strategic Economic Dialogue，SED），旨在推动双方战略与产业合作。并在"中印战略经济对话机制"下建立两国高层领导定期会晤机制。该对话机制由中国发展改革委员会和印度国家转型委员会共同牵头，截至 2019 年底已经举办了 6 次。

（3）中印财金对话机制（China-India Financial Dialogue）。2005 年，中国总理温家宝访印期间，中印两国政府签署了《关于启动中印财金对话机制的谅解备忘录》，并在该备忘录框架下建立了"中印财金对话机制"。"中印财金对话机制"由中印两国财政部牵头主办，旨在加强中印两国在财政金融领域的政策沟通与实质性合作。截至 2019 年底，中印财金对话已经举行了 9 次。

（4）中印经贸联合小组（Joint Economic Group，JEG）。1988 年，印度总理拉吉夫·甘地访华期间，中印两国领导人共同建立中印经贸联合小组，以期在该联合小组的领导下开展机制性的对话与交流，增进中印两国在双边贸易与投资、基础设施建设等领域的沟通与合作，促进中印双边贸易平衡发展。中印经贸联合小组主要有两国商务部门主办。截至 2018 年，中印经贸联合小组已经召开了 11 次会议。

（5）其他各类不定期双边贸易合作机制，例如中印经济发展与合作研讨会、中印经贸、投资与合作峰会等，为中印双方企业和企业家提供了对话交流的平台等。

印度国家博物馆藏品

第4章 印度对外贸易管理制度

4.1 印度对外贸易管理机构

印度负责管理对外贸易事务的政府机构是印度商业与工业部，此外，印度储备银行（印度中央银行）、财政部、农业部等相关政府机构也涉及对外贸易相关政策的制定与执行。在对外贸易政策方面，印度储备银行涉及的主要业务是外汇管制；印度财政部下属的中央消费税和关税委员会负责关税的制定、征收，海关监管以及打击走私等；农业部主要参与涉及农产品进出口的相关政策的制定与实施。

4.1.1 印度商业与工业部

印度商业与工业部是印度对外贸易的主管部门，下设商业部（Department of Commerce）和产业内贸促进部（Department for Promotion of Industry & Internal Trade）两个分部。其中，商业部是对外贸易政策管理的核心部门，主要负责制定和执行对外贸易政策、处理多边与双边贸易关系、执行出口促进措施、发展和规划部分出口导向型产业和商品等。产业内贸促进部的前身是产业政策与促进部（Department of Industrial Policy & Promotion），主要负责根据国家优先产业和社会经济发展目标制定和执行全国工业发展政策、工业增长促进措施；监管产业和技术发展事务；审批和促进外国直接投资和技术引进；计算批发价格指数（Wholesale Price Index, WPI）；制定与执行知识产权政策，包括专利、设计、商标及货品地理标识有关的知识产权的监察与推广等。印度商业与工业部的部长是内阁级别部长。现任部长皮尤什·戈亚尔（Piyush Goyal）同时还担任印度铁道部部长。[①]

表 4-1 印度商业与工业部组织架构

	一级机构	二级机构	
印度商业与工业部	商业部	部门（Divisions）	办公厅（Administrative and General Division）
			财务司（Finance Division）
			经济司（Economic Division）
			贸易政策司（Trade Policy Division）
			对外贸易地域司（Foreign Trade Territorial Division）
			国家贸易和基础设施司（State Trading & Infrastructure Division）
			供应司（Supply Division）
			农作物种植司（Plantation Division）
		附属机构（Attached Offices）	对外贸易总局（Directorate General of Foreign Trade，DGFT）
			物资和销售总局（Directorate General of Supplies and Disposals，DGS&D）
		下属机构（Subordinate Offices）	商业情报和统计总局，加尔各答（Directorate General of Commercial Intelligence and Statistics, Kolkata，DGCI&S）
			经济特区发展专员公署（Office of Development Commissioner of Special Economic Zones，SEZs）
			付款与会计局（物料供应）（Pay & Account Office-Supply）
			付款与会计局（商业与纺织品）（Pay & Account Office-Commerce & Textiles）
		独立机构（Autonomous Bodies）	咖啡贸易理事会（Coffee Board）
			橡胶贸易理事会（Rubber Board）
			茶叶贸易理事会（Tea Board）
			烟草贸易理事会（Tobacco Board）
			香料贸易理事会（Spices Board）
			出口审查委员会（Export Inspection Council，EIC）

① Minister of Commerce and Industry, https://dipp.gov.in/minister/shri-piyush-goyal. 登录时间：2020 年 4 月 20 日。

续表

	一级机构	二级机构	
印度商业与工业部	商业部	独立机构（Autonomous Bodies）	印度对外贸易协会（Indian Institute of Foreign Trade，IIFT）
			印度包装协会（Indian Institute of Packaging，IIP）
			海产品出口开发局（Marine Products Export Development Authority，MPEDA）
			农业及加工食品出口发展局（Agricultural and Processed Food Products Export Development Authority，APEDA）
		出口促进理事会（Export Promotion Councils，EPCs）	虫胶出口促进理事会（Shellac Export Promotion Council）
			珠宝首饰出口推广理事会（Gem and Jewellery Export Promotion Council）
			体育用品出口促进理事会（Sports Goods Export Promotion Council）
			皮革出口理事会（Council for Leather Exports）
			化学品及相关产品出口促进理事会（Chemicals and Allied Products Export Promotion Council，CAPEPC）
			基本化学品、药品及化妆品出口促进理事会（Basic Chemicals, Pharmaceuticals and Cosmetics Export Promotion Council）
			印度项目出口促进理事会（Project Exports Promotion Council of India，PEPC）
			印度工程出口促进协会（Engineering Export Promotion Council of India，EEPC）
			印度腰果出口促进理事会（Cashew Export Promotion Council of India）
			塑料出口理事会（The Plastics Export Promotion Council）
			药品出口促进理事会（Pharmaceutical Export Promotion Council）
			印度油籽及农产品出口促进委员会（Indian Oil Seeds & Produce Export Promotion Council）
			服务贸易出口促进局（Services Export Promotion Council）
		咨询机构（Advisory Bodies）	贸易委员会（Board of Trade，BOT）
			邦际贸易委员会（Inter-State Trade Council）
			贸易发展及促进委员会（Council for Trade Development and Promotion）
			反倾销总局（Directorate General of Anti-Dumping & Allied Duties，DGAD）
			出口促进委员会（Export Promotion Board，EPB）

续表

	一级机构	二级机构	
印度商业与工业部	商业部	商业经营的公共部门(Public Sector Undertaking，PSU)	印度国营贸易有限公司(State Trading Corporation of India Limited，STC)
			矿产和金属贸易有限公司（Minerals & Metals Trading Corporation Limited，MMTC）
			工程及设备有限公司(Projects and Equipment Corporation Limited，PEC)
			印度出口信用担保公司（Export Credit Guarantee Corporation of India Limited，ECGC）
			印度贸易促进组织（India Trade Promotion Organisation，ITPO）
		其他组织（Other Organisations）	印度出口组织联合会（Federation of Indian Export Organisations，FIEO）
			印度仲裁委员会（Indian Council of Arbitration，ICA）
			印度钻石研究所（Indian Diamond Institute，IDI）
			鞋类设计与开发研究院（Footwear Design & Development Institute，FDDI）
			国家贸易信息中心（National Centre for Trade Information）
			印度品牌资产的基金会（India Brand Equity Foundation）
			物价稳定基金信托（Price Stabilization Fund Trust）
	产业内贸促进部	法定机构（Statutory Bodies）	知识产权上诉委员会（Intellectual Property Appellate Board）
			石油及爆炸品安全组织(Petroleum and Explosives Safety Organisation，PESO)
		独立机构（Autonomous Institutions）	全国水泥和建筑材料委员会（National Council for Cement and Building Materials，NCCBM）
			印度橡胶制造商研究协会（Indian Rubber Manufacturers Research Association，IRMRA）
			国家设计学会（National Institute of Design，NID）
			国家生产力委员会（National Productivity Council，NPC）
			印度质量委员会（Quality Council of India，QC）
			中央制造技术学院（Central Manufacturing Technology Institute，CMTI）
			中央浆纸研究所（Central Pulp & Paper Research Institute，CPPRI）

续表

	一级机构	二级机构	
印度商业与工业部	产业内贸促进部	附属及下属机构（Attached & Subordinate Offices）	经济顾问办公室（Office of the Economic Adviser）
			盐务专员办公室（Office of the Salt Commissioner）
			海关税则委员会（Tariff Commission）
			锅炉技术顾问办公室（Office of Technical Advisor-Boilers）
			会计师办公室（Principal Account Office）
			总审计长办公室（Office of Chief Controller of Accounts）
			专利、设计和商标总监（Controller General of Patents, Design & Trade Marks）
			全国制造业竞争力委员会（National Manufacturing Competitiveness Council）

资料来源：Government of India, Ministry of Commerce and Industry, Department for Promotion of Industry and Internal Trade, “Role and Functions of the Department of Industrial Policy & Promotion”, https://dipp.gov.in/about-us/role-and-functions-department-industrial-policy-promotion. 登录时间：2019 年 3 月 30 日。

4.1.2 商业部

商业部是制定和执行印度对外贸易政策的核心部门，业务范围覆盖国际贸易、对外贸易、邦际贸易、服务贸易管理、特别经济区贸易等。商业部设有 1 名部长（Secretary）、3 名助理部长（Additional Secretary）以及 10 名联合部长（Joint Secretary）、联合部长级官员（Joint Secretary level officers）和若干名其他高级别官员。商业部共有 8 个职能部门，除此之外，还有附属与下属机构、出口促进理事会、独立机构、咨询机构、商业经营公共部门和其他组织等。这 8 个职能部门分别是办公厅、财务司、经济司、贸易政策司、对外贸易地域司、国家贸易和基础设施司、供应司和农作物种植司（具体参见表 4–1）。

近年来，为了推动全球贸易的发展，印度商业部（Department of Commerce）系统地将邦和联邦属地（State and Union Territory）以及中央政府相关部门整合为全国对外贸易管理的主要力量并取得了重要成果。其中，在中央层面，印度成立了由各邦和联邦属地代表构成的“贸易发展与促进委员会”（Council for Trade Development and Promotion），该委员会为各邦和联邦属地与中央相关政府部门在出口促进方面的合作提供了制度性框架；几个中央部委任命高级官员担任本部门涉及进出口贸易管理的主管官员。在邦和联邦属地层面，各邦和属地政府任命了出口专员（Export Commissioners）；很多邦政府制定了以各邦优势部门为重点的出口贸易战略，并实施了促进出口的贸易政策。虽然印度中央政府负责对外贸易政策的管理与执行，但许多对外贸易措施主要在邦和联邦属地实施。因此，邦和联邦属地在促进出口和非必要进口合理化方面发挥了关键作用。为此，印度政府采取了一系列项措施，旨在进一步推动邦和联邦属地在国际贸易中所发挥的引领作用。①

（一）附属及下属机构

印度对外贸易总局、物资和销售总局是商业部两个非常重要的附属机构，主要负责对外贸易相关政策的贯彻与执行。② 印度对外贸易总局的总部位于首都新德里，由印度对外贸易总干事（Director General of Foreign Trade）领导。它主要负责执行以促进印度出口为主要目标的对外贸易政策，并通过设在全国各地的地区办事处（Regional Offices）为出口商发放许可证并进行监督。这些地区办事处分别设于以下城市：艾哈迈达巴德（Ahmedabad）、阿姆利则（Amritsar）、班加罗尔（Bangalore）、巴罗达（瓦尔道拉）[Baroda（Vadodara）]、博帕尔（Bhopal）、加尔各答（Kolkata）、昌迪加尔（Chandigarh）、金奈（Chennai）、哥印拜陀市（Coimbatore）、克塔克（Cuttack）、德拉敦（Dehradun）、埃尔讷古勒姆（Ernakulam）、古瓦哈提（Guwahati）、海得拉巴（Hyderabad）、斋蒲尔（Jaipur）、坎普尔（Kanpur）、卢迪亚纳（Ludhiana）、马杜赖（Madurai）、莫拉达巴德（Moradabad）、孟买（Mumbai）、新德里（New Delhi）、帕纳吉（Panaji）、巴尼伯德（Panipat）、巴特那（Patna）、本地治（Pondicherry）、普纳（Pune）、拉杰果德（Rajkot）、西隆（Shillong）、苏拉特（Surat）、特里凡特朗（Thiruvananthapuram）、瓦拉纳西（Varanasi）和维萨卡帕特南（Visakhapatnam）等。所有办事处均可以为印度出口商的对外贸易活动提供便利性措施，协助本国出口商在快速发展的国际贸易环境中制定进出口决策。③

物资和销售总局的总部也设于首都新德里，由印度对外贸易总干事领导，并

① Government of India, Ministry of Commerce and Industry Department of Commerce, *Foreign Trade Policy Statement 2017: Mid-Term Review*, December 2017, pp.1-2. http://dgft.gov.in/sites/default/files/ftpst17-051217.pdf. 登录时间：2019 年 3 月 24 日。

② Directorate General of Foreign Trade, Ministry of Commerce and Industry, Government of India, "About the DGFT", http://dgft.gov.in/about-us/about-dgft. 登录时间. 2019 年 3 月 30 日。

③ Internet Archive, "Organisational Set-up and Functions", Department of Commerce, Government of India. https://web.archive.org/web/20081019063202/http://commerce.nic.in/aboutus/aboutus_organisational.asp?id=1. 登录时间：2019 年 3 月 30 日。

在金奈、孟买和加尔各答设有三个地区办事处。物资和销售总局是印度商业部供应司的执行部门，主要负责订立普通用户项的费率合同（Rate Contracts，R/Cs）、采购物料（procurement of stores）、巡检物料（inspection of stores）、进口物料/货物的装运及清关等。物资和销售总局内设“职能部门”（functional wings）和“支持服务部门”（supporting service wings），用以执行物资和销售领域的相关政策。其中，“职能部门”包括“物料供应机构”（Supply Wing）和“质量监管机构”（Quality Assurance Wing，QA）两个机构。“物料供应机构”设有信息技术、电器、机械工程、汽车、钢铁、水泥、结构工程、五金、机床、羊毛、皮革、纸制品、石油化工等大宗采购部门，负责处理与商品相关的工作，并维护与商品价格、供应商、规格、市场趋势等方面的数据库；“质量监管机构”在全国设有28个办事处和分中心（offices /sub centres）。物资和销售总局内设的“支持服务部门”则主要负责处理行政管理、警戒、投诉与公共关系、协调、内部工作研究、管理信息服务、诉讼等相关事务。

商业情报及统计总局是商业部的下属机构，主要负责收集、编制和发布贸易统计数字以及政策制定者、研究人员、进出口商、贸易商及海外买家所需的各类商业资料。商业情报及统计总局出版多份刊物，主要涉及内地及沿海贸易统计、收入统计、航运及航空货运量统计等。其编制的对外贸易数据通过《每月新闻发布》（Monthly Press Release）、《印度对外贸易统计：主要商品和国家》（Foreign Trade Statistics of India by Principal Commodities & Countries）、《印度对外贸易统计月报》（Monthly Statistics of Foreign Trade of India）和《印度对外贸易统计：国别分析》（Statistics of Foreign Trade of India by Countries）而进行定期发布。商业情报及统计总局的总部设在加尔各答，由印度对外贸易总干事领导。

经济特区发展专员公署也是商业部的下属机构，主要负责管理经济特区（SEZs）的相关事务。每个经济特区由一位发展专员（Development Commissioner）进行管理。经济特区可设立生产、贸易或服务单位，开设在经济特区的单位必须为净外汇赚取者，但它们不受任何预先确定的增值或最低出口业绩要求的限制。从经济特区单位向“国内关税区”（Domestic Tariff Area）销售的货物视为进口货物，并须缴纳相应的关税。印度政府设立的7个经济特区是位于古吉拉特邦的坎德拉（Kandla）、马哈拉施特拉邦的圣克鲁斯（Santa Cruz）、喀拉拉邦的科钦（Cochin）、北方邦的诺伊达（Noida）、泰米尔纳德邦的金奈（Chennai）、西孟加拉邦的法尔塔（Falta）和安得拉邦的维萨哈帕塔南（Visakhapattanam）。

（二）独立机构

出口审查委员会（Export Inspection Council，EIC）是为商业部提供咨询服务的独立机构，旨在通过质量控制和检验确保印度出口贸易的健康发展，总部设在新德里。出口审查委员会的行政负责人是“检验和质量控制总监”（Director of Inspection & Quality Control），由印度政府任命，主要负责根据《1963年出口（质量控制和检验）法案》实施质量控制措施，对各种出口商品装运前进行强制检验。出口检验机构（Export Inspection Agencies，EIAs）对出口审查委员会的相关工作进行协助。出口检验机构的办公地址设在金奈、德里、科钦、加尔各答和孟买。出口检验机构拥有先进的质量认证实验室，并在主要的港口和工业中心设有38个分处。

（三）咨询机构

贸易委员会、出口促进委员会、邦际贸易委员会和**反倾销总局**是印度商业部的重要咨询机构。贸易委员会成立于1989年，旨在就与对外贸易政策有关措施，以及如何实现促进印度出口的预期目标向政府提供咨询意见。出口促进委员会由内阁部长担任主席，所有与促进对外贸易直接相关的内阁部门部长[①]均参与理事会活动。出口促进委员会旨在通过加强贸易相关部门的协调，为促进出口增长提供政策和基础设施支持。邦际贸易委员会成立于2005年6月24日，其活动的主要参加者是各邦首席部长或指定的内阁部长、联邦属地长官或行政首领、中央政府贸易相关部门等，该委员会旨在确保与邦政府和联邦属地的持续对话，并就如何为邦际贸易提供健康环境以促进印度的出口等问题提出建议。反倾销总局成立于1998年4月，由印度政府指派的特别部长级权力机构领导，并由联合部长、其他的经济顾问（成本计算相关）协助工作。此外，另有12名调查和成本核查专员（Investigating and Costing Officers）执行反倾销调查。反倾销总局根据《关税法案》（Customs Tariff Act）的要求，对可能存在的倾销行为进行调查，并根据倾销行为对本地工业造成的实质性损害程度提出征收反倾销税/反补贴税金额的建议。

（四）其他组织

印度出口组织联合会是印度各种出口促进组织和机构的最高机构，其主要区域办事处设在德里、孟买、金奈和加尔各答。印度出口组织联合会负责提供印度出口贸易政策内容和主要方向。此外，它还是一个服务机构，向其成员提供综合援助，这些成员包括：持有政府许可的专业出口公司、咨询公司和服务性产品供应商。联合会还负责组织各种国内外研讨会、展览等。

印度仲裁委员会是商业部的受权机构，由商业部拨款运营，并有资格根据商

---

① 包括商业部、财政部（Ministry of Finance）、国家税务部（Department of Revenue）、产业内贸促进部、纺织部（Ministry of Textiles）、农业与合作部（Department of Agriculture & Cooperation）、民航部（Ministry of Civil Aviation）和地面运输部（Ministry of Surface Transport）。

业部的“市场发展援助计划”（Marketing Development Assistance Scheme，MDA）获得资助，其总部设在新德里。印度仲裁委员会的主要目标和任务是促进仲裁在商业争端解决中的应用，为友好而迅速地解决商业争端提供仲裁设施，以便更好地推动出口贸易。

4.2 印度关税制度

印度是关税制度最为复杂的国家之一，也是全球高关税国家之一。当前，高关税依然是印度政府保护本国产业发展的重要手段。同时，印度关税政策透明度还有待提高。尽管印度政府每年都会公开进口关税及附加关税税率，但并没有对关税信息进行整合，因而缺乏官方权威出版物，难以形成对印度关税信息的全面了解。此外，印度关税征收权较为分散，各邦可以依法对特殊产品征收关税，进一步加剧了印度关税制度的复杂性和不透明性。目前，印度使用的是协调制度（Harmonized System，HS）。

4.2.1 法律法规体系

印度财政部税务总局下属的印度间接税和关税中央委员会[①]（Central Board of Indirect Taxes and Customs，CBITC）负责：制定包括关税、中央消费税（Central Excise Duties）、中央商品及服务税（Central Goods & Services Tax）和跨邦商品及服务税（Integrated Good and Service Tax，IGST）等在内的相关税收征收政策，打击走私与毒品贸易，其他海关管理等事务。印度间接税和关税中央委员会下设附属机构包括海关（Custom Houses）、中央消费税和中央消费税专员（Central Excise and Central GST Commissionerates）以及中央税收控制实验室（Central Revenues Control Laboratory）。[②] 此外，印度财政部每年公布的年度《中央政府财政预算案》（Financial Proposals of the Central Government）也会涉及关税相关内容，主要涉及每年关税调整情况的通报与说明。

印度现行关税制度主要以现行相关法案、规则和条例为基础，印度已经建立

---

① 印度财政部下属的间接税和关税中央委员会的前身为消费税和海关中央委员会（Central Board of Excise and Customs，CBEC）。

② Central Board of Indirect Taxes & Customs, Department of Revenue, Ministry of Finance, Government of India, “About us”, http://www.cbic.gov.in/htdocs-cbec/whoweare/whoweare?pageID=1-1. 登录时间：2019 年 3 月 1 日。

了一整套较为完整的关税制度法律法规体系。当前，构成印度关税制度的相关法案、规则和条例包括：《1962 年海关法》（Customs Act, 1962）、《1975 年海关关税法》（Customs Tariff Act, 1975）[①]、《1931 年税收征管暂行法案》（Provisional Collection of Taxes Act, 1931）、《1992 年对外贸易（发展和管制）法案》[Foreign Trade（Development and Regulation）Act, 1992]、《2006 年税法（修订）法案》[Taxation Laws（Amendment）Act, 2006] 等法律以及《1993 年对外贸易（条例）规则》[Foreign Trade（Regulation）Rules, 1993]、《2011 年海关（临时关税评估）条例》[Customs（Provisional Duty Assessment）Regulations, 2011]、《2017 年海关及中央消费税退税条例》（The Customs and Central Excise Duties Drawback Rules, 2017）、《2007 年海关估价（确定进口货物价格）规则》[Customs Valuation（Determination of Price of Imported Goods）Rules, 2007] 等规则和条例（如表 4–2 所示）。[②]

表 4－2　　印度关税法案、规则和条例体系

<table>
<tr><th></th><th colspan="2">中文名称</th><th>英文</th></tr>
<tr><td rowspan="5">法案（Acts）</td><td colspan="2">《1962 年海关法》</td><td>Customs Act, 1962</td></tr>
<tr><td colspan="2">《1975 年海关关税法》</td><td>Customs Tariff Act, 1975</td></tr>
<tr><td colspan="2">《1931 年税收征管暂行法案》</td><td>Provisional Collection of Taxes Act, 1931</td></tr>
<tr><td colspan="2">《1992 年对外贸易（发展和管制）法案》</td><td>Foreign Trade (Development and Regulation) Act, 1992</td></tr>
<tr><td colspan="2">《2006 年税法（修订）法案》</td><td>Taxation Laws (Amendment) Act, 2006</td></tr>
<tr><td rowspan="3">规则（Rules）</td><td rowspan="3">国家间协议</td><td>《2018 年印度与日本关税修订规则（全面经济伙伴关系协定下的原产地产品）》</td><td>Customs Tariff (Determination of Origin of Goods under the Comprehensive Economic Partnership Agreement between the Republic of India and Japan) Amendment Rules, 2018</td></tr>
<tr><td>《2017 年印日全面经济伙伴关系协定（双边保障措施）规则》</td><td>India-Japan Comprehensive Economic Partnership Agreement (Bilateral Safeguard Measures) Rules, 2017,</td></tr>
<tr><td>《2015 年关税规则（根据最不发达国家免税关税优惠计划确定产品原产地）》</td><td>Customs Tariff (Determination of Origin of Products under the Duty Free Tariff Preference Scheme for Least Developed Countries) Rules, 2015</td></tr>
</table>

① 经印度《2018 年财政法案》（*Finance Act 2018*）修订。

② Central Board of Indirect Taxes & Customs, Department of Revenue, Ministry of Finance, Government of India, “Acts”, “Rules”, “Regulatuoins”, http://www.cbic.gov.in/htdocs-cbec/customs/cs-acts-botm; http://www.cbic.gov.in/htdocs-cbec/customs/cs-act/formatted-htmls/cs-rules-idx; 登录时间：2019 年 3 月 1 日。

续表

	中文名称		英文
规则（Rules）	国家间协议	《2009 年印度与韩国关税规则（全面经济伙伴关系协定下的原产地产品）》	Customs Tariff (Determination of Origin of Goods under the Preferential Trade Agreement between the Governments of the Republic of India and the Republic of Korea) Rules, 2009
		《2009 年印度与东盟关税规则（优惠贸易协定下的原产地产品）》	Customs Tariff [Determination of Origin of Goods under the Preferential Trade Agreement between the Governments of Member States of (ASEAN) and the Republic of India] Rules, 2009
		《2009 年印度与南方共同市场关税（优惠贸易协定下的原产地产品）规则》	India-MERCOSUR Customs Tariff (Determination of Origin of Goods under the Preferential Trade Agreement) Rules, 2009
		《2009 年印度新加坡贸易协定（保障措施）规则》	The India-Singapore Trade Agreement (Safeguard Measures) Rules, 2009
		《2003 年印度阿富汗关税规则（阿富汗与印度优惠贸易协定下的原产地产品）》	Customs Tariff (Determination of Origin of Goods under the Preferential Trade Agreement between the Transitional Islamic State of Afghanistan and the Republic of India) Rules, 2003
		《1976 年关税规则（曼谷协定下的原产地产品）》	Customs Tariff (Determination of Origin of Goods under the Bangkok Agreement) Rules, 1976
		《2000 年印度斯里兰卡关税规则（印度斯里兰卡自由贸易协定下的原产地产品）》	Customs Tariff (Determination of Origin of Goods under the Free Trade Agreement Between the Democratic Socialistic Republic of Sri Lanka and the Republic of India) Rules, 2000
		《<南亚自由贸易区协定>（SAFTA）下的原产地产品规则》	Rules of Determination of Origin of Goods under the Agreement on South Asian Free Trade Area (SAFTA)
		《1995 年印度东盟关税规则（南盟优惠贸易安排协定下的原产地产品）》	Customs Tariff (Determination of Origin of Goods under the Agreement on SAARC Preferential Trading Arrangement) Rules,1995
		《印度与泰国原产地产品贸易优惠关税减让暂行规则》	Interim Rules of Origin for Preferential Tariff Concessions for Trade between the Republic of India and the Kingdom of Thailand
		《1976 年关税规则（阿联酋和南斯拉夫的原产地产品）》	Customs Tariff (Determination of Origin of the U.A.R. and Yugoslavia) Rules, 1976
		《1977 年印度对其他优惠地区原产地产品的关税规则》	Customs Tariff (Determination of Origin of Other Preferential Areas) Rules, 1977

续表

	中文名称		英文
规则（Rules）	国家间协议	《2007年印度与智利关税规则（优惠贸易协定下的原产地产品）》	Customs Tariff of (Determination of Origin of Goods under the Preferential Trading Agreement between the Republic of India and the Republic of Chile) Rules, 2007
		《印度与新加坡全面经济合作协定下享受关税优惠的原产地产品规则》	Rules for Determining the Origin of Products Eligible for the Preferential Tariff Concessions Pursuant to Comprehensive Economic Cooperation Agreement between the Republic of India and the Republic of Singapore
	行李规则	《2016年行李规则》	Baggage Rules, 2016
	海关退税规则（Customs Drawback Rules）	《2017年海关及中央消费税退税条例》	The Customs and Central Excise Duties Drawback Rules, 2017
		《1995年海关和中央消费税及服务税退税规则》	Customs and Central Excise Duties and Service Tax Drawback Rules, 1995
		《1995 年进口货物再出口（退税）规则》	Re-Export of Imported Goods (Drawback of Customs Duties) Rules, 1995
	海关估价规则（Customs Valuation Rules）	《2007年海关估价（确定进口货物价格）规则》	Customs Valuation (Determination of Price of Imported Goods) Rules, 2007
	其他（Others）	《2002年海关（事先裁定）规则》	Customs (Advance Rulings) Rules, 2002
		《1982年海关（上诉）规则》	Customs (Appeals) Rules, 1982
		《1995年海关（追讨欠税人士财物的附件）规则》	Customs (Attachments of Property of Defaulters for Recovery of Government Dues) Rules, 1995
		《1957年外国特权人士（海关特权管制）规则》	Foreign Privileged Persons (Regulation of Customs Privileges) Rules, 1957
		《2005年海关（综合罪行）规则》	Customs (Compounding of Offences) Rules, 2005

续表

	中文名称		英文
规则（Rules）	其他（Others）	《1996 年海关规则（以制造免税货物的优惠税率进口货物）》	Customs(Import of Goods at Concessional Rate of Duty for Manufacture of Excisable Goods) Rules, 1996
		《1975 年海关（出版物名称）规则》	Customs (Publication of Names) Rules, 1975
		《2007 年海关（结案）规则》	Customs (Settlement of Cases) Rules, 2007
		《1997 年关税（保障关税的确定和评估）规则》	Customs Tariff (Identification and Assessment of Safeguard Duty) Rules, 1997
		《2002 年关税（过渡性产品特定保障关税）规则》	Customs Tariff (Transitional Product Specific Safeguard Duty) Rules, 2002
		《1993 年对外贸易（条例）规则》 《1993 年对外贸易（在某些情况下不适用规则）法令》	Foreign Trade (Regulation) Rules, 1993 Foreign Trade (Exemption from application of Rules in certain cases) Order, 1993
		《1963 年附件（条件）规则》	Accessories (Condition) Rules, 1963
		《1963 年关于短期出口规则的通知》	Notice of Short-Export Rules, 1963
		《1969 年特定货物规则（预防非法出口）》	Specified Goods (Prevention of Illegal Export) Rules, 1969
		《1969 年通知货物规则（防止非法进口）》	Notified Goods (Prevention of Illegal Import) Rules, 1969
		《1972 年酒精变性条例》	Denaturing of Spirit Rules, 1972
		《1995 年关税规则（补贴物品反补贴税的确定、评估和征收以及损害的确定）》	Customs Tariff (Identification, Assessment and Collection of Countervailing Duty on Subsidized Articles and for Determination of Injury) Rules, 1995
		《1995 年关税规则（确定、评估和征收倾销物品的反倾销税以及损害的确定）》	Customs Tariff (Identification, Assessment and Collection of Anti-Dumping Duty on Dumped Articles and for Determination of Injury) Rules, 1995
		《2007 年知识产权（进口货物）实施规则》	Intellectual Property Rights (Imported Goods) Enforcement Rules, 2007
		《2004 年每日进出口清单发布规则》	Publication of Daily Lists of Imports and Exports Rules, 2004
		《1996 年反倾销税和反倾销税（程序）规则》	Countervailing Duty And Anti-Dumping Duty (Procedure) Rules, 1996

续表

	中文名称	英文
条例（Regulations）	《2018 年海关（临时评估定稿）条例》	Customs (Finalisation of Provisional Assessment) Regulations, 2018
	《2018 年海关审核条例》	Customs Audit Regulations, 2018
	《2018 年报关员许可证条例》	Customs Brokers Licensing Regulations, 2018
	《2016 年仓库（货物保管与处理）条例》	Warehouse (Custody and Handling of Goods) Regulations, 2016
	《2016 年特种仓库许可证管理办法》	Special Warehouse Licensing Regulations, 2016
	《2016 年特殊仓库（货物保管与处理）条例》	Special Warehouse (Custody and Handling of Goods) Regulations, 2016
	《2016 年私人仓储许可条例》	Private Warehouse Licensing Regulations, 2016
	《2016 年公共仓储许可条例》	Public Warehouse Licensing Regulations, 2016
	《2016 年储存货物（移出）条例》	Warehoused Goods (Removal) Regulations, 2016
	《2013 年海关行李申报条例》	Customs Baggage Declaration Regulations, 2013
	《2011 年装运单（电子报关）条例》	Shipping Bill (Electronic Declaration) Regulations, 2011
	《2011 年海关（临时关税评估）条例》	Customs (Provisional Duty Assessment) Regulations, 2011
	《2011 年进出口商经营场所清关审核条例》	On-site Post Clearance Audit at the Premises of Importers and Exporters Regulations, 2011
	《2011 年进口报关单条例（电子综合报关）》	Bill of Entry (Electronic Integrated Declaration) Regulations, 2011
	《2010 年快递进出口（电子报关及处理）条例》	Courier Imports and Exports (Electronic Declaration and Processing) Regulations, 2010
	《2009 年海关地区货物处理条例》	Handling of Cargo in Customs Areas Regulations, 2009
	《2004 年海关代理业务许可条例》（被《2013 年海关代理业务许可条例取代》）	Customs House Agents Licensing Regulations, 2004 (superseded by Customs Brokers Licensing Regulations, 2013)
	《2003 年经济特区（海关程序）条例》（2007 年 2 月 21 日废止）	Special Economic Zones(Customs Procedures) Regulations, 2003 (Rescinded on February 21, 2007)
	《1998 年快件进出口（清关）条例》	Courier Imports and Exports (Clearance) Regulations, 1998

续表

	中文名称	英文
条例（Regulations）	《1998年海关（海关人员提供服务的费用）条例》	Customs (Fees for Rendering Services by Customs Officers) Regulations, 1998
	《1995年进口报关单条例（电子报关）》［被《2011年进口报关单条例（电子报关）》取代］	Bill of Entry (Electronic Declaration) Regulations, 1995 [Superseded by Bill of Entry (Electronic Declaration) Regulations, 2011]
	《1995年海关退税申请（表格）条例》	Customs Refund Application (Form) Regulations, 1995
	《1995年进口货物（转运条件）条例》	Goods Imported (Conditions of Transhipment) Regulations, 1995
	《1991年装运单和出口报关单（表格）条例》	Shipping Bill and Bill of Export (Form) Regulations, 1991
	《1994年旅客进口金银（进口报关单表格）条例》	Import of Gold and Silver by Passengers (Form of Bill of Entry) Regulations, 1994
	《1990年ATA单证册条例（进口报关单和装运单表格）》	ATA Carnet (Form of Bill of Entry & Shipping Bill) Regulations, 1990
	《1986年项目进口条例》	Project Imports Regulations, 1986
	《1984年海关代理人许可证条例》（被《2004年海关代理人许可证条例》取代）	Customs House Agents Licensing Regulations, 1984 (superseded by Customs House Agents Licensing Regulations, 2004)
	《1976年沿海货物清单（表格）条例》	Bill of Coastal Goods (Form) Regulations, 1976
	《1976年进口报关单（表格）条例》	Bill of Entry (Forms) Regulations, 1976
	《1976年船注条例》	Boat Notes Regulations, 1976
	《1976年出口舱单（飞机）条例》	Export Manifest (Aircraft) Regulations, 1976
	《1976年出口舱单（船舶）条例》	Export Manifest (Vessels) Regulations, 1976
	《1976年出口报告（表格）条例》	Export Report (Form) Regulations, 1976
	《1976年进口舱单（飞机）条例》	Import Manifest (Aircraft) Regulations, 1976
	《1976年进口报告（表格）条例》	Import Report (Form) Regulations, 1976
	《1975年飞机配件关栈交货装运单条例》	Shipping Bill for Aircraft Spares Ex-bond Regulations, 1975
	《1972年未清关货物（进口报关单）条例》	Uncleared Goods (Bill of Entry) Regulations, 1972

续表

	中文名称	英文
条例（Regulations）	《1971 年进口舱单（船舶）条例》	Import Manifest (Vessels) Regulations, 1971
	《1970 年征收费用（海关文件）条例》	Levy of Fees (Customs Documents) Regulations, 1970
	《1967 年行李（运往海关）条例》	Baggage (Transit to Customs Stations) Regulations, 1967
	《1966 年仓库中的生产与其他操作规则》	Manufacture and Other Operations in Warehouse Regulations, 1966
	《1966 年旅客行李（收费）条例》	Passenger's Baggage (Levy of Fees) Regulations, 1966
	《1965 年保税飞机物料（程序）条例》	Bonded Aircraft Stores (Procedure) Regulations, 1965
	《1965 年货物运输（经外国领土）条例》	Transportation of Goods (Through Foreign Territory) Regulations, 1965
	《1963 年海关（临时课税评估）条例》（被《2011 年海关（临时课税）条例》取代）	Customs (Provisional Duty Assessment) Regulations, 1963 [superseded by Customs (Provisional Duty Assessment) Regulations, 2011]
	《1963 年进口包装（开封）条例》	Imported Packages (Opening) Regulations, 1963
	《1963 年进口物料（留船）条例》	Imported Stores (Retention on Board) Regulations, 1963
	《1963 年仓库货物（移出）条例》	Warehoused Goods (Removal) Regulations, 1963

资料来源：Central Board of Indirect Taxes & Customs, Department of Revenue, Ministry of Finance, Government of India, “Acts”, “Rules”, “Regulations”, http://www.cbic.gov.in/htdocs-cbec/customs/cs-acts-botm; http://www.cbic.gov.in/htdocs-cbec/customs/cs-act/formatted-htmls/ cs-rules-idx; http://www.cbic.gov.in/htdocs-cbec/customs/cs-act/formatted-htmls/cs-regu-idx. 登录时间：2019 年 3 月 31 日。

4.2.2 关税类型

按照关税征收方式，印度对进出口产品大部分采用从价税计税方式，部分采取从量税计税方式，还有少数产品采取选择税计税方式。印度征收的关税类型包括基本关税、附加（特别）关税和优惠关税等。

（一）基本关税（Basic Customs Duty）

基本关税又称为标准关税，根据货物价值或特定税率（或两者）征收。根据印度《1962 年海关法》第 5 章第 12 条的规定，所有进出口印度的货物（除有其他法律法规特殊规定外）均需要按照《1975 年海关关税法（1975/51 号）》[Customs Tariff Act, 1975（51 of 1975）]或其他现行法律规定的税率征收基本关税。[①] 例如，大部分农产品的进口关税税率为 10%，大部分丝绸的进口关税税率为 25%，绝大多数钢铁及制品的进口关税税率为 15%，茶叶和黑胡椒的出口关税为每千克 5 卢比等。[②] 印度的基本关税的税率由印度议会确定，未经议会的批准不能提高，但税务部门可以调低，而后再通知议会。

（二）附加（特别）关税（Additional Duty）

附加关税又称为特别关税，是指货物进出口国在对进出口货物征收正常的海关税则内的基本关税之外，再额外加征的关税，附加关税不体现在海关税则之中。附加关税既可以对进口货物或服务征收，也可以对出口货物或服务征收，但大多数情况是针对进口货物或服务征收。附加关税的主要目的是抵消国内相关税收对本土同类产品市场竞争力的影响，保证征税公平，其税率高低视具体背景和目的而定，一般是临时性措施。

根据《1975 年海关关税法》第 3 节第 1 条，印度政府可以根据对外贸易情况对进口货物或服务征收附加关税。对于印度国内有生产的进口商品，对进口商品征收的附加关税税率等同于国内中央消费税（excise duty）、销售税（sales tax）、地方税（local taxes）和其他附加税；对于印度国内没有生产的进口商品，则根据该进口商品所属商品类别，按照该类别最高税率征收。附加关税是在进口商品完税价格加上基本关税的基础上征收的。[③] 征收的附加关税主要包括反补贴税（Countervailing Duty）、保障关税（Safeguard Duty）、反倾销税（Anti-Dumping duty）

---

① Central Board of Indirect Taxes & Customs, Department of Revenue, Ministry of Finance, Government of India, "Chapter V—Levy of, and exemption from, customs duties", *Custom Act 1962*, http:// www.cbic.gov.in/htdocs-cbec/customs/cs-act/cs-act-ch5-revised2.

② Central Board of Indirect Taxes & Customs, Department of Revenue, Ministry of Finance, Government of India, "SECTION II. VEGETABLE PRODUCTS", "SECTION XI. TEXTILE & TEXTILE ARTICLES", "SECTION XV. BASE METAL & ARTICLES OF BASE METAL", "General Exemptions-Import Tariff", *Tariffs as on 01.07.2018*, http://www.cbic.gov.in/htdocs-cbec/customs/cst1718-010718/cst1718-0107-idx. 登录时间：2019 年 3 月 31 日。

③ Central Board of Indirect Taxes & Customs, Department of Revenue, Ministry of Finance, Government of India,, Customs Tariff Act, 1975, http://www.cbic.gov.in/htdocs-cbec/customs/cs-acts-botm. 登录时间：2019 年 3 月 31 日。

和教育附加税等。

（1）反补贴税（Countervailing Duty，CVD）

反补贴税是指针对受到出口国补贴的进口商品所征收的附加关税。如果印度的某项进口商品在生产、运输、销售等各个环节，直接或者间接接受了任何国家或地区任何方式的补贴，印度中央政府将对该进口商品征收不超过补贴额的反补贴税。如果进口产品存在以下情况，印度中央政府将认定补贴行为的存在：第一，出口国或生产国的政府或公共机构的财政支持。比如出口国政府的直接转移资金（包括赠款、贷款和股权注入）或潜在的直接转移资金或债务。第二，出口国政府有直接或间接帮助出口企业取得有利竞争地位的行为，如向出口企业提供收入和价格支持等优惠政策，帮助其增加出口或减少同类产品进口等。

如果印度中央政府认定出口国补贴商品短时间大量进口对印度国内相关产业造成了难以修复的影响，那么，为了防止类似情况的出现，印度政府可以追溯征收反补贴税，追溯期可以在法定征收反补贴税时间的基础上最多向前推移 90 天。反补贴税的有效期一般为五年，但如果印度中央政府认为取消反补贴税会再次给本国产业带来损害，那么，印度政府可以将该进口商品的反补贴税再延长五年。此外，反补贴税是在任何现行法律所征收的税项之外再进行的额外征收。

（2）反倾销税（Anti-Dumping Duty）

当外国出口商或生产商以低于出口国或地区正常价格/价值向印度出口商品时，那么印度中央政府可以征收不超过倾销幅度（margin of dumping）/损害程度①的反倾销税，其主要目的是为了保护印度本国生产商的利益，为其创造公平的竞争环境。

正常价值（normal value）与本国同类商品的价格无关，而是同类商品在正常国际贸易中的可比价格。如果没有同类商品，则可以参照类似商品的正常国际贸易价格，或者在该商品生产国或出口国的生产成本的基础上通过合理增加成本和利润来计算。如果存在某个进口商曾经有过倾销行为并造成实际损害，或者印度进口商发现某种进口商品短时间大量倾销并已带来巨大实际损害，以及其他可能严重损害反倾销税补救效果的情况时，印度中央政府可以追溯征收反倾销税，追溯期可以在法定征收反倾销税时间的基础上最多向前推移 90 天。反倾销税的有效期一般为 5 年，但如果印度中央政府认为取消反倾销税会再次为本国产业带来损害，那么，印度政府可以将该进口商品的反倾销税再延长五年。如果出口商缴纳的反倾销税额超过了实际损害程度，印度中央政府应尽快降低针对超过实际倾销

① “倾销幅度”是指出口价格（export price）和正常价值（normal value）之间的差额。

程度的反倾销税，印度该商品进口商有权申请“反倾销税返还”（refund of anti-dumping duty）。

此外，反补贴税和反倾销税不得同时征收，要根据实际情况选择其一。同时，如下情况免征反倾销税：第一，对于因在原产地国消费而免除该商品所负担的关税或税收或关税与税收返还的商品；第二，世界贸易组织成员或者与印度签有最惠国协议的国家，且该进口商品没有潜在威胁或者没有给印度相关产业带来实质性损害。

（3）保护关税（Safeguard Duty）

若印度中央政府经过调查后认为某种商品的大量进口会对国内产业带来严重损害（serious injury），那么它可以对该进口商品征收保护关税。在相关机构作出裁定之前，中央政府可在初步裁定进口商品的增加对国内产业已经造成或威胁造成的严重损害的基础上，征收临时保护关税（provisional safeguard duty）。临时保护关税自实施起最长有效期为 200 天，而保护关税为 4 年。若中央政府判定国内相关产业依然面临威胁或者依然需要时间调整，则可以延长保护关税，但保护关税自实施之日起，最长有效期为 10 年。如果最终确认进口商品并未给国内相关产业带来严重损害，国内进口商则可以要求返还保护关税。此外，保护关税可以与其他任何关税叠加。

保护关税不适用于进口商品以用于生产出口商品的 100%出口导向型企业（a hundred percent export-oriented undertaking）或者特别经济区的企业。

（4）教育附加税（Education Cess on imported goods）

根据《1962 年海关法案（1962/52）》第 2 章第 11 小节的规定，为履行政府需要提供和资助普及优质基础教育的承诺，印度中央政府可以对进口商品加征“教育附加税”，教育附加税的征收需得到印度国会的批准。

教育附加税是关税的一种，由印度中央政府财政部负责征收。教育附加税的税率为 2%，特殊教育附加费税率为 1%。作为一种附加关税，进口商品的教育附加税可以同《1962 年海关法案》和其他任何现行法律法规规定的关税类别同时累计征收，但不能同保护关税、反倾销税、反补贴税等其他附加关税同时征收。此外，也可以依据相关法律法规返还和免除教育附加税。自 2017 年 7 月 1 日起，出于服务公共利益的需要，印度政府对《1975 年海关关税法案（1975/51）》附件一的部分商品的全部教育附加税或者中高等教育附加税（Secondary and Higher Education Cess）给予免除。①

① Central Board of Indirect Taxes & Customs, Department of Revenue, Ministry of Finance, Government of India, “Part I: General Notes-4. Education Cess”, *Tariffs as on 01.07.2018*, http://www.cbic.gov.in/resources//htdocs-cbec/customs/cst1718-010718/General_Notes_010718.pdf;jsessionid=EE2EB83091A5978A803A266BBA2EEF19. 登录日期：2019 年 4 月 1 日。

（三）优惠关税（Preferential Tariff）

印度对与其签有贸易合作协议的国家和地区实施优惠关税。根据“印度间接税和关税中央委员会”（CBITC）的文件，当前，印度已经与十余个国家和东盟、南方共同市场等区域性组织签署了原产地产品优惠关税协定（具体见表4–3）。例如，印度在“全面经济伙伴关系”（Comprehensive Economic Partnership Agreement，CEPA）框架下对来自日本、韩国的原产地产品给予优惠关税以及双边保障措施；自2006年起，印度对于来自《亚太贸易协定》（Asia-Pacific Trade Agreement）签署国的部分原产地产品给予关税优惠政策，如对农产品、制成品、矿产品及化工产品等征收特惠关税；印度还根据双边自由贸易协定，对原产于智利、新加坡、泰国、阿富汗等国的部分产品征收优惠关税。此外，在《南亚自由贸易协定》（South Asian Free Trade Area，SAFTA）和“南亚区域合作联盟”（South Asian Association for Regional Cooperation，SAARC）框架下，印度与斯里兰卡、尼泊尔、马尔代夫、不丹、巴基斯坦和孟加拉国6个南亚区域联盟国家均签有优惠关税协议，印度将对原产于这些国家的农产品、原材料、废旧金属等实施优惠关税。与此同时，印度还对原产于最不发达国家的产品给予免除关税的优惠政策。

4.2.3 关税税率

印度《1975年海关关税法》通过法律形式规定了进出口商品的税率水平。此外，印度财政部每年发布年度《中央政府财政预算案》，对当年进出口关税的调整情况进行通报与说明。

根据世界贸易组织发布的全球国别关税统计数据，2017年，印度简单平均最终约束关税（simple average final bound）平均为48.5%，其中，农产品简单平均最终约束关税高达113.5%，非农产品为34.6%；简单平均最惠国关税适用（simple average MFN applied）税率为13.8%，其中农产品的简单平均最惠国关税适用税率为32.8%，非农产品为10.7%。[①] 相较于2010年，印度简单平均最惠国关税适用税率有所上升，分别上升了1.2、1.4和0.9个百分点。由此可见，印度的对外贸易保护政策有所强化。

---

① WTO, “Tariff Profile”, *India and the WTO*, https://www.wto.org/english/res_e/statis_e/daily_update_e/tariff_profiles/IN_E.pdf. 登录时间：2019年4月1日。

表 4－3　　2017 年印度农产品和非农产品的进口关税税率分布

税率分布		免税	0<=5	5<=10	10<=15	15<=25	25<=50	50<=100	>100	NAV（比重）
		关税额度和进口值（比重）								
农产品	最终约束关税	0	0	1.4	0.2	2.2	7.2	53.2	35.8	0.3
	最惠国关税适用	5.1	3.6	4.6	5.2	4.0	67.1	8.1	2.3	0.3
	进口额(2016 年)	9.2	7.4	33.1	9.8	3.0	13.6	22.5	1.3	2.6
非农产品	最终约束关税	2.6	0.5	0.0	0	15.9	51.1	0.3	0.2	5.9
	最惠国关税适用	2.7	8.9	77.5	1.3	2.0	6.8	0.4	0.2	5.6
	进口额(2016 年)	28.9	18.8	51.5	0.2	0.1	0.1	0.1	0	0.5

资料来源：WTO, "Tariff Profile", *India and the WTO*, https://www.wto.org/english/res_e/statis_e/daily_update_e/tariff_profiles/IN_E.pdf. 登录时间：2019 年 4 月 1 日。

从 2017 年印度主要进口产品类别的关税税率可以看出，印度在关税征管中通过关税高峰保护本国相关产业。例如，2017 年，印度政府对农产品征收的简单平均最终约束关税税率约为 113.5%，其中，53.2%的农产品的最终约束关税税率处于 50%～100%，35.8%的农产品的最终约束关税税率高于 100%。但从各类农产品的分类关税税率来看，最终约束关税税率的最高值高达 150%，"鱼籽、脂肪与油脂"的最终约束关税税率高达 300%。[①]

表 4－4　　2017 年印度主要进口产品类别关税税率

（单位：%）

产品类别	最终约束关税				最惠国关税适用			进口	
	AVG	免税比重	最高税率	受约束比例	AVG	免税比重	最高税率	所占份额	免税比重
动物产品	106.1	0	150	100	31.1	0	100	0.0	0
奶制品	65.0	0	150	100	33.5	0	60	0.0	0
水果、蔬菜、植物	100.0	0	150	100	29.4	0.5	100	2.1	0.0
咖啡、茶	133.1	0	150	100	56.3	0	100	0.1	0
谷物及制品	155.3	0	150	100	31.3	15.4	150	0.4	82.6

① 印度当前各种产品的进出口基本关税税率可以在印度间接税和海关中央委员会（CBITC）的官网上查询，Central Board of Indirect Taxes & Customs, Department of Revenue, Ministry of Finance, Government of India, "Tariff (as on 01.07.2018)", http://www.cbic.gov.in/htdocs-cbec/customs/cst1718-010718/cst1718-0107-idx.

续表

产品类别	最终约束关税				最惠国关税适用			进口	
	AVG	免税比重	最高税率	受约束比例	AVG	免税比重	最高税率	所占份额	免税比重
鱼籽、脂肪与油脂	169.7	0	300	100	34.0	0.9	100	3.1	0.5
糖与糖果	124.7	0	150	100	35.9	0	60	0.3	0
饮料、烟草	120.5	0	150	100	69.5	0	150	0.2	0
棉花	110.0	0	150	100	6.0	80.0	30	0.3	99.9
其他农产品	104.8	0	150	100	22.3	13.6	70	0.5	4.8
鱼与鱼肉制品	100.7	0	150	11.1	29.9	0.1	30	0.0	3.7
矿物质和金属	38.3	0.4	55	61.3	8.5	2.0	40	31.4	0.1
石油	—	—	—	0	4.2	16.7	5	19.8	95.0
化学品	39.6	0.1	150	89.0	8.1	0.4	10	10.7	2.9
木材、纸张等	36.4	0	40	64.2	8.9	3.5	10	2.0	2.4
纺织品	27.4	0	105	69.9	11.9	0	109	1.3	0
服装	38.4	0	75	58.4	15.1	0	77	0.2	0
皮革、鞋类	34.6	0	40	51.6	10.1	2.6	70	1.1	0.0
非电动机械	28.6	6.3	40	95.4	7.2	4.0	10	8.6	22.3
电动机械	27.8	24.6	40	93.5	7.3	15.9	10	9.8	51.6
运输装备	35.7	0	40	70.0	24.9	3.3	125	5.1	1.4
制成品	34.0	13.5	40	43.9	8.9	5.7	10	3.0	21.3

资料来源：WTO，“Tariff Profile”，*India and the WTO*, https://www.wto.org/english/res_e/statis_e/daily_update_e/tariff_profiles/IN_E.pdf. 登录时间：2019 年 4 月 1 日。

出于对本国资源的保护，印度政府对资源类产品普遍征收出口关税，关税税率基本分布在 15%至 40%之间。印度政府对皮革及其制品征收的出口关税水平较高，税率为 60%。此外，印度政府为增加财政收入，还对咖啡、茶、黑胡椒、姜黄、花生等重要的经济作物征收出口关税，并主要通过从量税的方式征收。

表 4-5 2018 年 7 月印度出口产品关税税率分布

产品名称	税率	产品名称	税率（%）
咖啡	2 200 卢比/100 千克	糖及糖果	20
茶、黑胡椒	5 卢比/千克	硅线石、滑石	20
小豆蔻	50 卢比/千克	花岗岩、斑岩和玄武岩	15
姜黄粉、花生仁	1 500 卢比/吨	云母	40
花生（带壳）	1 125 卢比/吨	铁矿石、铬矿石、钛铁矿	30
印度香米	1 200 卢比/吨	铝土矿（天然）、铝矿石	30
动物饲料	125 卢比/吨	二氧化锰	20
烟草（未加工）	选择税：75 派萨/千克（从量税）或总价 20%（从价税）的较低者	皮革	60
棉花（未加工）	10 000 卢比/吨	羊毛（未加工）	25
蓝晶石	40 卢比/吨	椰壳纤维纱	15
重晶石	50 卢比/吨	生铁、镜铁、废铁料等	20
锰矿石	20 卢比/吨	铁丝、钢管、用于熔炉的电极等	20

资料来源：Central Board of Indirect Taxes & Customs, Department of Revenue, Ministry of Finance, Government of India, “PART-III The Second Schedule Export Tariff”, Tariffs as on 01.07.2018, http://www.cbic.gov.in/resources//htdocs-cbec/customs/cst1718-010718/sch2_exptariff_010718.pdf. 登录日期：2019 年 4 月 1 日。

2018 年，印度议会发布了《财政法案》(*Finance Act 2018*)，该法案通过了 2018 至 2019 年度印度中央政府年度预算，[①] 该预算对 2018 至 2019 年度印度政府对部分产品征收的关税做出了调整。具体调整如下：将“果汁（包括葡萄汁）及蔬菜汁”(除橙汁外)的基本关税税率由 35%提升为 50%；将“香水与梳妆水”“美容/护肤准备用品”“护发用品”“口腔护理用品”“剃须/洗澡准备用品”的基本关税税率调整为 20%；将“蜡烛与烛台”的基本关税税率改为 25%；将部分塑料类产品的基本关税税率由 10%提升为 20%；将“子午线轮胎”的基本关税税率由 10%提升至 15%；将部分纸制品的基本关税税率由 10%提升至 20%；将“编织绳/网(纺织品)”“纱线”的基本关税税率由 20%提升至 25%；将部分防水鞋袜、绑腿等制品的基本关税税率由 15%提升至 20%；将“人造首饰”的基本关税税率由 10%提

① Directorate of Printing, Department of Publication M/O Housing and Urban Affairs, Government of India, “The Second Schedule”, *The Finance Act, 2018 (No.13 of 2018)*, pp.78-80, March 28, 2018, http://egazette.nic.in/writereaddata/2018/184302.pdf. 登录时间：2019 年 4 月 1 日。

升至 20%；将“发动机”的基本关税税率调整为 15%；将“静止变流器”的基本关税税率由 10%提高为 15%；将“电池和电池组”的基本关税税率由 10%提高为 15%；将部分蓄电池的基本关税调整为 15%；将“锂电池”的基本关税税率提高至 20%；将部分汽车零部件、摩托车的基本关税税率调整为 15%；将“太阳镜”的基本关税税率由 10%提升至 15%；将部分医疗仪器的基本关税税率调整为 10%；将部分钟表及配件的基本关税税率调整至 20%；将部分座椅、家具及配件等的基本关税税率调整为 20%；将儿童车类玩具的基本关税税率调整为 20%；将包装、封口等工具的基本关税税率由 10%调整为 20%；将喷雾设备的基本关税税率调整为 20%等。①

4.3 印度进出口管理制度

4.3.1 印度进出口管理的一般规定

进出口管理是对外贸易管理的核心内容。印度实行对外贸易经营权登记制度，将进出口商品/服务划分为四个基本类型，即禁止类（prohibition）、限制类（restriction）、专营类（exclusive trading through State Trading Enterprises，STEs）和一般类（free）。《印度进出口商品分类（HS）》[Indian Trade Classification（Harmonized System）of Exports and Imports, ITC（HS）] 详细列举了禁止类、限制类、专营类和一般类进出口商品的类别及明细。其中，目录一（Schedule 1）是针对进口产品的分类，目录二（Schedule 2）是针对出口产品的分类，且分类只针对全新进出口产品，不包括二手产品。此外，印度商业与工业部附属的对外贸易总局官网也会通过发布《贸易通告》（Trade Notices）、《公共通告》（Public Notices）或《告示》（Notifications）等方式更新对进出口商品/服务的相关要求。例如，2019 年 4 月 1 日，印度对外贸易总局发布《贸易通告》，称将从即日起限制豌豆及豆类的进口，并将孟恩豆的进口配额设定为 15 万吨/财年。② 进出口企业必须按照印度对外贸易总局的要求，遵循许可证发放机关、地区主管机构或其他贸易管理机构

① 可以结合《2018 年财政法案》和印度间接税和海关中央委员会（CBITC）发布的关税税率明细查询印度进出口关税调整的具体内容。http://egazette.nic.in/writereaddata/2018/184302.pdf; http://www.cbic.gov.in/htdocs-cbec/customs/cst1718-010718/cst1718-0107-idx. 登录时间：2019 年 4 月 1 日。

② Directorate General of Foreign Trade, Ministry of Commerce and Industry, Government of India, “What’s New”, http://dgft.gov.in/whats-new/india.gov.in.

发布的针对进出口产品的最新规定。

对于“一般类进出口商品/服务”，印度政府不进行特殊监管，所有对外贸易企业均可以从事一般进出口商品的相关经营活动。

对于“专营类进出口商品/服务”，则由印度政府指定的国营贸易企业进行专营。[①] 目前，印度对原油、矿产资源、化肥、谷物、种子等产品由国营企业专营。如印度国有石油公司负责石油进出口贸易、印度粮食公司负责粮食进出口贸易、印度五矿贸易公司负责高品位铁矿砂进出口贸易等。

对于“限制类进出口商品/服务”，印度政府通过申请、审批和发放授权（Authorisation）或进出口许可证（Permission）的方式进行管理。对外贸易企业可以根据对外贸易总局发布的《告示》或《公共通告》等按程序申请并领取授权或进出口许可证，印度政府按照企业申请的先后顺序发放进出口许可证。当前，印度对纺织品、新鲜/冷冻猪牛羊肉、活鱼/观赏鱼、宝石、乔木/灌木、仙人掌、马铃薯种子、化学品与药品、电子产品、活动物、炸药以及基因产品等实行进口许可证制度。[②]

对于“禁止类进出口商品/服务”，印度政府不允许从事禁止类商品/服务的对外贸易活动，禁止进口的商品包括濒危野生动物及其制品、野生动物器官、野生动物骨（骨粉）/角、动物油脂/脂肪以及危险有害废品等。

此外，除了《印度进出口商品分类（HS）》列出的禁止类与限制类进出口商品/服务以外，印度政府以联合国决议与本国国内法为依据，对其他特定国家与组织、个人和产品类别采取了进出口限制措施和相关规定。[③]

印度政府还对进出口贸易商进行资格审查和备案。凡从事进出口经营活动的企业必须向印度对外贸易总局申请“进口商/出口商代码”（Importer-Exporter Code，IEC)。“进口商/出口商代码”等同于印度所得税部（Income Tax Department）在中央直接税局（Central Board of Direct Taxes，CBDT）监督下发行的覆盖全印度的“永久账号”（Permanent Account Number，PAN)。除非有特殊豁免情况，否则没有“进口商/出口商代码”的企业不得从事进出口贸易。“进口商/出口商代码”需

---

① Directorate General of Foreign Trade, Ministry of Commerce and Industry, Government of India, “Chapter 2: General Provisions Regarding Imports and Exports”, *Foreign Trade Policy (2015-20) (as on 31 March 2019)*. http://dgft.gov.in/foreigns-trade-policy-2015-20-. 登录时间：2019 年 4 月 2 日。

② 关于各类进出口商品/服务的类型，请详见《印度进出口商品分类（HS）》。网址：India Directorate General of Foreign Trade, “ITC HS Code List or India Harmonised Code System Code”, http://www.dgft.org/itc_hs_code.html. 登录时间：2019 年 4 月 2 日。

③ Directorate General of Foreign Trade, Ministry of Commerce and Industry, Government of India, “Chapter 2: General Provisions Regarding Imports and Exports”, *Foreign Trade Policy (2015-20) (as on 31 March 2019)*. http://dgft.gov.in/foreigns-trade-policy-2015-20-. 登录时间：2019 年 4 月 2 日。

在网上申请并通过电子支付系统（Electronic Fund Transfer，EFT）交纳申请费。

此外，进出口贸易商从事进出口贸易时，必须提交相关文件。具体来讲，出口货物贸易所需提交的强制性文件包括：① 提单（Bill of Lading）、空运单（Airway Bill）、陆路运输收据（Lorry Receipt）、铁路运输收据（Railway Receipt）或邮政收据（Postal Receipt）；② 商业发票及装箱单（Packing List）；③ 装运单（Shipping Bill）、出口报关单（Bill of Export）或邮政出口报关单（Postal Bill of Export）。进口货物贸易所需提交的强制性文件包括：① 提单（Bill of Lading）、空运单（Airway Bill）、陆路运输收据（Lorry Receipt）、铁路运输收据（Railway Receipt）或邮政收据（Postal Receipt）；② 商业发票及装箱单（Packing List）；③ 进口报关单（Bill of Entry）等。

4.3.2 印度进口管理制度

4.3.2.1 进口估价制度

目前，印度海关进口估价制度主要依据《2007 年海关估价（进口货物价值的确定）规则》[Customs Valuation（Determination of Value of Imported Goods）Rules, 2007] 确定。[①] 该规则明确了进口货物价格的估价规则和估价方法。

（一）以“进口货物的成交价格”（transaction value of import goods）确定进口货物的完税价格

进口货物的完税价格应为调整后的成交价格。在确定进口货物成交价格之时，需要在实际支付或应付的进口货物本身价格的基础上，将货物进口过程中实际支付或者应付的中介佣金和经纪费、与货物构成一体的容器的费用、包装费（人力费和材料费）、报关用集装箱费、特许权使用费和牌照费，以及进口货物运抵进口地的运输费、装卸费、保险费、滞期费、驳运费等费用包含在内。

不过，海关不是在任何条件下都将调整后的成交价格作为进口货物的完税价格，而是需要满足一定的条件。第一，买方对进口货物的处置和使用不受限制，但印度政府和法律实施或要求的限制、卖方对该货物销售地域的限制以及卖方提出的不实际影响该货物价格的其他限制除外。第二，进口货物的销售和价格不能设有前提条件，以免影响进口货物价格的确定。第三，除非对进口货物的成交价格进行适当调整，否则买方不得直接或间接地将对该货物转售（subsequent

① Central Board of Indirect Taxes & Customs, Department of Revenue, Ministry of Finance, Government of India, *Customs Valuation (Determination of Value of Imported Goods) Amendment Rules, 2007*, http://www.cbic.gov.in/htdocs-cbec/customs/cs-act/formatted-htmls/cs-rulea1. 登录时间：2019 年 4 月 2 日。

resale)、处置或使用产生的收益返还给卖方。第四，进口货物的买方和卖方不能存在特殊关系[①]，如果存在特殊关系，则需要进口方证明买卖双方的关系并不影响进口货物成交价格。如果进口方能够证明进口货物的申报价值与同时期下列价格基本相近，则进口货物的成交价格就可以被印度海关所接受：（1）相同货物或类似货物销售给在印度的不相关买家的成交价格；（2）相同商品或类似商品的倒扣价格（deductive value）；（3）相同或相似货物的计算价值（computed value）。此外，在通过比较法确定交易价格时，还应适当考虑商业水平和数量水平的差异、价格调整以及卖方在其销售中发生的各项费用等因素的影响。

（二）以“相同货物的成交价格”（transaction value of identical goods）确定进口货物的完税价格

如果以“相同货物的成交价格”为依据确定进口货物的完税价格，那么进口货物的完税价格应该是同一时期内出口到印度的相同货物的成交价格。在使用相同货物法确定成交价格时，要注意该相同货物与进口货物应该处于同样的商业级别，且用于估价的相同货物的交易数量与进口货物的交易数量要基本接近。如果用于评估的相同货物与进口货物处于不同商业级别，或者不同交易数量规模，或者以上两种情况同时存在，则需要根据确切的证据对相同货物价格进行调整，并明确调整的合理性与准确性。与此同时，还需要考虑相同货物成交价格中所包含的成本与费用的不同，比如运输距离的长短、运输方式的差异等因素对货物成交价格的影响。

（三）以“相似货物的成交价格”确定进口货物的完税价格（transaction value of similar goods）

如果以“相似货物的成交价格”为依据确定进口货物的完税价格，那么进口货物的完税价格应该是同一时期内出口到印度的相似货物的成交价格。

在以“相同货物的成交价格”为依据确定进口货物的完税价格中所提及的对进口货物价格进行调整的各项影响因素和解决方法也适用于以“相似货物的成交价格”为依据确定进口货物的完税价格。

（四）以“倒扣价格”确定进口货物的完税价格

如果不能使用以上方法确定进口货物的完税价格，海关采用倒扣价格的方法确定进口货物的完税价格。一般来讲，“倒扣价格”是以进口货物、相同货物

---

① 进口货物买方和卖方的特殊关系包括：买方和卖方互为对方业务的管理人员或董事；法律意义上的商业合作伙伴；雇主和雇员；任何直接或间接拥有、控制或持有5%以上表决权股票或股份的人；买卖双方一方直接或间接控制另一方；买卖双方均由第三人直接或间接控制；一同直接或间接地控制第三人；买卖双方属于同一家庭的成员。

或相似货物在进口国销售的价格扣减掉该货物进口及销售时产生的特定的税费后的价格。就印度来讲，如果该进口货物、相同货物或相似货物在印度有销售，且其性状与该进口货物完税价格评估时保持一致，那么该进口货物的完税价格应该以进口货物、相同货物或者相似货物在印度境内销售数量最多的人群的单价为基础（印度卖家销售量不算在内），再减去进口环节支付的佣金、为增加在印度销售该进口货物的利润而增加的一般开支、在印度境内发生的运输和保险等相关费用、在印度因进口或出售该进口货物而缴纳的关税及其他税款等。

如果在对该进口货物完税价格进行评估之时，印度国内没有该进口货物、相同货物或相似货物进行销售的话，那么进口货物的完税价格应当以该进口货物、相同进口货物或相似进口货物自进口之日起至进口之日后 90 天内在印度的销售单价为基础进行估价；如果在进口该进口货物的前提下，印度国内没有对该进口货物、相同货物或相似货物进行销售的话，该进口货物的完税价格应当以该进口货物深加工之后，在印度境内销售数量最多的人群的单价为基础（印度卖家销售量不算在内）。在这种情况下，对加工增加的价值，应当给予适当的补偿，并扣减进口环节支付的佣金、为增加在印度销售该进口货物的利润而增加的一般开支、在印度因进口或出售该进口货物而缴纳的关税及其他税款等。

（五）以“估算价格”确定进口货物的完税价格

以“估算价格”确定进口货物的完税价格是指在进口货物生产成本（包括使用的材料、制造方法或加工方法的成本等）的基础上，加上从进口国向出口国销售同级别或同种类货物通常所获得的利润，以及为销售该进口货物而直接或间接产生的一般费用，还包括进口货物运抵进口地的运输费、装卸费、装卸手续费以及进口货物到达进口地的保险费等所有其他费用的成本。

（六）以“剩余法”（Residual method）确定进口货物的完税价格

如果不能按照上述规则和方法确定进口货物的完税价格时，应当按照符合《2007 年海关估价（进口货物价值的确定）规则》的基本原则和一般规定的合理手段，以印度国内可用数据为基础，确定进口货物完税价格。但不能以以下方法确定进口货物完税价格：以在印度生产的货物在印度的销售价格；在两种完税价格中选择最高价格的海关估价方法；进口货物在出口国国内市场的价格；除“估算价格”之外的计算进口货物成本的方法；该进口货物出口到印度以外国家的价格；最低海关估价；专断或虚构价格。

4.3.2.2 进口贸易海关通关程序

印度间接税及海关中央委员会发布的一系列法案、条例阐述了进口货物通关的相关程序。这些条例包括《1962 年海关法》《2011 年进出口商经营场所清关审核条例》《海关审核条例》《2011 年进口报关单条例（电子综合报关）》《装运单和出口报关单条例》《2011 年装运单（电子报关）条例》和《2009 年海关地区货物处理条例》《1976 年进口舱单（飞机）条例》《1971 年进口舱单（船舶）条例》和《1976 年进口运输载货清单（表格）条例》等。

进口货物可以通过海运、陆运、空运、邮政包裹和旅客行李等方式进口。其中，海运、陆运和空运是印度进口货物的主要方式。进口通关所需手续由进口货物承运人、进口商或其代理报关员（customs broker）进行办理。由于印度海关通关程序非常复杂，绝大多数进口商会委托在印度海关注册的持证报关员代为办理报关手续。[①]

（一）申报进口仓单（Import Manifest/ Arrival Manifest）（海运和空运）或陆路运输载货清单（Import Report）。[②]

进口货物承运人（运输工具经营者）或由印度中央政府指派的人员需要在进口货物抵达印度海关（customs station）后的 12 小时内向印度海关进行申报。可通过印度海关的电子数据交换系统（Indian Customs Electronic Data Interchange System）进行电子申报，也可通过其他方式申报。如果承运人未按指定时间申报进口仓单或载货清单，且没有正当理由，则将被处以不高于 5 万卢比的罚款。当进口舱单或运输载货清单有错误或者不完整时，如果海关经办官员（proper officer）认定承运人并非出于故意或无欺诈意图之时，则允许承运人对该进口舱单或运输载货清单作出修订或补充。此外，承运人还需要向印度海关申报入境运输工具抵达印度海关之前的旅客、船员到达舱单（passenger and crew arrival manifest）和入境旅客姓名登记信息。

若进口舱单或运输载货清单上没有提及，进口货物不得在海关卸货站卸货。在没有海关经办官员的许可下，允许卸载的进口货物只能在指定的地区卸货。

---

① 具体情况请见《报关员许可证条例》。Central Board of Indirect Taxes & Customs, Department of Revenue, Ministry of Finance, Government of India, "Customs Brokers Licensing Regulations, 2018", http://www.cbic.gov.in/resources//htdocs-cbec/customs/cs-act/formatted-htmls/Customs-Brokers-Licensing-Regulations- english-2019.pdf;jsessionid=166B9043B364B54FBE255E25858D1408. 登录时间：2019 年 4 月 2 日。

② Central Board of Indirect Taxes & Customs, Department of Revenue, Ministry of Finance, Government of India, "Chapter VI—Provisions relating to conveyances carrying imported or exported goods", http://www.cbic.gov.in/htdocs-cbec/customs/cs-act/cs-act-ch6-revised2. 登录时间：2019 年 4 月 2 日。

（二）海运、空运与陆路运输进口货物的清关

进口商或其代理报关员向海关经办官员提交“进口报关单”（Bill of Entry）。如果通过印度海关的电子数据交换系统进行申报，该系统会在录入货物通关申请所需信息后自动形成“进口报关单”；在无法使用电子数据交换系统的情况下，则需要填写纸质版“进口报关单”。

为了提高货物通关效率，印度海关提前了“进口报关单”申报时间。根据现行条例，印度海关允许进口商在进口货物预计到达印度海关的前 30 天之内至进口货物抵达印度海关后的第二天结束前（节假日除外）提交“进口报关单”。如果进口商未按指定时间提交“进口报关单”，且没有正当理由，则会受到一定的处罚。如果进口货物在卸货后 30 天内仍未完成清关、入库或转运程序，那么海关经办官员可认定这些进口货物的所有权被放弃，在告知进口商之后，允许进口货物监管者对进口货物进行出售。①

“进口报关单”应该包括承运人交付给货主的提单（Bill of Lading）或者其他收据所载明的全部货物，进口商要保证其内容的准确性和完整性，并遵守印度政府对进出口商品的相关限制和要求。如果进口商发现提交后的“进口报关单”和其他文件存在错误或因其他原因需要修改，则需要海关部门在确认无欺诈意图后进行批准。

（三）缴纳进口关税

海关收到进口商提交的“进口报关单”后，会将进口舱单、载货清单进行对比审核，并进行海关估价。在单证齐全且申报一致的情况下，海关将批准“进口报关单”。此外，出于风险防控的目的，海关经办人员可能会通过抽查的方式，对部分进口货物进行检查和核验。在检查和核验过程中，海关经办人员可能会要求进口商进一步提供相关文件或信息，进口商或其代理报关员需要按照海关经办人员的要求出示有关文件或提供有关资料，若查验无误后，海关再进行海关估价。②

关于进口货物应缴关税额度的确定方法。进口商需要对所进口货物应缴关税进行“自估税额”（self-assessment），海关经办人员将会对进口商评估的进口货物的应缴关税数量进行核实。如果在核实、检查和检验过程中出现问题，或发现进口商的“自估税额”不准确，海关经办人员可能要求重新评估进口商

---

① Central Board of Indirect Taxes & Customs, Department of Revenue, Ministry of Finance, Government of India, “Chapter VII—Clearance of imported goods and export goods” *Customs Act,* 1962, http://www.cbic.gov.in/htdocs-cbec/customs/cs-act/cs-act-ch7-revised2. 登录时间：2019 年 4 月 2 日。

② Central Board of Indirect Taxes & Customs, Department of Revenue, Ministry of Finance, Government of India, “Chapter VII—Clearance of imported goods and export goods” *Customs Act,* 1962, http://www.cbic.gov.in/htdocs-cbec/customs/cs-act/cs-act-ch7-revised2. 登录时间：2019 年 4 月 2 日。

品的应缴关税额。如果通过重新评估（re-assessment）方式确定进口商的“自估税额”有误，进口商需经书面方式确认接受上述重新评估的应缴关税额度，海关经办人员需要自重新评估“进口报关单”货物应缴关税额度之日起 15 日内，就重新评估做出口头命令。此外，如果在进口商无法行进“自估税额”且要求海关经办人员代为估税，或者海关经办人员认为有必要对进口货物进行化学检验，再或报关材料仍需要更进一步的查验时，海关经办人员可在进口商提供经济担保的情况下对该进口货物应缴关税额应作临时评估（provisional assessment of duty）。进口货物应缴关税额以重新评估或关税临时评估的结果为准，货物进口商应当以此为标准补足差额或者有权要求退款。①

当“进口报关单”从海关经办官员退回到进口商或其代理报关员后，进口商需要在 1 日内（节假日除外）缴纳进口关税。进口货物的关税税率以提交“进口报关单”当日的税率为标准，对于进入保税仓库的进口货物，则以其实际清关日的税率为标准。如果进口货物对应不同的关税税率，则依据从高不从低原则，以进口货物对应的最高税率缴纳进口关税。如果进口商延迟支付关税，则需要按照不低于 10%和不超过 36%年利率支付未缴纳或少缴纳税款的利息。② 在进口货物完成关税缴纳和相关查验后，海关会对进口货物进行放行。

4.3.2.3 非关税进口贸易壁垒

从全球层面来讲，印度针对进口货物设置了较高的实际适用关税，并且经常修改各类进口货物与服务的进口关税标准，具有很大的不可预测性。因此，针对印度的对外贸易活动存在较大的风险。除了关税措施之外，印度政府对于进口贸易的非关税壁垒也很突出。如印度政府针对奶粉、黄油、玉米、植物油等类别进口产品设置了进口配额，对这些商品的进口数量进行限制，且配额的决定程序非常复杂、决策过程不透明。

技术性贸易壁垒也是印度政府限制进口的重要非关税壁垒措施。由于技术性贸易壁垒涉及内容非常广泛，涵盖技术、卫生、环境保护、检验检疫和产品质量等领域的各类技术法规与标准认证等技术指标。因此，技术性贸易壁垒名目繁多且最为隐蔽，是实现贸易保护的最有力措施之一。印度政府经常通过各类技术性

① Central Board of Indirect Taxes & Customs, Department of Revenue, Ministry of Finance, Government of India, “Chapter V—Levy of, and exemption from, customs duties”, *Customs Act, 1962*, http://www.cbic.gov.in/htdocs-cbec/customs/cs-act/cs-act-ch5-revised2. 登录时间：2019 年 4 月 4 日。

② Central Board of Indirect Taxes & Customs, Department of Revenue, Ministry of Finance, Government of India, “Chapter VII—Clearance of imported goods and export goods” *Customs Act,* 1962, http://www.cbic.gov.in/htdocs-cbec/customs/cs-act/cs-act-ch7-revised2. 登录时间：2019 年 4 月 2 日。

贸易壁垒对进口贸易进行限制。如，2017年6月1日起，印度政府以检出“康氏粉蚧”和“尖孢镰刀菌”的微生物为由对来自中国的苹果和梨实施为期6个月的进口禁令；自2008年9月以来，印度一直以“三聚氰胺”为由限制中国乳制品的进口；2018年12月21日，印度食品安全标准局（Food Safety and Standards Authority of India, FSSAI）再一次延长进口禁令，将“禁止从中国进口乳和乳制品”的禁令延长至2019年4月23日等。

表4-6为2015年至2018年间印度政府出台的可能涉及限制进口贸易的部分技术性税壁垒措施。

表4-6　　2015—2018年印度出台的部分技术性壁垒措施

时间	法令或条例	主要内容
2015年		
6月19日	钢及钢制品（质量控制）法令2015	本法令旨在确保印度标准规定的一览表所列出的钢及钢制品合格。本法令强制要求法令一览表规定所有钢及钢制品的生产商在开始此类产品常规生产之前，必须获得印度标准局颁发的使用标准标志的有效许可证。此外不得生产、代销、销售、分销或进口不符合标准及认证标志许可证上不具有印度标准局标准标志的上述一览表规定的钢及钢制品。
8月10日	食品安全与标准（包装和标签）法规修订案2015	本法令规定了食用植物油/食用植物脂肪分类标题和标签声明并且修订了标准（食品安全与标准（包装和标签）法规2011）
8月25日	不锈钢产品（质量控制）法令2015	本法令强制要求法令一览表规定所有钢及钢制品的生产商在开始此类产品常规生产之前，必须获得印度标准局颁发的使用标准标志的有效许可证。此外不得生产、代销、销售、分销或进口不符合标准及认证标志许可证上不具有印度标准局标准标志的上述一览表规定的不锈钢产品。
12月1日	食品安全与标准（酒精饮料标准）法规草案2015	印度食品安全及标准局发布G/TBT/N/IND/51号通告，颁布“食品安全与标准（酒精饮料标准）法规草案2015”，本草案详细规定了酒精饮料标准。
12月3日	食品安全与标准（禁止和限制销售）法规修订草案2015	印度食品安全及标准局发布G/TBT/N/IND/52号通告，颁布“食品安全与标准（禁止和限制销售）法规修订草案2015”，本法案修订了草案2015和食品安全标准（食品产品标准和食品添加剂）法规修订案2015，详细规定了乳及乳制品标准。
2016年		
2月15日	食品安全与标准（食品进口）法规草案2016	印度食品安全及标准局发布G/TBT/N/IND53号通报，颁布“食品安全与标准（食品进口）法规草案2016”，本法规草案详细说明了食品进口规定。

续表

时间	法令	主要内容
3月16日	电容器（质量控制）法令 2015	印度工业政策与促进部发布 G/TBT/N/IND54 号通报，颁布“电容器（质量控制）法令 2015”。
4月27日	三相鼠笼式高能效感应电动机（质量控制）法令 2016	印度工业政策与促进部发布 G/TBT/N/IND55 号通报，颁布“三相鼠笼式高能效感应电动机（质量控制）法令 2016”。
9月22日	纺织品–高密度聚乙烯（HDPE）/聚丙烯（PP）包装或填充编织袋（质量控制）法令 2016	本法令旨在确保印度标准一览表列出的包装/填充用高密度聚乙烯（HDPE）/聚丙烯（PP）包装/填充编织袋符合指定的印度标准。
2017 年		
4月12日	根据电子信息技术商品（强制注册要求）法令 2012 一览表 IS 16333（第 3 部分）颁布的移动电弧支持印度语的 2016 年 11 月 23 日通报	印度电子与信息技术部发布 G/TBT/N/IND/58 号通报，颁布“根据电子信息技术商品（强制注册要求）法令 2012 一览表 IS 16333（第 3 部分）颁布的移动电弧支持印度语的 2016 年 11 月 23 日通报”，该通报于 2017 年 7 月 1 日起生效。
5月17日	太阳光伏系统、设备和部件商品（强制注册要求）法令 2017	印度新能源和可再生能源部发布 G/TBT/N/IND/59 号通报，颁布“太阳光伏系统、设备和部件商品（强制注册要求）法令 2017”，本法令详细规定了产品标准化要求和系统生产商强制注册要求。
5月29日	钢与钢材（质量控制）法令 2017	本法令强制要求法令一览表规定所有钢及钢材的生产商在开始此类产品常规生产之前，必须获得印度标准局颁发的使用标准标志的有效许可证。此外不得生产、代销、销售、分销或进口不符合标准及认证标志许可证上不具有印度标准局标准标志的上述一览表规定的钢及钢材。
8月23日	食品安全与标准（进口）法规修订草案 2017	本草案涉及清关时的产品有效期和出口卫生证明相关条款。
8月23日	食品安全与标准（第三方食品安全审计）法规草案 2017	本草案涉及审计机构认可程序和食品安全审计执行程序、审计监督、审计报告和管理要求。
8月23日	食品安全与标准（有机食品）法规草案 2017	本草案详细规定了有机食品标签和认证程序。

续表

时间	法令	主要内容
11 月 22 日	食品安全与标准（广告和声明）法规草案 2017	本草案涉及食品广告和声明的规范和要求。
12 月 6 日	印度电报修订法规 2017	印度电信部发布 G/TBT/N/IND/66 号通报，颁布“印度电报修订法规 2017”。根据 1885 年印度电报法（以下称为法案）第 4 条的规定，中央政府授予许可的用于或可用于建立、维护或工作的电报机，必须经过电报局确定的参数的强制性测试和认证。还规定，电报主管部门可以在官方公报中通报免除某些类别的电报机的强制测试。
12 月 7 日	法定计量（包装商品）法规修订案 2017	本法案适用于预包装商品，制定修订案是为了增加字符和数字尺寸，使消费者能够容易阅读，使数量检查更加科学。
12 月 7 日	食品安全与标准（实验室认可和通报）法规草案 2017	本草案详细规定了实验室认可和通报程序。
12 月 7 日	烧碱质量控制法令 2017	本法令旨在减少含汞杂志的劣质烧碱的消耗量，对国产和进口烧碱强制执行 IS 252－2013 质量标准。
12 月 7 日	食品安全与标准（禁止和限制销售）法规修订草案 2017	印度食品安全及标准局发布 G/TBT/N/IND/70 号通报，颁布“食品安全与标准（禁止和限制销售）法规修订草案 2017”，本草案提出已修订的条款替代第 2.3.12 条：限制出售食盐。
12 月 7 日	钢及钢制品（质量控制）第二法令 2017	本法令强制要求法令一览表规定所有钢及钢制品的生产商在开始此类产品常规生产之前，必须获得印度标准局颁发的使用标准标志的有效许可证。此外不得生产、代销、销售、分销或进口不符合标准及认证标志许可证上不具有印度标准局标准标志的上述一览表规定的钢及钢制品。
2018 年		
12 月 18 日	关于修订空调及相关部件的技术法规草案	印度工业政策和促进部对空调及相关部件做了详细规定，包括 2018 版印度插头插座标准、交流电连接电表的质量要求。技术法规草案的制定旨在提高产品质量和可靠性，保护环境，保护消费者健康安全。
11 月 28 日	食品安全标准（脱咖啡因咖啡和包装饮用水修订标准）草案	拟修订相关产品标准，针对新插入的产品条目，相应地规定了其原料来源、定义、质量要求以及分类、标签要求等。

续表

时间	法令	主要内容
11月29日	修订2011年发布的食品安全标准（禁止和限制销售）第2.3条款	对通过自动售货机销售的含有人工甜味剂的饮料标识提出了新的要求：如果含有人工甜味剂的饮料产品是通过自动售货机销售的，则应根据食品安全和标准（包装和标签）条例2.4.5（24、25、26、28和29）规定的标签要求，在产品的杯子或容器上以及自动售货机上标注产品含有人工甜味剂。
11月29日	发布化妆品规则草案	旨在规范化妆品的生产、进口和销售，以保护消费者权益。草案指定化妆品进口商通过在线门户进行注册。草案要求国内制造商必须提供声明以确认遵守了良好的操作规范。

资料来源：商业部等相关部门发布的报告

4.3.3 印度出口管理制度

4.3.3.1 海关出口估价制度

目前，印度海关出口估价制度主要遵照《2007年海关估价（出口货物价值的确定）规则》,[①] 该规则明确了出口货物价格的估价规则和估价方法。

（一）以“出口货物的成交价格”（transaction value of export goods）确定出口货物的完税价格

出口货物的完税价格是该出口货物调整后的成交价格。即便买卖双方存在特殊关系，但如果不因此影响价格，也可将成交价格确定为该出口货物的完税价格。如果出口货物的完税价格无法通过成交价格确定，可以按顺序采取下面的方法。

（二）以“比较法”确定出口货物的完税价格

出口货物的完税价格可以以同时或大约同时向同一进口国的其他买主出口相同种类和数量的货物的交易价格来衡量。在确定出口货物完税价格时，海关经办人员在充分考虑相关因素后，可对出口货物的完税价格进行合理地调整。这些相关因素包括：出口日期的差异，商业水平和数量水平的差异，待估价进口货物与被比较货物在成分、质量和设计上的差异，因出口地点不同而导致的国内运费和保险费差异等。

① Central Board of Indirect Taxes & Customs, Department of Revenue, Ministry of Finance, Government of India, *Customs Valuation (Determination of Value of Export Goods) Rules, 2007*, http://www.cbic.gov.in/htdocs-cbec/customs/cs-act/formatted-htmls/cs-valuation-export-rules07. 登录时间：2019年4月2日。

（三）以“估算价格”确定出口货物的完税价格

如果无法通过“比较法”确定出口货物的完税价格，则可以采用“估算价格”法。在对出口货物的完税价格进行估价时，应该考虑出口货物的生产、制造或加工成本，设计或品牌的收费（如有）以及适当的利润。

（四）以“剩余法”确定出口货物的完税价格

如果无法依次通过“出口货物的成交价格”“比较法”和“剩余法”确定出口货物的完税价格时，那么应该考虑到出口货物在本地市场的价格可能并不是确定其完税价格的唯一依据，可以使用符合《2007年海关估价规则（出口货物价值的确定）》基本原则与一般规定的其他方法确定出口货物的完税价格。

在海关估价中，出口商应提供与该出口货物完税价格相关的声明，但海关经办人员有权拒绝出口商申报的出口货物的价格。海关经办人员有理由怀疑出口商申报的出口货物价格的真实性和准确性，并可以要求出口商进一步提供包括文件和其他证据在内的信息。不管出口商选择提交补充信息还是选择不予回应，海关经办人员依然有理由再次怀疑出口货物价格的真实性和准确性，因此，出口货物的完税价格无法按照相关规则确定。印度海关经办人员质疑出口货物价格真实性与准确性的原因主要包括：在同一时间同类商业交易中，相似种类和数量的货物的交易价格发生了重大变化或者价格明显偏高，出口货物相关信息的误报，如说明、质量、数量和生产日期的误报等。

应出口商的要求，海关经办人员应该以书面形式告知出口商其怀疑出口货物申报价格的真实性与准确性，并在做出最终估价决定之前，为出口商提供合理的解释机会。如果在与出口商磋商调查后，海关经办人员对出口产品申报价格的真实性或准确性感到满意，则接受申报价格，出口货物的海关估价完成。

4.3.3.2 出口退税制度

目前，印度政府海关退税制度主要由《1962年海关法案》第10章与《2017年海关和中央消费税退税条例》《2006年海关和中央消费税和服务税退税条例》和《1995年进口货物再出口（关税退税）条例》三部条例构成。①

① Central Board of Indirect Taxes & Customs, Department of Revenue, Ministry of Finance, Government of India, *The Customs and Central Excise Duties Drawback Rules, 2017*, http://www.cbic.gov.in/htdocs-cbec/customs/cs-act/formatted-htmls/cs-rules-idx. 登录时间：2019年4月2日。

（一）对可退税出口产品的要求

如果出口货物在生产、加工等过程中使用了进口材料或可消耗材料[①]的，可按照《1962年海关法案》等相关法律法规申请出口退税。关于可退税出口产品的具体要求如下。

（1）“已缴纳关税的再出口产品”

“已缴纳关税的再出口产品”主要是指那些能够轻易被识别在进口时已经缴纳关税，且海关经办人员允许出口并已发出清关命令再出口的货物。[②]

（2）“用于制造出口货物的进口材料”

如果使用已缴关税进口材料在印度境内生产、加工用于出口的产品，且该产品已经海关经办人员允许出口并已发出清关命令的，那么“用于制造出口货物的进口材料”可以得到出口退税。但如果使用进口材料生产的出口产品的出口价格低于在印度国内生产、加工中使用的进口材料的价格，或者生产或加工出口产品时所用的进口材料的价格低于印度中央政府官方公报中规定的比例，则“用于制造出口货物的进口材料”已缴纳的关税不得申请退税。[③]

（3）不可退税出口产品

《2017年海关和中央消费税退税条例》对在生产和加工过程中使用了“进口材料或可消耗材料”但不能申请出口退税的产品进行了具体说明。第一，使用了“进口材料或可消耗材料”的产品经生产、加工后已在国内投入使用，但用于包装出口茶叶的茶叶盒与茶叶箱除外。第二，出口产品使用了“进口材料或可消耗材料”进行生产、加工，但所用的“进口材料或可消耗材料”并未支付关税。第三，在生产用于出口的黄麻纱线、捻线、麻线和绳索等产品时使用的黄麻配料油。第四，用于黄麻纱线、黄麻织物或其他黄麻制品出口的包装材料。

（二）退税额度与退税税率

印度中央间接税和海关委员会会按照财政年度公开印度《所有行业退税税

---

① “进口材料或可消耗材料”（imported materials or excisable materials）的相关说明。“进口材料”（imported materials）是指根据1962年海关法（1962年第52号）进口到印度的任何材料；“可消耗材料”（excisable materials）是指在印度生产或制造的任何材料，根据1944年中央消费税法（1944年第1号）的规定需要缴纳消费税。

② Central Board of Indirect Taxes & Customs, Department of Revenue, Ministry of Finance, Government of India, “Chapter X—Drawback”, *Customs Act, 1962*, http://www.cbic.gov.in/htdocs-cbec/customs/cs-act/cs-act-ch10-revised2. 登录时间：2019年4月4日。

③ Central Board of Indirect Taxes & Customs, Department of Revenue, Ministry of Finance, Government of India, “Chapter X—Drawback”, *Customs Act, 1962*, http://www.cbic.gov.in/htdocs-cbec/customs/cs-act/cs-act-ch10-revised2. 登录时间：2019年4月4日。

率一览表》，并通过《告示》（Notifications）和《通知》（Circular）等方式对出口退税税率调整情况进行不定期更新。[①] 其中，“已缴纳关税的再出口产品”的退税额度为已缴纳关税额度的98%。“用于制造出口货物的进口材料”的退税额度为“用于制造出口货物的进口材料”实际缴纳的进口关税额度，或者用于同类型出口货物生产的该类别进口材料应缴纳的平均进口关税额度。[②] 此外，根据相关法律法规，退税额度或税率不得超过出口产品市场价格的三分之一。

关于退税额度与退税比例的调低。如果生产出口产品所使用的“进口材料或可消耗材料”已经享受了较低的关税或已获得了部分退税、退款或信贷支持，那么该部分“进口材料或可消耗材料”可申请的出口退税额度相应降低。主要包括以下几种情况：其中一部分只缴纳了应缴关税但未缴纳其他税款，或者只缴纳了部分应缴关税，或者根据相关法律法规已退还全部或部分已缴纳税款等。[③]

（三）退税申请时效、退税额度/税率时效与利息

印度中央政府根据相关法律法规确定退税额度和退税利率的生效期。退税额度和退税利率具有追溯效力，可追溯至中央政府发布针对该出口货物退税公告之日，但不能早于用于生产出口产品的“进口材料或可消耗材料”的关税税率变动之日。

退税需要在自退税申请人按要求提出退税申请之日起一个月内完成。如果未按规定时间完成，除了退还退税额度外，还需要向退税申请人支付自上述一个月期满之日至退税支付日的利息。如果印度海关向退税申请人支付了错误的退税额度，或者根据相关法律法规该退税额度需要收回，那么退税申请人需要在收到通知之日起两个月之内将退税额度退回，同时需要支付自退税申请人得到退税额度之日至海关实际收回退税额度之日期间的利息金额。[④]

此外，为了核查用于生产出口货物的“进口材料或可消耗材料”的关税缴纳

---

① Central Board of Indirect Taxex & Customs, *All Industry Rates of Duty drawback*, http://www.cbic.gov.in/htdocs-cbec/customs/dbk-schdule/dbk-idx. 登录时间：2019年4月4日。

② Central Board of Indirect Taxes & Customs, Department of Revenue, Ministry of Finance, Government of India, “Chapter X—Drawback”, *Customs Act, 1962*, http://www.cbic.gov.in/htdocs-cbec/customs/cs-act/cs-act-ch10-revised2. 登录时间：2019年4月4日。

③ Central Board of Indirect Taxes & Customs, Department of Revenue, Ministry of Finance, Government of India, *The Customs and Central Excise Duties Drawback Rules, 2017*, http://www.cbic.gov.in/htdocs-cbec/customs/cs-act/formatted-htmls/cs-rules-idx. 登录时间：2019年4月2日。

④ Central Board of Indirect Taxes & Customs, Department of Revenue, Ministry of Finance, Government of India, “Chapter X—Drawback”, *Customs Act, 1962*, http://www.cbic.gov.in/htdocs-cbec/customs/cs-act/cs-act-ch10-revised2. 登录时间：2019年4月4日。

情况、退税申请人提交资料的真实性和准确性，以及海关需要的其他相关资料，退税申请人应根据海关的要求，为每项退税要求提供必要的证明、文件和其他证据。

4.3.3.3 出口贸易海关通关程序[①]

《1962年海关法案》《海关审核条例》《出口报关单条例（电子综合报关）》《进出口商经营场所清关审核条例》《装运单和出口报关单条例）》《装运单（电子报关）条例》和《海关地区货物处理条例》《出口舱单（飞机）条例》《出口舱单（船舶）条例》等系统说明了印度出口贸易的通关程序。

（一）出口货物申报

所有出口货物均须获得“出境许可”，出口货物承运人需要提前14天在海关部门进行申请。获得“出境许可”后，承运人便可以开始进行出口仓单（Shipping Bill）或出口货物运输载货清单（Bill of Export）的申报。待海关主管部门审核批准出口仓单或出口报关单后，出口商或承运人才可以进行出口货物的装运。通过邮政方式出口的货物不需要进行出口仓单的申报，但也需要经海关审核与批准。

当前，印度出口仓单和出口货物运输载货清单的申报已经基本实现电子化。在出口货物启运之前，出口商需要在印度电子数据交换系统上提交出口仓单（空运、海运）或出口货物运输载货清单（陆路运输）。没有启动自动化系统的地区，经首席海关关长或海关关长的允许，可以通过其指定的其他方式对出口货物进行申报。出口商在进行出口仓单或出口货物运输载货清单申报时，均须提交“申报属实”的声明，以确保所提供资料的准确、完整、遵守印度现行法律对出口货物的相关规定，并提交支持申报材料真实性和有效性的相关文件。如果需要修改已提交的出口仓单或出口货物运输载货清单，则需要经过印度海关的审批，当海关认为无欺诈意图的情况下才能进行修改。

（二）出口货物的缴税、清关与放行

当印度海关完成出口货物出口仓单和出口货物运输载货清单的审核之后，出口商需要到印度政府指定的银行[②]或者海关与出口商往来账户缴纳税款。此外，印度中央政府可以通过发布官方公报（Official Gazette）的方式，准许一些出口商

---

① Central Board of Indirect Taxes & Customs, Department of Revenue, Ministry of Finance, Government of India, “Chapter VII—Clearance of imported goods and export goods” *Customs Act,* 1962, http://www.cbic.gov.in/htdocs-cbec/customs/cs-act/cs-act-ch7-revised2. 登录时间：2019年4月2日。

② 印度海关授权的可通过电子方式缴纳相关税费的银行名单。Central Board of Indirect Taxes & Customs, Department of Revenue, Ministry of Finance, Government of India, *Authorized Bank for e-payment through ICEGATE*, http://www.cbic.gov.in/htdocs-cbec/bankslst-cs-epay. 登录时间：2019年4月4日

延迟缴纳出口关税或其他一些变化。如果出口商没有如期全额或部分缴纳出口关税，那么出口商还需要对出口关税未缴纳或少缴纳部分以不低于 5%、不超过 36% 的利率支付利息，直至缴清应缴出口关税。

出口货物还需要经过海关的查验。如果海关经办人员确认出口货物并非印度禁止出口类货物、单货一致，且出口商已经缴纳出口关税、出口退税申请也符合规定，那么海关经办人员可以发出准许装货出口和准许出口货物清关的指令，予以放行。准许装货出口和准许出口货物清关的指令可以通过海关电子数据交换系统以电子方式作出，该电子系统可以选择适当的标准对出口货物进行风险评估。

第5章 印度投资环境

5.1 印度吸收外资概况

作为增长最快的经济体之一，印度已被列为十大最具吸引力的入境投资目的地之一。自1991年以来，为了促进商贸便利化、加快本国吸收外资的步伐，印度政府不断放松对外资的监管，设立了新的外国直接投资部门，并简化外国直接投资的其他政策条件，印度的整体投资环境持续优化。[①] 尤其是莫迪总理上任以来，印度的投资环境进一步优化，流入的外国直接投资总额持续增加。印度总理莫迪上任伊始便提出“印度制造”（Made in India）计划，将印度经济改革聚焦于加强基础设施建设、加快制造业发展计划和改善外商投资环境三个方面。“印度制造”计划的实施将有助于吸引更多外资投入到基础设施建设领域，并为国内创造更多就业岗位。[②]

根据印度商工部工业政策与促进局公布的年度报告，2000年4月至2019年12月，包括股权投资流入、再投资收益和其他资本在内的印度外国直接投资流入总额高达6 588.93亿美元，其中外国直接股权投资为4 567.90亿美元。2018—2019财政年度，印度累计吸引外国直接投资达620亿美元，创历史最高记录，其中外国直接股权投资为443.7亿美元。[③] 联合国贸易与发展会议的统计数据表明，2018

---

① 资料来源：印度驻华大使馆，http://www.makeinindia.com/policy/foreign – direct – investment/，登录时间：2017年11月4日。

② 吴建民，汪戎：《印度洋地区蓝皮书：印度洋地区发展报告（2016）莫迪的印度》，社会科学文献出版社，2016年，第19 – 21页。

③ 资料来源：印度商工部工业政策与促进局，《2019-2020年度报告》，第21-23页，https://dipp.gov.in/anual-report/annual-report-2019-20，登录时间：2020年4月22日。

年全年，流入印度的外国直接投资总额为 422.86 亿美元，与此同时，同期印度的对外直接投资总额为 110.37 亿美元。[①]

根据印度商业与工业部工业政策与促进局发布的 2019 年第四季度外国直接投资统计数据，2000 年 4 月至 2019 年 12 月，印度国内对外资最具吸引力的行业分别是：（1）服务业[②]，累计吸引外国直接股权投资 806.71 亿美元，约占外国直接股权投资流入量总额的 17.66%；（2）计算机软件与硬件业，累计吸引外国直接股权投资 435.87 亿美元，约占外国直接股权投资流入量总额的 9.54%；（3）电信业，累计吸引外国直接股权投资 371.16 亿美元，占外国直接股权投资流入量总额的 8.13%。紧随其后的是贸易部门、建筑行业（住宅、基础设施建设等）、汽车行业、化学品行业（化肥除外）、制药行业和电力部门等。2019 年 10 月至 12 月，印度吸引外资最多的邦分别是：（1）马哈拉施特拉邦，累计吸引外国直接股权投资 31.34 亿美元，占外国直接股权投资流入量总额的 29.34%；（2）德里，累计吸引外国直接股权投资 24.41 亿美元，占外国直接股权投资流入量总额的 22.88%；（3）卡纳塔克邦，累计吸引外国直接股权投资 23.85 亿美元，占外国直接股权投资流入量总额的 22.35%。[③]

印度《经济时报》2017 年 5 月 25 日发布报道称，印度连续第二年成为接受外国直接投资最多的国家。该报道援引《金融时报》旗下《外国直接投资情报》（FDI Intelligence Magazine）编制的《2017 年国际直接投资报告》，称 2016 年印度接受的外国直接投资总额高达 623 亿美元，领先于中国和美国。[④]

自 2016 年 8 月起，印度进一步放开金融服务业投资门槛，取消了对一些金融服务业外国直接投资的监管限制。原来一些受中央银行、证监会、基金管理局等印度国家金融机构监管的金融服务业的外国投资被允许通过“自动路径”进入印度市场；其余金融服务业的外国投资则仍需要通过基于印度政府审批的“政府路径”进入印度市场。[⑤]

---

① 数据来源：联合国贸易与发展会议网站，http://unctadstat.unctad.org/wds/TableViewer/tableView.aspx. 登录时间：2020 年 4 月 22 日。

② 服务行业包括金融、银行、保险、非金融业务、外包、研发、快递、技术测试和分析。

③ 资料来源，印度商工部工业政策与促进局，*“QUATERLY FACT SHEET：FACT SHEET ON FOREIGN DIRECT INVESTMENT（FDI）FROM APRIL，2000 to DECEMBER，2019”*，第 2-3 页，第 10-12 页，https://dipp.gov.in/sites/default/files/FDI_Factsheet_December-19_5March2020.pdf. 登录时间：2020 年 4 月 22 日。

④ 资料来源：中华人民共和国驻印度共和国大使馆经济商务参赞处，《印度连续第二年成为接受 FDI 投资最多的国家》，http://in.mofcom.gov.cn/article/jmxw/201705/20170502583272.shtml. 登录时间：2017 年 12 月 26 日。

⑤ 资料来源：中华人民共和国驻印度共和国大使馆经济商务参赞处，《印度进一步开放金融服务业门槛》，http://in.mofcom.gov.cn/article/ddfg/. 登录时间：2017 年 11 月 4 日。

5.2 印度外国直接投资政策

5.2.1 整体外资营商环境

20 世纪 90 年代以来，印度政府对外资政策的总体趋势是放松管制，对待外资的态度也逐渐向国民待遇过渡。近年来，在印度政府的持续努力下，印度的营商环境持续改善。世界银行每年对世界主要 190 个经济体的营商环境进行测量，其数据表明，2018 年印度的整体营商环境评分为 60.76 分，与 2017 年相比，在各个衡量指标方面均有所提升，高于南亚地区的平均水平（53.64），在 190 个经济体中排名第 100 位。根据 2019 年 10 月世界银行最新发布的数据，印度排名已经连续 3 年保持上升，排名提升至第 63 名。①

表 5-1　　2017—2018 年印度营商环境评分

主题	2018 年排名	2018 年 DTF	2017 年 DTF	DTF 增长率（%）
总评	100	60.76	56.05	4.71
创业阶段	156	75.40	73.69	1.71
获取施工许可证	181	38.80	36.17	2.63
信贷准入	29	85.21	85.17	0.04
保护少数群体投资者	154	47.08	46.83	0.25
纳税	29	75.00	65.00	10.00
跨境贸易	4	80.00	76.67	3.33
合同执行	119	66.06	47.67	18.39
处理破产问题	146	58.56	57.61	0.95
劳动力市场监管	164	40.76	38.90	1.86
创业阶段	103	40.75	32.75	8.00

数据来源：The World Bank，*Doing Business*，*Measuring Business Regulations：DB 2018 Distance to Frontier*（*DTF*），http://www.doingbusiness.org/reforms/overview/economy/india

① 资料来源：印度商工部工业政策与促进局，《2016—2017 年度报告》，http://dipp.nic.in/sites/default/files/ AnnualReport_Eng_2016-17_0.pdf；第 87-90 页，《2019—2020 年度报告》，https://dipp.gov.in/sites/default/files/annualReport_English2019-20.pdf，第 28 页。登录时间：2020 年 4 月 22 日。

“前沿距离”（Distance to Frontier, DTF）指标衡量印度的整体营商环境与最发达国家的距离。一个经济体的 DTF 评分在 0～100，其中，0 分表示营商环境最差，100 分表示营商环境最佳。

表 5－2　　2018 年印度在改善营商环境领域的主要改革措施

创业阶段	印度通过合并永久账号和税收账号的申请，并通过改进在线申请系统，加快了创业速度。这项改革适用于德里和孟买。孟买也通过合并增值税和专业税申请来加快创业速度。
获取施工许可证	印度通过推行在线系统简化了新德里和孟买的流程，从而减少了处理施工许可证的麻烦。在线系统简化了获得建筑许可证的流程，从而缩减了在印度获得建筑许可证所需的程序和时间。
信贷准入	印度修改了重组程序之外的有担保债权人的优先权规则，并通过了一项关于破产的新法律，为重组程序中有担保债权人的自动中止提供时限和明确理由，从而加强了信贷准入。这项改革适用于德里和孟买。
保护少数群体投资者	印度增加了在有关各方之间进行偏见交易情况下的补救办法，加强了对少数群体投资者的保护。这项改革适用于德里和孟买。
纳税	印度通过强制以电子方式支付 EPF 费用，推出一系列便于征收企业所得税的管理措施，使得纳税更加容易。这项改革适用于德里和孟买。
跨境贸易	通过改善那瓦舍瓦港口（Nhava Sheva）的基础设施，印度缩短了在孟买的出口和进口边境合规时间。由于商家的加班费得以取消，电子和移动平台的使用不断增多，德里和孟买的出口和进口边境合规成本也有所下降。
合同执行	印度通过引入国家司法数据网格（可向当地法院提交案件测量报告），使合同执行变得更加容易。这项改革适用于德里和孟买。
处理破产问题	印度通过制定一项新的破产法来解决破产问题，即为破产企业债务人制定重组程序，并协助债务人在破产程序中继续开展业务。这项改革适用于德里和孟买。
劳动力市场监管	印度增加了带薪产假的强制性期限。这项改革适用于新德里和孟买。

数据来源：The World Bank，*Doing Business，Measuring Business Regulations*，2018，http://www.doingbusiness.org/reforms/overview/economy/india

5.2.2　外资的市场准入标准

《外国直接投资政策》（*Consolidated FDI Policy*）是印度政府管理外国直接投资的主要政策依据。依据该政策，外国直接投资进入印度的方式与渠道分为两种，即无需政府审批的“自动路径”和需要政府审批的“政府路径”。“自动路径”也称为“普遍许可”；不适用外国直接投资“自动路径”的限制性行业，则采取“政府路径”，需要在投资之前获得印度政府相关机构的审批和许可。

2013年以来，印度政府不断放宽外资准入限制，旨在简化外资进入的程序，将更多需要政府审批的外资转为自动合法。2015年11月，印度政府放宽外资准入限制，公布了15个领域的外国投资规章，在多个领域上调了外资的持股比例。私营银行部门的外资持股比例上升至74%，与电视台新闻和时事节目传输行业相关的外商投资上限上调至49%。咖啡、橡胶、豆蔻、棕榈油和橄榄油行业允许外资100%持股。

2016年，印度政府又相继出台了一些改革举措，包括对外资开放新的行业、简化外国直接投资政策的其他条件等。（1）在电子商务部门，“自动路径”下的外国直接投资比例可达到100%。但是，基于库存的电子商务模式不允许有外国直接投资；（2）在食品零售贸易部门，外国直接投资比例在“政府路径”下可达到100%；（3）在国防部门，早期的制度允许“自动路径”下的外国直接投资参与公司股权的比例为49%，参与股权比例超过49%的外资需要获得政府批准；（4）在私人安保部门，外国直接投资比例限制从49%放松至74%，49%以下的外资可以通过“自动路径”进入，49%～74%的部分需要经过政府批准；（5）在制药部门，外国投资者经“自动路径”进入印度的持股比例提升至74%，超过74%需经政府批准；（6）在民用航空部门，布朗菲尔德机场项目将被允许接受“自动路径”下100%的外国直接投资；定期航空运输服务/国内定期航线和区域航空运输服务的外资限额已经提高到100%，49%以下的外资可以通过“自动路径”进入，49%以上的部分需要经过政府审批；（7）在畜牧业领域，畜牧业（包括养殖业）、养鱼业、水产养殖业和养蜂业的外资比例达到了100%；（8）在保险和养老部门，“自动路径”下的外资进入的比例从26%放松至49%；（9）对于其他金融服务领域，由金融部门监管机构管理的金融服务活动将被允许在“自动路径”下接受100%的外国直接投资。此外，印度政府还放松了外资在印度设立分支机构、联络处和项目办公室的规定，如果申请人的主要业务是国防、电信、私人保安或信息广播，在取得有关部门/监管机构许可/批准的情况下，在印度设立分支机构、联络处、项目办公室或其他营业地点不需要取得印度储备银行的同意。

当前，印度多数行业和部门的外国直接投资比例在“自动路径”下被允许达到100%。只有少数行业外国直接投资被禁止进入或进入的外资受到股权、进入途径或条件方面的限制。目前，印度政府禁止外国投资者进入的行业包括：赌博、博彩业、风险基金、核能、雪茄和烟草业等；限制外国投资者进入的行业主要是从事社会或公共事业的工业生产部门以及强制实行生产许可证的领域，主要包括电信服务业、私人银行业、多品牌零售业、航空服务业、基础设施投资、广播电视转播等。在限制外资投资的行业，如外商投资超过政府规定投资比例上限，其投资活动需要获得印度政府相关部门的批准。①

表 5-3　印度部分限制领域对外国投资者持股比例上限的要求

行业领域	持股上限（%）
原子矿物、电信服务业、微型制造、制药业	74
多品牌产品零售（需外国投资促进委员会批准）	51
国防、空运服务、资产重整公司、电视、基础设施建设（电信除外）、保险、养老部门	49
新闻电视频道、新闻时事报纸	26
调频广播	20

数据来源：印度财政部；商务部《对外投资合作国别（地区）指南：印度（2017 年版）》，第 50 页。

表 5-4　印度外国直接投资主要行业准入政策

<table>
<tr><th>序号</th><th>产业领域</th><th>外资持股上限（%）</th><th>审批途径</th></tr>
<tr><td rowspan="3">1</td><td colspan="3">机场建设类</td></tr>
<tr><td>绿地项目</td><td>100</td><td rowspan="2">自动路径
外资持股超过 74%
需经批准</td></tr>
<tr><td>现有机场项目</td><td>100</td></tr>
<tr><td>2</td><td>航空运输服务业</td><td>49</td><td>自动路径</td></tr>
<tr><td>3</td><td>酿酒业</td><td>100</td><td>自动路径</td></tr>
<tr><td>4</td><td>资产重组公司</td><td>49</td><td>需经批准</td></tr>
<tr><td>5</td><td>原子矿产</td><td>74</td><td>需经批准</td></tr>
<tr><td>6</td><td>私营银行业</td><td>74</td><td>自动路径</td></tr>
<tr><td>7</td><td>雪茄及卷烟生产</td><td>100</td><td>需经批准</td></tr>
<tr><td>8</td><td>煤炭及褐煤采矿（用于电力项目、钢铁和水泥生产等）</td><td>100</td><td>自动路径</td></tr>
</table>

① 资料来源：中华人民共和国驻印度大使馆，“印度吸收外资的现行政策及其演变过程”，http://in.china-embassy.org/chn/jjmy/ydjmzc/t200875.htm. 登录时间：2017 年 11 月 4 日。

续表

序号	产业领域	外资持股上限（%）	审批途径
9	咖啡、橡胶加工和仓储	100	自动路径
10	建设开发项目，包括住房、商用房、度假村、教育设施、娱乐设施、城市和地区一级的基础设施、村镇建设	100	自动路径
11	速递服务	100	需经批准
12	国防设备生产	26	需经批准
13	花艺、园艺、开发种子、动物管理、养鱼业、水产业、蔬菜及蘑菇培育	100	自动路径
14	危险品化工、氢氰酸及其衍生物、碳氯及其衍生物、碳氢化合物中的异氰酸盐（酯）等	100	自动路径
15	工业爆炸物生产	100	自动路径
16	保险业	26	自动路径
17	采矿业（包括钻石、宝石、金银及其矿石的勘探和采掘）	100	自动路径
18	石油天然气精炼	100（私人公司）	自动路径
19	**平面媒介类**		
	新闻及时事类报纸、期刊的出版	26	需经批准
	科研及专业杂志期刊的出版	100	需经批准
20	电力行业，包括发电（核电除外）、输电、电力配送及买卖电力	100	自动路径
21	茶叶，包含茶业种植	100	需经批准
22	电信设备生产	100	自动路径
23	**贸易行业**		
	批发贸易	100	自动路径
	出口贸易	100	自动路径
	单一品牌零售贸易	51	需经批准
24	经济特区和自由贸易仓储区（含“两区”及区内企业的设立）	100	自动路径

数据来源：中国商务部，《对外投资合作国别（地区）指南：印度（2017年版）》，第50–52页。

需要指出的是，印度政府对中国的投资仍保有一些限制。根据《外汇管理（在印设立分支机构、办事处或其他商业机构）规则》第4条，中国居民如果在印度设立任何商业机构，必须首先获得印度储备银行的许可。根据《外汇管理（在印度取得及转让不动产）规则》第7条，如果没有印度储备银行的预先许可，中国居民不得在印度取得不动产，转让不动产或租赁不动产超过5年，而且只有获得内政部和储备银行的一致同意，申请企业才能获得预先许可。[①]

除了以上限制外资进入的行业，印度政府鼓励外资进入以下相关行业，主要包括：电力（核电除外）、石油炼化产品销售、采矿业、金融中介服务、电子产品、电脑软硬件、特别经济区开发、贸易和食品加工等。涉及的相关项目包括：（1）新工业政策表中所列项目；（2）基础设施；（3）具有出口潜力的项目；（4）能大量雇佣劳动力的项目；（5）农业综合开发项目；（6）具有社会意义的项目（医院、人力资源发展、医药急救品及其设备）；（7）能引进技术和资本的项目等。[②]

5.2.3 税收体系与税收政策

5.2.3.1 印度的分税制度

印度的税制以宪法为基础，行政机构在议会的授权下课税。作为联邦国家，印度政府实行中央、邦和地方三级分税制度，并在中央和地方分设各税种管理委员会。印度财政部下设中央直接税委员会、中央关税委员会等机构，分别负责所得税、关税等税种的征收和管理。印度各级政府课税责权明确，但税制十分复杂。

表5－5　印度三级分税制

层级	税　种
中央税	企业所得税、资本所得税、个人所得税、遗产与赠与税、销售税、消费税、增值税、社会保障税、节省外汇税、注册税、土地和建筑物价值税、支出税、印花税、关税等
邦税	交通工具税、土地价值税、农业所得税、职业税等
地方税	土地与建设物税（对租金征收）、土地增值税、广告税、财产转让税等

资料来源：中国商务部，《对外投资合作国别（地区）指南：印度（2017年版）》，第54页。

① 吴建民，汪戎：《印度洋地区蓝皮书：印度洋地区发展报告（2016）莫迪的印度》，第223－224页。

② 资料来源：中华人民共和国驻印度大使馆，“印度吸收外资的现行政策及其演变过程”http://in.china-embassy.org/chn/jjmy/ydjmzc/t200875.htm. 登录时间：2017年11月4日。

5.2.3.2 企业面临的主要税种与税率

外资企业在印度面临的主要税种包括企业所得税、资本收入税、个人所得税、商品和服务税、增值税等。

（一）企业所得税

印度企业所得税的纳税主体分为居民企业（本国企业）和非居民企业（外国企业）。居民企业是指在印度注册或控制权在印度的企业，居民企业就其在全球范围内的所得纳税，所得税税率为30%；非居民企业就其在印度境内的经营收入所得纳税，所得税税率为40%。此外，居民企业和非居民企业均需要额外缴纳附加税，附加税与企业的性质和应税收入相关：对于居民企业，以企业应税收入超过1 000万卢布和1亿卢布为界，企业应缴纳的附加税税额分别为所得税纳税税额的7%和12%；对于非居民企业，以企业应税收入超过1 000万卢布和1亿卢布为界，企业应缴纳的附加税税额分别为所得税纳税税额的2%和5%。除此之外，居民企业和非居民企业还要以其所得税纳税税额和附加税税额为税基再额外缴纳3%的教育费附加税。

（二）资本收入税

资本收入税是针对所出售资产取得收入的赋税，“长期资产”和“短期资产”的资本收入税税率有所不同。“长期资产”与“短期资产”的划分以持有资产的时间为划分标准：持有时间超过3年的实物资产和持有时间超过1年的有价证券（股票、证券、基金等）为“长期资产”，未达到以上持有时间的资产为“短期资产”。出售长期实物资产的资本收入税税率为20%，出售短期实物资产的资本收入税税率与公司所得税税率相同；出售长期有价证券资产免征资本收入税，出售短期有价证券的资本收入税税率为10%。

（三）个人所得税

印度的个人所得税按照课税对象划分为居民、常住居民和非居民三类，并实行分类综合课税。需要征收个人所得税的征税项目包括工资收入（包括工资、补贴、津贴、退休金等）、房产收入、资本收入（包括利息、有价证券收入等）、业务和技能所得和其他收入（如彩票等）等。其中，保险费用、医疗支出、教育支出、高等教育贷款利息以及慈善捐款等项目可以在税法规定限额内进行税前扣除。

个人所得税实行超额累进税率，自1991年起，印度将个人所得税税率简化为5%～30%的三级累进税率，但个人所得税税率调整频繁。纳税人根据居民身份计算应纳税收入总额，并对超额部分按照对应税率纳税。自1991年起，印度的个人所得税起征点提高至10万卢比；2017年纳税年度，印度的个人所得税起征点为25万卢比。

表5-6　印度个人所得税累进税率

年收入（卢比）	个人所得税税率（%）		
	男性居民	女性居民	退休老人
25万以下	0	0	0
25万～30万	5	5	0
30万～50万	5	5	5
50万～100万	20	20	20
100万以上	30	30	30

资料来源：《对外投资合作国别（地区）指南：印度（2017年版）》，第55页。

（四）商品和服务税

印度的商品和服务税是针对消费环节征收的间接税，在以直接税为主体的多数发达国家通常被称为销售税或消费税。2017年7月1日，印度莫迪政府推行了商品和服务税改革，目的在于将当前混乱的邦内和邦际销售税统一为商品和服务税，以提升印度税制竞争力。

改革后的印度商品和服务税依然采取“双轨制”，即中央政府和邦（中央直辖区）政府各自征收自己的商品和服务税，因此，印度的商品和服务税共有四种类型，即中央商品和服务税、邦商品和服务税、中央直辖区商品和服务税和综合商品和服务税。其中，对于邦内或中央直辖区内的商品和服务交易，中央政府、邦政府或中央直辖区政府分别按照一定比例征收中央商品和服务税、邦商品和服务税或中央直辖区商品和服务税；对于跨邦（中央直辖区）的商品和服务交易，则由中央政府征收综合商品和服务税。中央政府、邦或中央直辖区政府在商品和服务税上的分配比例基于商品和服务交易额：若商品和服务交易额超过1 500万卢比，商品和服务税按中央政府和邦/中央直辖区政府各50%的比例分配；若商品和服务交易额不足1 500卢比，商品和服务税则按中央政府10%、各邦/中央直辖区政府90%的比例分配。

根据商品性质，印度的商品和服务税税率划分为5%、12%、18%和28%四档。此外，还设有针对出口商品的零税率，针对钻石和未加工宝石等的0.25%税率，以及针对金银等商品的3%的税率。与其他国家横向相比，印度商品和服务税的税率档次明显较多。2017年5月，印度商品和服务税委员会颁布了1 211项商品和服务的整体征税框架，绝大多数商品和服务的税率被划定在 18%以下。

表 5－7　　　　印度商品和服务税税率

税率（%）	适用的商品和服务数量	主要商品与服务
0	—	新鲜肉类、鲜鱼、活禽、禽蛋、牛奶、凝乳、天然蜂蜜、新鲜果蔬、面粉、豆粉、面包、盐、红点贴（宗教用）、红粉（宗教用）、邮票、司法文件、印刷书籍、报纸、手镯、手推车等。
5	263 项货物和 12 项劳务	鱼片、奶油、脱脂奶粉、面糊、冷冻蔬菜、咖啡、茶、香料、披萨饼坯、烤肉、煤油、煤炭、药品、血管支架、救生艇等。
12	242 项货物和 7 项劳务	冷冻肉制品、黄油、奶酪、酥油、干果、动物脂肪、香肠、果汁、膨化油炸小食品、阿育吠陀药品、牙粉、熏香、着色书、图画书、雨伞、缝纫机、手机等。
18	453 项货物和 9 项劳务	糖果、意大利面食、玉米片、糕点和蛋糕、泡菜、果酱、调味汁、汤料、冰淇淋、速溶食品、矿泉水、纸巾、信封、卫生棉条、笔记本、钢铁产品、印刷电路板、相机、扬声器和显示器等
28	228 项货物和 4 项劳务	口香糖、糖蜜、巧克力、华夫饼、薄饼、马萨拉香料饼、碳酸饮料、油漆、除臭剂、剃须膏、洗发水、染发剂、防晒霜、壁纸、瓷砖、热水器、洗碗机、体重秤、洗衣机、ATM、自动售货机、吸尘器、剃须刀、吹风机、发夹、汽车、摩托车、个人用飞机、游艇等。

资料来源：中国商务部，《印度政府发布 2017 年商品和消费税（GST）税率指南》，http://www.mofcom.gov.cn/article/i/jyjl/j/201705/20170502578444.shtml

5.2.3.3　印度的税收征管

印度的纳税年度与其财政年度相同，采用跨年的财政年度编制方法，即从每年的 4 月 1 日至次年的 3 月 31 日，印度大多数税种的报税时间为每个财政年度结束之前。企业应注意在评估年度的 9 月 30 日之前自行或者委托当地会计师事务所递交上一财年的报税材料，报税材料包括企业报表、企业营业执照、税务登记号等文件，委托当地会计师事务所报税的企业还需要提供会计师事务所开具的审计报告。

印度税收征管机构按季度对企业的应缴所得税进行预估，企业应在每个季度 15 日前按预计的下季度收入预缴所得税税款，即每财年的 6 月 15 日、9 月 15 日、12 月 15 日和 3 月 15 日，并于每财年 3 月底之前按照本财年实际收入情况结清所得税。如果企业申报延误，未能在规定期限内提交报税材料，可以在相应的评估年度结束后一年内或者在税收征管机关对纳税企业的评估年度前（以先到者为准）

进行延期申报。如果在评估年度结束后仍未完成纳税申报，税收征管机构将要求企业缴纳 5 000 卢比罚金。[①]

如果企业与税收征管机关产生税收争议，企业首先需要向税务评估官（assessing officer）提供相关账务信息，以便其对企业的应纳税额进行评估和审核；如果企业对税务评估官的审核结果有疑义，可向税务局的所得税复议官［commissioner of Income Tax（appeals）］提出复议申请；如果企业对复议官的评估意见仍存有疑问，则可进一步向司法部法律事务署下设的所得税争议上诉法庭（Income Tax Appellate Tribunal，ITAT）提出上诉；如果税收争议仍无法解决，企业可以上诉至高等法院乃至印度最高法院。[②]

5.2.3.4 印度的税收激励政策

印度针对外资的税收政策主要依据 1961 年颁布的《印度所得税法》，印度对在印设立的外资企业征收同等税率，对外国公司在印设立的分公司则征收更高的税率。为了创造友好的外资进入环境，印度总理莫迪对税法进行了一系列改革。

根据印度财政部于 2010 年提交至议会的直接税改革草案修改版，非居民企业所得税率从 40%降至 30%，但是需要对非居民企业的税后利润额外计缴 15%的附加税。为了吸引外资，莫迪总理上台后将附加税税率调整至 5%的历史最低水平。

此外，印度还给与外资企业一定的税收优惠政策。符合下列条件之一者，可以享受全额减免十年利润与收益税的优惠政策：从事基础设施开发、维修和运营的企业；2006 年 3 月 31 日前成立的发电企业，或发电并输、配电企业，或配电企业；经有关当局批准，2003 年 3 月 31 日前从事科技和工业研究开发活动的企业；2006 年 3 月 31 日前从事开发、运营、维护工业园区或经济特区的企业；已申报的在东北地区设立的工业企业；开发建设地方当局于 2001 年 3 月 31 日前批准的住宅项目并于 2003 年 3 月 31 日前竣工的企业。

其他优惠税收政策如下：

（1）生产或提炼矿物油的公司可连续七年减免 100%利润和收益税；

（2）符合下列条件之一者，前五年减免 100%所得税，随后五年减免 30%所得税：2003 年 3 月 31 日前开始提供电信服务的公司；位于某些工业特别落后的邦或地区的工业公司；2003 年 3 月 31 日前开始运营农产品冷藏连锁设施的公司；从事粮食管理、储藏、运输业务的公司；

（3）从事建筑业，拥有并经营 2005 年 3 月 31 日前建成的多功能剧场或会议

① 李钦：《印度投资实务指南》，法律出版社，2017 年，第 198 页。

② 李钦：《印度投资实务指南》，第 201 页。

中心的公司，前五年减免 50%所得税；

（4）位于电子硬件技术园和电子软件技术园的新工业企业以及 100%出口型工业企业，到 2009—2010 财政年度的十年里 100%免除出口所得税。在经济特区成立的单位，前五年减免 100%出口所得税，后两年减免 50%出口所得税；

（5）位于综合基础设施开发中心或东北地区工业发展中心的新工业企业，100%免除出口利润税十年；

（6）对于出口企业，可从总收入中减免 50%出口所得税。2003—2004 财年限定减免 30%税，以后不再减免；

（7）宾馆和旅游业经营者，减免外汇总收入 50%税。2003—2004 财年限定减免 30%税，以后不再减免；

（8）计算机软件或电影软件、电视软件、音乐软件出口，可从出口总收入中减免 50%出口所得税。2003—2004 财年限定减免 30%税，以后不再减免；

（9）按照申报的红利，减免某些关联公司的红利税；

（10）免除以参股或长期融资形式投资于基础设施开发、维修及运营的基础设施资本公司的红利、利息所得税及长期资本收益税。[①]

5.3 印度外国直接投资管理体制

5.3.1 印度外国直接投资管理部门

印度负责外商投资的政府主管部门包括商工部下属的工业政策与促进局、公司事务部、财政部与印度储备银行等。

5.3.1.1 商工部工业政策和促进局

印度商工部的工业政策与促进局成立于 1995 年，在 2000 年与工业发展部合并重组。工业政策与促进局的主要职责包括：

第一，制定、执行工业政策以及监控工业发展状况；

第二，制定外国直接投资政策，并促进、批准外国直接投资活动，并为外国直接投资提供便利化措施。在吸收外资方面，该部还负责促进和增加本国的外国直接投资流入，通过外国投资执行机构即 FIIA，直接与有关部门/州政府进行交流，

① 徐策：《风口的大象—印度金融业改革》，经济科学出版社，2016 年，第 145－150 页。

在解决外国投资者执行项目所面临的问题方面发挥积极作用。

第三，该部门还鼓励企业层面的对外技术合作，并制定相应的政策参数。具体表现为通过国外技术合作机制鼓励各行业的技术收购。外国技术引进是通过外国直接投资和国外技术合作（FTC）协议来促进的。FTC 协议的批准包括印度储备银行授权的“自动路径”和政府批准的“政府路径”两种方式。[①]

工业政策与促进局下设外国投资执行委员会（Foreign Investment Implementation Authority，FIIA），该委员会成立于 1999 年，建立的初衷是推进外国投资项目在印度的顺利实施。具体职责包括：为外国投资者的投资计划审批提供必要的服务、协助外国投资者与印度各政府部门协调沟通、监督外国投资项目的执行情况并帮助其解决困难等。当前，印度政府已经在三十多个政府部门内部建立了“快速通道”（Fast Track Committee，FTC），“快速通道”的设立有利于协助外商投资执行委员会顺利推进外商投资项目的落地与实施。此外，外国投资执行委员会（FIIA）还为各邦外国直接投资项目派了联络官员。如遇到困难可与联络官员联系，由该官员向外资执行委员会反映情况。

5.3.1.2 财政部外国投资促进委员会

外国投资促进委员会是负责对需要通过“政府路径”进入印度的外国投资者进行审批的主管部门，原设在商工部，2002 年后并入财政部，隶属于财政部经济事务局投资处（Investment Division，Department of Economic Affairs）。如有必要，该委员会可就有关外国直接投资问题与印度政府相关部长、秘书和其他财政机构、银行高级官员及工业和商务专家进行协调。

外国投资促进委员会针对外国直接投资者的投资提案制定了有时间限制、透明而主动的审批制度。该委员会还负责与外国直接投资申请人沟通印度政府对其投资提案的决定，进行有关审批后修订的工作，并向外国投资者提供咨询和指导，提供投资促进和便利化措施。[②]

除外国投资促进委员会之外，印度财政部经济事务局投资处还下设外国投资科（Foreign Investment Unit，FIU）、国际投资协议科（International Investment Agreement Section）和国内投资科（Domestic Investment Division）等部门，[③] 共同

① 印度商工部工业政策和促进司网站，http://dipp.nic.in/about-us/role-and-functions-department industrial-policy-promotion. 登录时间：2017 年 12 月 27 日。

② Investment Division，Department of Economic Affairs，Ministry of Finance，India，https://dea.gov.in/divisionbranch/investment-division.

③ 同上。

管理、协调、促进印度的外国直接投资活动。

2017年5月，印度政府宣布正式解散负责审查外国投资项目的外国投资促进委员会，意在简化外国投资的审批流程，以尽可能多地吸引外来投资，进而促进当地经济的发展。

5.3.1.3 印度储备银行

在外商投资领域，印度储备银行主要负责外汇管理以及申报外资项目的审批等工作。

于1999年颁布的《外汇管理法案》是印度外汇管理的主要法律，印度储备银行根据该法律管理外商投资所涉及的外汇管理问题。

在印度，申报外资项目时，若外国企业股权不超过印度政府对不同行业外资股权的最高限额，外资项目则可以通过“自动路径”不经政府审批直接进入相关领域，即外资企业按照印度储备银行规定，向其提交相关资料备案后即可获批。若外资企业股权超过印度政府对不同行业外资所持股权比例的最高限额，或其他不属于“自动路径”的外资项目，则需要通过印度政府部门的审批。

5.3.1.4 外商投资促进机构

为了进一步吸引更多的外国投资者，印度效仿美国、中国等国家的做法，成立了旨在为外国投资者提供一站式投资服务的非营利性投资促进公司 Invest India。该公司由印度政府与印度工商联合会（Federation of Indian Chambers of Commerce & Industry，FICCI）共同出资成立，总股本为1亿卢比，其股权结构是：印度工商联合会出资占51%，各邦共同出资占14%（各邦出资占0.5%），印度中央政府出资占35%。董事会由商工部下属的工业政策与促进局的官员与印度工商联合会负责人组成。

作为投资促进机构，Invest India 的主要职责包括三个方面，即为外国投资者提供对印投资指导、举办投资促进活动、向印度政府反馈投资政策的执行效果。印度政府希望Invest India能够成为外国投资者对印度进行投资的首选咨询机构。[①]

5.3.2 政府审批程序

根据印度商工部工业政策与促进局公布的综合外国直接投资政策（2017年8月28日起生效），经非“自动路径”进入印度的外资需要取得相关政府管理部门

① “印度成立外商投资促进机构 Invest India”，中华人民共和国驻孟买总领事馆经济商务室，2009年9月11日，http://bombay.mofcom.gov.cn/aarticle/jmxw/200909/20090906525135.html.

的审批，表 5－8 显示了外资进入的行业领域与相应的审批主管部门。

表 5－8 投资行业与对应行政部门

编号	行业/部门	行政部门
1	采矿业	矿业部
2	国防业	
	a）需要取得工业许可证的业务（由 1951 年“工业（发展和管理）法”和/或 1959 年“武器法”规定），发证权由内政部授权给 DIPP（工业政策促进局）	国防生产部，印度政府国防部
	b）制造 1959 年“武器法”包含的小型武器和弹药	印度政府内政部
3	广播业	印度政府信息与广播部
4	印刷媒体	
5	民用航空	印度政府民航部
6	卫星	太空部
7	通信业	通信部
8	私人安保机构	印度政府内政部
9	来自关切国家（目前包括巴基斯坦和孟加拉国）的投资申请（需遵守现行的 FEMA 20、外国直接投资政策和安全指南）	
10	贸易（单一品牌、多品牌以及食品零售）	商业与工业部工业政策与促进局
11	非印度居民的外国直接投资申请/需要政府批准的出口导向单位	
12	在进口资本品、机器、设备（除了二手机器）的业务中，政府审批程序下涉及股权投资的外国直接投资申请	
13	有关发行前/注册前股本费用的申请（包括支付租金等）	
14	不受金融监管机构监管的金融服务活动，只受部分监管的金融服务活动，或对监管存疑的情况	经济事务部
15	申请进入核心投资公司（或只向国内进行资本投资的印度公司）的外资	
16	银行业（国有和私有）	金融服务部
17	制药业	药品部

5.4 外资企业的设立与运营

外国投资者可以通过设立新企业和跨国并购的方式在印度设立并经营企业。整体来讲，通过设立新企业的方式可以使外国投资者拥有更大的决策权、控制权，并且在后期运营中具有较大的灵活性，但设立新企业所需时间较长，且程序较为复杂。相比之下，通过并购印度当地企业的方式可以降低投资者的财务成本和投资风险，使外国投资者能够利用印方已有的营销和市场渠道、资金、社会关系等，使经营更顺利，并在短期内获得经济效益。

外资企业在印度的设立程序与该企业所在行业和所从事项目密切相关。在一些行业，印度政府允许100%外国独资企业独立经营，而在一些行业，外资比例受到严格限制。因此，外国投资者在印度设立新企业或并购当地企业之时，要充分了解相关行业对外资的限制和要求。

5.4.1 设立新企业的程序

外国投资者在印度设立的新企业既可以是具有法人资格的企业实体，也可以是不具备法人资格的企业实体，两种类型企业实体的归口管理单位不同，设立要求与程序也不尽相同。

（一）不具法人资格的企业实体

不具备法人资格的企业形式包括分公司、联络处、办事处与项目办公室等。印度储备银行负责外国投资者在印度设立分公司、办事处等不具法人资格的企业等管理，并在于 2000 年颁布的《外汇管理法案》以及一系列通告中发布了相关法律法规与具体的操作流程。按照印度储备银行的相关规定，非印度本国企业在印度设立分公司等不具法人资格的企业实体，应首先向印度储备银行提出申请；在得到印度储备银行的许可之后租用或购买设立分公司等企业实体的办公场所，值得注意的是，中国内地和香港、澳门特区的公民不许在印度购买不动产，只能租用办公场所，且租期不得超过 5 年；在企业实体正式运行 5 日内向当地片区警署通报，30 日内向当地公司注册局提交相关材料。企业实体运行期间，需要在每年3月31日之前向印度政府递交经注册会计师审核的公司年度活动报告和资产负债表。

（二）法人企业实体

1956 年的《公司法》与 2013 年的新《公司法》及其附属法律是印度规范

具有法人资格实体企业经营活动的法律依据。印度公司事务部（Ministry of Corporate Affairs）以《公司法》为依据，对在印度成立的外资企业进行管理。

在印度注册新企业的程序较为简单，依据《公司法》，外国投资者在印度成立一家企业法人需要首先申请永久会计账号、电子签名证书（Digital Signature Certificate，DSC）和董事认证代码（Directors Identification Number，DIN）；随后，向印度公司注册局（Registrar of Companies）提交核名申请，核定公司名称；公司名称核准后，需向公司注册局提交公司章程等公司注册资料，随后公司注册局为其发放营业执照。从公司提交核名申请到最后取得营业执照的法定时间是 120 天，公司必须在此期间内完成相关程序，否则会导致公司注册失败。此外，值得注意的是，根据《公司法》，外资企业在获得营业执照后，需要在 60 天内完成注资。企业在运营中要遵守《公司法》，此外还要遵守《工业和劳工法》《环保法》《保护工业知识产权法》《工厂管理法》和《税法》等法律法规。

在印度，最常见的具有法人资格的企业实体是私人有限责任公司（private limited company）和公众公司。其中，私人有限责任公司最少股东数为两个法人或自然人，而公众公司是七个；私人有限责任公司最少董事数为两个，而公众公司为三个，且必须有一名在印度连续居住 182 天以上的居民董事；私人有限责任公司的股权转让受限，公众公司的股权则可以自由转让。①

5.4.2 并购的程序

外国投资者可以通过资产收购（asset acquisition）和股权收购（stocks acquisition）的方式进入印度市场，两种方式各有利弊。资产收购由于尽职调查较为简单，所以风险程度较低，但由于转让资产的大额交易会产生大量的税负负担，进而造成成本较高，且一些行业需要重新办理相关法律的证照文件，程序略显复杂；股权收购税负较低，且法律证照可以直接继承，程序简单，但由于收购方要继承被收购公司的全部权利与义务，如果尽职调查不完备，将给收购方带来较大的风险。

外国投资者并购印度企业的流程主要包括如下几个步骤：首先，确定收购的目标公司；随后，对目标公司进行尽职调查，全面掌握目标公司的经营状况、财务状况、法务状况等；第三，与目标公司进行谈判，并确定交易文书；第四，执行交易文书，履行相关交割程序；第五，向印度政府交纳相关税费，完成公司权

---

① 李钦：《印度投资实务指南》，第 79－82 页。

益的变动。[①]

5.5 印度与中国投资关系

5.5.1 相互投资概况

根据印度联邦储备银行公布的数据，2014—2015 年度印度吸收来自中国的外国直接投资 5.05 亿美元，2015—2016 年度为 4.61 亿美元，2016—2017 年度为 1.98 亿美元，2017—2018 年度为 3.5 亿美元。[②] 根据印度商工部发布的报告，自 2000 年 4 月至 2015 年 9 月，中国对印度的直接投资主要分布于汽车工业（59.66%）、冶金工业（14.35%）、电子设备（4.15%）、工业机械（4.08%）以及电力行业（2.98%）。[③]

表 5－9　　中国对印度投资的行业分布

（2000 年 4 月—2015 年 9 月）

序号	行业	FDI 流入总额		占中国投资总额的百分比（%）
		单位：千万卢比	单位：百万美元	
1	汽车工业	4 551.02	740.59	59.66
2	冶金工业	1 023.00	178.13	14.35
3	电子设备	323.62	51.49	4.15
4	工业机械	310.90	50.70	4.08
5	电力	209.81	36.94	2.98

数据来源：印度商工部报告，http://dipp.nic.in/sites/default/files/FDI_Synopsis_China.pdf

2018 年 1～3 月，中国和印度之间进出口贸易总额 221.3 亿美元，同比增长 15.4%，其中中国对印度出口总额 175.5 亿美元，同比增长 17.2%，进口总额 45.8 亿美元，同比增长 9.1%；贸易顺差金额为 129.7 亿美元。2018 年 1～3 月的外贸数据显示，印度为中国第八大出口市场，第四大贸易顺差来源国。2018 年 1～3 月，印度对华投资项目总数为 66 个，同比增加 32%；印度对华实际投资总额为

① 李钦：《印度投资实务指南》，第 127 页。

② 资料来源：印度储备银行网站，《2017—2018 年度报告》，https://www.rbi.org.in/scripts/AnnualReportPublications.aspx?Id=1249.登录时间：2020 年 4 月 22 日。

③ 印度商业与工业部网站，http://dipp.nic.in/sites/default/files/ FDI_Synopsis_China.pdf. 登录时间：2018 年 5 月 20 日。

709 万美元，同比减少 18%；截至 2018 年 3 月底，印度对华投资累计项目数 1 636 个，累计投资金额 8.61 亿美元。2018 年 1～3 月，中国对印度非金融类直接投资总流量为 4 357 万美元，同比减少 40.2%；截至 2018 年 3 月底，中国对印度非金融类直接投资存量为 34.6 亿美元。2018 年 1～3 月，中国对印度工程承包合同总额为 5.93 亿美元，同比增加 157.5%；营业总额为 5.35 亿美元，同比增加 14.3%；截至 2018 年 3 月底，中国对印度工程承包累计合同额为 711.8 亿美元，累计完成营业额为 488.4 亿美元。在承包工程项下，2018 年 1～3 月中国对印度派出人数为 336 人，在印度人数总计 1 509 人；在劳务合作项下，2018 年 1～3 月，中国对印度派出人数为 0 人，在印度人数总计 165 人。①

据《金融时报》旗下《外国直接投资情报》发布的报告，2016 年以来，全球绿地投资处于持续恢复阶段。该报告显示，2015 年资本投资增长 9%，增长至 7 130 亿美元，而通过外国直接投资创造的就业机会增加 1%，增加至 189 万，其中印度吸收的外国直接投资增长最为明显。在经历了漫长的追赶后，印度正在超越中国。印度是 2015 年资本投资排名最高的国家，投资额为 630 亿美元，成为外国直接投资的首选目的地。② 在电子设备、智能手机等行业，中印间的投资合作越来越密切。印度快速发展的移动市场和低廉的劳动力成本优势吸引了中国的智能手机制造商。2016 年，华为宣布计划从当年 10 月开始在印度生产智能手机，而电子制造商伟创力国际也在印度金奈设立了分部。2016 年 10 月 6 日至 7 日，印度邀请中国公司参加在新德里举行的第四次中印战略经济对话，并积极吸引中国电子电气、制造业和纺织业的跨国公司在印度投资。中国企业也曾表达过参与 2014 年莫迪总理启动的“印度制造”计划的意愿。随着中国对外投资的不断增长，以及印度对外国资本和技术需求的增加，中印双方可建立相应框架来加强双边关系。③

5.5.2 中印的投资协定及项目

1994 年，中印两国签署《避免双重征税协定和两国银行合作谅解备忘录》；1984 年，中印政府签署了第一个政府间贸易协定；2006 年，中印两国政府签订了《双边投资保护协定》；2014 年，中印政府签署了《经贸合作五年发展规划》。

---

① 中华人民共和国驻孟买总领事馆经济商务室网站，http://bombay. mofcom.gov.cn/ article/zxhz/ 201805/20180502738920.shtml. 登录时间：2018 年 5 月 20 日。

② 《外国直接投资情报》网站，https://www. fdiintelligence.com/ Inside-fDi/Inside-fDi-India-cottons-on-to-FDI-while-China-takes-the-silk-road. 登录时间：2018 年 5 月 20 日。

③ 《外国直接投资情报》网站，https://www.fdiintelligence. com/News/India-woos-China-for- mutual-benefit. 登录时间：2018 年 5 月 20 日。

2016 年 10 月，中印双方签署了产能合作协议，协议涵盖了基础设施、能源、制造业等领域。在双边机制方面主要有：第一，中印经贸联合小组。1988 年，印度总理拉吉夫·甘地访华期间建立了中印经贸联合小组，旨在推动双方经贸合作，讨论双边贸易、双向投资、基础设施领域合作等共同关心的话题，迄今已举行了 11 次会议；第二，中印战略经济对话。2010 年，温家宝总理访印期间建立该机制，牵头单位为中国发展改革委和印度国家转型委员会（原印度国家计委），旨在推动双方战略与产业合作，迄今已举办了 6 次会议；第三，中印财经对话。由 2005 年温家宝总理访印期间建立，牵头单位是双方财政部，旨在推动双方财政金融领域的政策交流和实质性合作，迄今已举行了 9 次对话。

截至 2018 年，中国在印度开展的产业园区共有两个，分别是新疆特变电工集团开展的古吉拉特邦电力产业园区项目和北汽福田牵头开展的马哈拉施特拉邦汽车产业园项目，其中，特变电工产业园区已于 2014 年正式投产，入园企业 4 家，2014 年销售收入达 8 000 万美元，北汽福田产业园区正在推进中。此外，万达集团、华夏幸福集团、中微小集团等企业均有意向在印度投资建设产业园区。据中国商务部统计，2016 年中国企业在印度新签承包工程合同 1 154 份，新签合同额 22.37 亿美元，完成营业额 18.24 亿美元；当年派出各类劳务人员 713 人，年末在印度劳务人员 1 428 人。新签大型工程承包项目包括：华为技术有限公司承建印度电信；上海隧道工程股份有限公司承建印度孟买地铁三期；中国水电建设集团国际工程有限公司承建印度比哈尔邦国道－31 拉焦利到伯克蒂亚布尔段四车道公路项目等。目前，中国的华为技术有限公司、比亚迪股份有限公司、特变电工、上海日立电器有限公司、中兴通讯有限公司、三一重工、广西柳工机械股份有限公司、海尔集团等企业在印度投资较多。主要领域包括电信、电力设备、家用电器、钢铁、机械设备、工程机械等领域。但总体而言，中国对印度投资规模仍较小，缺乏集约式投资，投资模式和领域都较为单一，与两国的经济规模和经贸合作水平不相称，提升空间较大。[①]

5.5.3 未来中印投资合作前景

中国在印度的投资规模仍较小，在双边投资合作中仍需要注意许多问题。例如，印度对外国资本基本实行中性政策，缺少针对外资的优惠政策，外资在印度设立的企业视同当地企业；印度基础设施落后，工业配套能力不足，房地产价格

① 中华人民共和国驻孟买总领事馆经济商务室，《对外投资合作国别（地区）指南－印度》，登录时间：2018 年 5 月 20 日，http://images.mofcom.gov.cn/bombay/201804/20180419181337724.pdf

大涨，这使得在印度投资的商务成本较高；此外，印度的企业注册、人员签证办理困难，法律体系复杂，税收监管严格。当前赴印开展产能合作的中资企业日益增多，但存在行业相对集中、对市场了解不全面的问题，如中国手机行业大举进入印度市场，导致中资企业同业竞争日趋激烈。此外，在承包工程方面，印度基础设施较为落后，工程建设虽市场潜力巨大，但也存在着相应的风险。在劳务合作方面，印度劳工保护法规较为严格，目前中资企业赴印度的工程技术人员很难申请到工作签证，普通劳工则更难入境，工作签证申请较难。除上述问题外，中印在基础设施等领域的投资合作仍有较大的发展空间。作为两个人口大国，中印两国的国内生产总值总额约占全球国内生产总值总额的 20%，双方经济有着很强的互补性。在工业化进程中，印度还面临着劳动力利用率低、基础设施不足等问题。相应地，中国正处于产业升级转型期，一些劳动力密集型产业可以向印度转移，支持印度的基础设施建设和两国经贸交流合作。

孟买海岸

泰姬陵塔楼

德里　贾玛清真寺塔楼

第6章
印度金融环境

6.1　印度的货币体系

1935年4月1日成立的印度储备银行是印度的中央银行。依照《1934年印度储备银行法》，印度储备银行负责制定与执行印度货币政策，管理货币发行与外汇储备，维护印度货币体系和信贷体系的良性运行。

印度储备银行建立之初为私人所有，在1949年实行国有化政策后被印度政府完全收归国有。印度储备银行总部最初设在加尔各答，1937年迁到孟买。印度储备银行在全国设有27个地区办公室（regional offices）和4个分局（suboffices），大部分设立在邦首府所在地，另外还有5个培训机构。印度储备银行拥有3个全资子公司，分别是印度储蓄保险和信贷担保公司（Deposit Insurance and Credit Guarantee Corporation of India，DICGC），巴哈提亚储备银行票据有限公司（Bharatiya Reserve Bank Note Mudran Private Limited，BRBNMPL）和国家住房银行（National Housing Bank，NHB）。

6.1.1　货币政策框架

根据《印度央行法》的规定，印度储备银行必须执行货币政策框架的立法任务。印度货币政策框架旨在根据对当前不断变化的宏观经济形势的评估，确定政策回购率（Policy Repo Rate）和调节流动性条件，以保证货币市场利率保持在回购利率附近。回购利率的变化可以通过货币市场传递给整个金融体系，进而影响能够决定通货膨胀和经济增长的总需求。印度储备银行的操作框架会根据金融市场和货币条件的变化而进行不断调整和修正，以确保与货币政策立场保持一致。

2016 年 9 月，印度中央政府成立了“六人货币政策委员会”（Six-Member Monetary Policy Committee，MPC），6 名成员为印度储备银行行长、副行长、官员、印度统计研究所教授、德里经济学院教授、迈达巴德印度管理学院教授。货币政策委员会确定实现通胀目标所需的政策利率，印度储备银行的货币政策部（Monetary Policy Department，MPD）协助其制定货币政策，金融市场业务部门（Financial Markets Operations Department，FMOD）通过日常流动性管理业务执行货币政策。

印度储备银行实施货币政策的直接或间接手段包括：回购利率（Repo Rate）、反向回购利率（Reverse Repo Rate）、流动性调整工具（Liquidity Adjustment Facility，LAF）、边际贷款工具（Marginal Standing Facility，MSF）、银行利率（Bank Rate）、现金储备比率（Cash Reserve Ratio，CRR）、法定流动性比率（Statutory Liquidity Ratio，SLR）、公开市场操作（Open Market Operations，OMOs）和市场稳定计划（Market Stabilisation Scheme，MSS）等。

根据印度储备银行公布的数据，截至 2019 年 4 月 10 日，印度的政策回购利率为 5.15%，反向回购利率为 4.90%，边际贷款利率为 5.4%，银行利率为 5.4%。[①]

6.1.2 货币政策的目标

印度货币政策的主要目标是保持物价稳定和经济持续增长，其中，保持价格稳定是实现经济可持续增长的必要前提。

2016 年 5 月，印度政府对《1934 年印度储备银行法》进行了修订，修订后的法案规定，印度中央政府需要每五年与印度储备银行协商，按消费物价指数确定通货膨胀目标，这为实施灵活的通货膨胀目标框架提供了法定依据。印度储备银行公布，2016 年 8 月 5 日至 2021 年 3 月 31 日，印度的通货膨胀目标是将消费者物价指数（CPI）保持在 4%的水平，其变动范围上限为 6%，下限为 2%。

值得指出的是，在确定通货膨胀目标之时，印度中央政府与印度储备银行之间会因追求经济发展目标的不同而产生尖锐矛盾。2016 年，印度中央银行希望通

① 印度储备银行官网，https://www.rbi.org.in/；https://www.rbi.org.in/；https://dbie.rbi.org.in/DBIE/dbie.rbi?site=home. 登录时间：2020 年 4 月 22 日。

过降息和货币贬值来刺激经济发展，而印度储备银行则坚持控制通货膨胀率并保持印度卢比对外币值稳定的目标。中央政府与印度储备银行的矛盾直接导致了时任印度储备银行行长的卸任。

表 6－1　　印度居民消费价格指数（CPI）率一览表

时间	农村地区		城市地区		整体	
	当前月份	同比增长（%）	当前月份	同比增长（%）	当前月份	同比增长（%）
2020 年 3 月	149.8	6.09	147.4	5.66	148.7	5.91
2019 年 3 月	141.2	1.8	139.5	4.1	140.4	2.86
2018 年 3 月	138.7	4.44	134	4.12	136.5	4.28
2017 年 3 月	132.8	3.75	128.7	3.96	130.9	3.89
2016 年 3 月	128	5.7	123.8	3.95	126	4.83
2015 年 3 月	121.1	5.67	119.1	4.75	120.2	5.25
2014 年 3 月	114.6	8.11	113.7	8.29	114.2	8.25
2013 年 3 月	106	10.42	105	8.47	105.5	9.44
2012 年 3 月	96	9.34	96.8	8.64	96.4	9.05
2011 年 3 月	87.8	—	89.1	—	88.4	—

注：以 2012 年为基期。

数据来源：印度储备银行，https://dbie.rbi.org.in/DBIE/dbie.rbi?site=home

6.1.3　法定货币——印度卢比

印度的法定货币是印度卢比（Indian Rupee），国际上通用简写为“INR”，符号为“₹”。“卢比”源于梵语，是以银币“鲁皮亚”（rupiya）命名，16 世纪首次由苏尔王朝领袖舍尔沙（Sher Shah Suri）发行，随后在莫卧儿帝国（Mughal Empire）使用。殖民地时期，印度各自治地区使用不同的货币，直到印度独立后，印度卢比取代了之前各自治邦的所有其他货币。

当前，印度卢比经常使用的纸币面值有 10 卢比、20 卢比、50 卢比、100 卢比、200 卢比、500 卢比和 2 000 卢比，还有不经常使用的 1 卢比、2 卢比、5 卢比纸币。硬币有 1 卢比、2 卢比、5 卢比和 10 卢比四种。

由于历史原因，自独立以来，印度长期实行印度卢比与英镑的钉住制汇率。

1975 年，印度政府开始放弃印度卢比钉住英镑的固定汇率制，改为由一篮子货币决定印度卢比汇率。1991 年，印度尝试推行汇率制度的市场化改革，并最终于 1993 年 3 月正式建立了市场化浮动汇率制度，汇率由外汇市场供求状况决定。印度储备银行根据需要，主要通过经济手段和政策工具影响市场预期的方式对汇率浮动实行有限管理，以规范市场秩序、防止汇率异常波动。据中国银行数据显示，2020 年 4 月 23 日，人民币与印度卢比汇率折算价为 9.267 6。

表 6-2　　印度卢比汇率变化一览表

（单位：卢比）

时间	美元汇率	英镑汇率	欧元汇率	日元汇率
2020 年 3 月 31 日	75.3859	93.076	83.0496	69.65
2019 年 3 月 29 日	69.1713	90.4756	77.7024	62.52
2018 年 5 月 22 日	68.018 7	91.247 1	80.071 6	61.25
2018 年 3 月 28 日	65.044 1	92.284 6	80.622 2	61.54
2017 年 3 月 31 日	64.838 6	80.879 7	69.247 6	57.96
2016 年 3 月 31 日	66.332 9	95.088 2	75.095 5	59.06
2015 年 3 月 31 日	62.590 8	92.459 1	67.510 4	52.11
2014 年 3 月 28 日	60.099 8	99.849 8	82.576 5	58.83
2013 年 3 月 28 日	54.389 3	82.320 9	69.543 8	57.76
2012 年 3 月 30 日	51.156 5	81.799 2	68.340 3	62.43
2011 年 3 月 31 日	44.65	71.928 9	63.24	54.02
2010 年 3 月 31 日	45.14	68.032 8	60.56	48.44
2009 年 3 月 31 日	50.95	72.861	67.48	51.87
2008 年 3 月 31 日	39.97	79.53	63.09	40.08

注：日元汇率按照 100 日元计算。

数据来源：印度储备银行，https://dbie.rbi.org.in/DBIE/dbie.rbi?site=home. 登录时间：2020 年 4 月 20 日。

长期以来，印度黑色经济泛滥。为了打击印度国内猖獗的腐败、政治贿赂、黑钱交易、偷税逃税，消除外国伪造印度货币带来的威胁，对黑钱开展“一场外科手术式打击”，2016 年 11 月 8 日，印度莫迪政府突然宣布进行纸币改革，发布“废钞令”，废除市面流通的 500 卢比和 1 000 卢比纸币，旧币持有人需在限期内到银行登记并兑换政府发行的500卢比和2 000卢比的新纸币。500卢比和1 000卢比纸币是印度最常用纸币，这两种纸币流通量占印度货币流通总量的86%。由于印度新纸币印刷能力严重不足，再加之印度98%的消费交易均以现钞方式进行，突如其来的“废钞令”给人民生活造成了巨大的不便，冲击了经济增长，使印度的社会经济在短期内陷入了混乱。2017年8月25日，印度储备银行增加了面额为200卢比的纸币，以填补纸币的不足。印度政府官方认为此次纸币改革虽会在短期内对印度社会经济产生消极影响，但其长期价值不可估量。第一，可以打击黑钱、扩大税基；第二，倒逼非正规渠道资金流入正规银行体系，增强银行信贷派生能力；第三，印度商业银行的降息可以刺激企业的生产经营积极性；[①] 第四，可以促进印度的货币数字化与信息化进程。

6.1.4 外汇管理与外汇储备

1999年颁布、2000年生效的《1999年外汇管理法》（Foreign Exchange Management Act，1999）是印度政府实行外汇管理的主要法规。印度储备银行是印度外汇管理的主管部门，负责管理经常项目和资本账户下的外汇交易。

印度在建国之后较长时间内实行严格的外汇管制，推行资本跨境流动许可证制度。1991年启动经济改革之后，印度政府开始放松了对资本市场的管制，并实现了经常项目下资本的自由兑换。但在实际操作中，印度政府对资本流动还有很多具体的限制与规定：（1）外国投资者在印度进行直接投资，需要在30天内向印度储备银行报告股份转让、汇款金额等信息；（2）非居民个人在印度购买股份，可以直接通过银行渠道汇款购买，而外国机构投资者则需要开立非居民特别卢比账户进行购买；（3）对于将投资本金与利润汇回母国的行为，印度政府对一些行业也有特殊要求，比如建筑工程、发展项目和国防项目有投资锁定期，锁定期内无法汇出本金与利润；证券销售收益和清算收益的汇回也要求事先取得印度财政部门所得税司颁发的完税证明，并通过指定的银行汇回。

外汇储备是维护货币币值稳定、保证国际收支平衡的重要工具。印度的外汇储备总额呈逐年上升的趋势。截至2020年4月10日，印度外汇储备总额为4 764.75亿美元，其中外汇资产为4 403.38亿美元，黄金储备为311.36亿美元，特别提款权储备为14.24万美元，在国际货币基金组织（IMF）的储备头寸为35.78亿美元。

---

① 为了抵消新纸币供应不足对印度社会与经济的短期影响，印度商业银行大幅降息，降息幅度最大达到90个基点。

表 6-3　　2010—2020 年印度平均外汇储备金额一览表

（单位：百万美元）

时间	外汇资产	黄金储备	特别提款权	在 IMF 的储备头寸	外汇储备总额
2020 年 4 月 10 日	440 338	31 136	1 424	3 578	476 475
2020 年 3 月 27 日	439 663	30 890	1 423	3 586	475 561
2019 年 3 月 29 日	384 054	23408	1 457	2 986	411 905
2018 年 3 月 30 日	399 118	21615	1 544	2 084	424 361
2017 年 3 月 31 日	346 319	19869	1 447	2 321	369 955
2016 年 3 月 25 日	332 147	19325	1 488	2 600	355 560
2015 年 3 月 27 日	316 238	19837	4 005	1 298	341 378
2014 年 3 月 28 日	276 406	20978	4 458	1 831	303 674
2013 年 3 月 29 日	259 726	26292	4 328	2 301	292 647
2012 年 3 月 30 日	260 069	27023	4 469	2 836	294 398
2011 年 3 月 25 日	273 698	22143	5 232	2 409	303 482
2010 年 3 月 26 日	252 755	17920	4 991	1 376	277 042

数据来源：根据印度储备银行发布的每周外汇储备数据计算，https://dbie.rbi.org.in/DBIE/dbie.rbi?site=home. 登录时间：2020 年 4 月 23 日

6.2　印度的金融机构与金融市场

6.2.1　印度金融机构概况

印度金融机构包含银行、非银行金融机构和政策性金融机构三个部分，其中，银行是印度金融机构最主要组成部分，在金融体系中发挥关键作用；政策性金融机构则属于开发性金融机构，可以弥补商业性金融机构的不足。

印度金融机构的主管部门是印度财政部。与此同时，印度储备银行依据《1934 年印度储备银行法》，以中央银行身份对印度金融机构的业务进行监管，并提供相关服务。

6.2.1.1 银行机构

印度银行体系较为发达，尤其是国有和政府监管的银行体系非常发达。根据印度《1969年银行国有化条例》，存款超过20亿卢比的私人银行均收归国有。1969年和1980年，印度政府对银行进行了两次国有化改造，将十几家最大的私人商业银行收归国有，大部分商业银行纳入公共部门。1975年，印度政府建立了地区性农村银行体系，以满足农民和小额贷款人的信贷需求。此外，印度还在中央政府之下设立了相关银行机构，以配合经济战略与政策的实施。

印度银行机构主要包括印度储备银行、商业银行和合作银行三种类型。印度储备银行是印度中央银行，是印度银行体系的监管者，承担发行货币、制定与实施货币政策、监督和管理外汇储备、维持币值稳定、监管银行系统等职能。

商业银行是印度银行体系的核心部分。按照所有制性质，商业银行可以划分为国有银行、私人银行、外资银行三种类型。根据印度银行协会的注册数据，印度的银行机构包括26家国有银行、21家全国性民营银行和44家外资银行。[①] 国有商业银行是印度商业银行的主体，占印度银行资产总额超过七成（74%），民营银行占比将近两成（19%），外资银行则不足一成（7%）。由此可见，印度政府对整个银行系统的控制程度处于较高水平。按照规模大小，商业银行可以划分为表列银行（Schedule Bank）和非表列银行（Non-schedule Bank）。表列银行指存款不少于50万卢比，且需要向印度储备银行报送全套监管数据的商业银行，在印度金融体系中占主导地位，其资产占印度整个金融体系的七成。

合作银行是印度银行体系的重要补充，可以分为城市合作银行和农村合作银行，其中农村合作银行又可以分为长期信贷合作机构和短期信贷合作机构。在印度农村，农户互助小组（Self Help Group）普遍存在，一般由15～20人组成，以农户互助小组的名义可以在银行开立共同账户，享受存款利息加成，免除各项基本银行业务的服务收费。

表6-4　　印度银行体系

（截至2013年3月）

性质	名称	主要代表性银行
中央银行	印度储备银行	印度储备银行
商业银行	国有商业银行	印度国家银行、旁遮普国民银行、印度产业发展银行等
	私有商业银行	印度工业信贷投资银行（ICICI银行）、HDFC银行、Axis银行等

① 徐策，《风口的大象——印度金融业改革研究》，第8-10页。

续表

性质	名称	主要代表性银行
商业银行	外资商业银行	渣打银行、汇丰银行、花旗银行、中国工商银行等
	地区性农村商业银行	各邦/中央直辖区设立若干个
	地区商业银行	Coastal Local Area Bank Limited，Krishna Bhima Samruddhi Local Area Bank Limited，Subhadra Local Area Bank Limited 等
合作银行	城市合作银行	Abhyudaya Co－operative Bank 等
	农村合作银行	—

数据来源：Reserve Bank of India，Banks in India，https://www.rbi.org.in/commonman/English/Scripts/BanksInIndia.aspx；《对外投资合作国别（地区）指南：印度（2017 年版）》，第 41 页。

值得指出的是，印度允许银行业兼营保险业务，银行的主要保险业务是存款保险，并采取强制入保的方式。印度于 1961 年颁布了《存款保险公司法》，并随后在印度储备银行下成立了印度存款保险公司，作为印度储备银行的附属机构，印度存款保险公司负责存款保险的具体实施。1978 年，印度存款保险公司在兼并印度信用担保股份有限公司之后更名为存款保险与信用担保公司（Deposit Insurance and Credit Guarantee Corporation，DICGC）。根据《存款保险公司法》，最初被纳入印度存款保险体系的银行机构只有国有商业银行、外国银行在印度的分支机构；1968 年，合作银行被赋予了同等的参保资格；1976 年，农村地区银行也具备了参保资格。[①]

位于孟买的中国工商银行

① 武翠芳、张正平：印度存款保险制度发展的经验及其启示，《金融理论与实践》，2006 年第 2 期，第 76－78 页。

6.2.1.2 政策性金融机构

印度的政策性金融机构属于开发性金融机构，主要用于弥补商业性金融机构的不足，以便更好地执行国家的产业发展政策。

印度的政策性金融机构主要包括印度进出口银行（Export-Import Bank of India）、印度产业开发银行（Industrial Investment Bank of India）、印度农村发展银行（National Bank for Agriculture and Rural Development）、国家住房银行（National Housing Bank）、印度小微产业发展银行（Small Industrial Development Bank of India）和各邦的开发性金融机构等。

6.2.1.3 非银行金融机构

印度的非银行金融机构主要包括保险机构和证券机构。

（一）保险机构

保险在印度具有悠久的历史，印度是最早建立存款保险制度的发展中国家。《1912 年人寿保险公司法案》（Indian Life Assurance Companies Act，1912）是印度历史上第一个规范人寿保险业务的法定措施。随后印度又先后出台了《1928 年印度保险公司法案》（Indian Insurance Companies Act，1928）、《1938 年保险法案》（Insurance Act，1938）、《1950 年保险修正法案》（Insurance Amendment Act，1950）和《1972 年综合保险业务（国有化）法》[General Insurance Business（Nationalisation）Act，1972]。根据《1972 年综合保险业务（国有化）法》，印度政府将 107 家保险公司合并为四家保险公司，即国家保险公司（National Insurance Company Ltd.）、新印度保险公司（New India Assurance Company Ltd.）、东方保险公司（Oriental Insurance Company Ltd）和联合印度保险公司（United India Insurance Company Ltd.），并成立了印度唯一一家再保险公司，即印度综合保险公司（General Insurance Corporation of India，GIC）。[①]

2000 年起，印度政府允许私人和国外保险公司进入国内保险市场，随后印度的民营保险公司陆续发展起来，发展较快的是印度财团联合国际保险机构合资成立的一些民营保险公司，如美国友邦保险与印度塔塔集团合资的塔塔友邦人寿保险（TATA AIA Life）、荷兰国际集团与印度威斯亚银行合资的荷兰国际威斯亚保险公司等。印度政府对外资保险公司的持股比例有严格限制，外资持股比例要控制在 26%以内。

截至 2015 年底，印度共有 53 家保险公司，包括 24 家人寿保险公司和 29 家

① 印度保险监管和发展署，Insurance Regulatory and Development Authority of India，https://www.irdai.gov.in/

非人寿保险公司（包括1家再保险公司）。印度国有保险公司在保险业占绝对优势地位，主要由人寿保险公司和综合保险公司构成。印度国内主要的保险公司包括：印度国内最大的保险公司即印度人寿保险公司（Life Insurance Corporation of India）、出口信用保险公司（Export Credit Guarantee Corporation of India）和印度综合保险公司等。

（二）证券机构

印度证券机构的主管部门是于1992年开始行使职能的印度证券交易委员会（Security and Exchange Board of India，SEBI），主要负责制定、实施印度证券市场的相关规则与措施，公布上市公司信息，并对金融机构的投资活动进行监督与管理。外国投资者对印度企业进行的股权收购活动也要接受印度证券交易委员的监管。

印度的证券机构主要包括证券交易所、证券投资商（如基金公司、股票经纪公司等）等。目前，印度共有20家分布在印度各地的证券交易所，位于孟买的孟买证券交易所（Bombay Stock Exchange，BSE）和印度国家证券交易有限公司（National Stock Exchange of India，NSE）是印度最大的两个证券交易所，两家证券交易所拥有超过80%的上市公司。孟买证券交易所成立于1875年，是亚洲历史最悠久的证券交易所。截至2016年底，在该交易所上市企业达5 820家，总市值规模高达1.6万亿美元，是南亚最大证券交易所和世界第五大证券交易所。印度国家证券交易有限公司成立于1992年，截至2014年6月，该证券交易所拥有3091种可供交易证券，总市值达1.5万亿美元。以印度国家证券交易有限公司最大的50只股票编制的标准普尔CNX Nifty指数（S&P CNX Nifty Index）被印度投资者和世界各地投资者广泛应用。

印度证券市场与民营银行的发展几乎同步，在经济改革过程中也吸引了大批外资券商和基金，这些外资券商可以帮助印度企业在赴海外融资时取得先机。印度证券市场以银行系的子公司和外资券商为主。

表6-5　　　　印度20家证券交易所[①]

编号	名称	编号	名称
1	印度OTC证券交易所	5	科钦证券交易所
2	北方邦证券交易所	6	班加罗尔证券交易所
3	斋浦尔证券交易所	7	印度国家证券交易有限公司
4	马德拉斯证券交易所	8	高哈蒂证券交易所

① 李钦：《印度投资实务指南》，第61－63页。

续表

编号	名称	编号	名称
9	卢迪亚纳证券交易所	15	中央邦证券交易所
10	加尔各答证券交易所	16	浦那证券交易所
11	巴布内斯瓦尔证券交易所	17	孟买证券交易所
12	新德里证券交易所	18	印度互联证券交易所
13	巴罗达证券交易所	19	印度大宗商品交易所
14	艾哈迈德巴德证券交易所	20	印度联合证券交易所
被撤销认证的证券交易所（撤销时间）			
1	海德拉巴证券交易所（2007）	3	索拉什特卡拉奇证券交易所（2007）
2	摩揭陀国证券交易所（2007）	4	芒格洛尔证券交易所（2006）

6.2.2 印度金融市场操作

金融市场是指所有从事资金融通交易的市场，按照资金融通交易的标的物，可以划分为银行信贷市场、票据市场、同业拆借市场、证券市场、外汇市场与黄金市场等；按照资金融通交易的期限，可以划分为短期货币市场和长期资本市场。印度政府有关金融市场操作的相关规定会直接影响外国投资者在印度金融市场的投资行为，外国投资者在进入印度金融市场之前要充分了解相关法律、法规与各种政策。

6.2.2.1 印度货币市场的操作

货币市场一般指资金融通期限在一年以内的短期金融市场，主要包括同业拆借市场、商业票据市场、回购协议市场、银行承兑汇票市场、短期政府债券市场和大额可转让存单市场等。货币市场操作的主要目的和功能是满足融资交易者对短期资金流动性的需求。当融资交易者面临短期流动性问题时，会通过货币市场操作进行短期融资。因此，货币市场利息率的变化会直接影响融资交易者的融资成本。

根据印度储备银行公布的报告，2020 年 4 月 22 日，印度货币市场的利率情况如下：在隔夜市场上，短期贷款的加权平均利率为 4.12%（利率范围为 2.3%～4.55%），三方回购的加权平均利率为 3.33%（利率范围为 3.02%～3.78%），市场回购的加权平均利率为 3.42%（利率范围为 0.9%～3.95%），公司债券回购的加权平均利率为 5%。此外，短期市场上，通知存款资金的加权平均利率为 4.32%（利率范围为 2.85%～5%），三方回购的加权平均利率为 2.63%（利率范围为 2.5%～2.75%）。在资金流动性方面，固定反向回购利率为 3.75%，边际贷款利率为 4.65%。截至 2020 年 4 月 22 日，印度存款准备金率为 3%，印度储备银行的现金余额为 4.234 万亿卢比。①

6.2.2.2 印度资本市场的操作②

资本市场一般指资金融通期限在一年以上的长期金融市场。资本市场的主要目的和功能是满足工商业企业等中长期投资者对资金的需求。成立于 1992 年的印度证券委员会是印度资本市场的核心监管部门。按照交易标的物的不同，可划分为股票市场和债券市场；按照金融交易程序的不同，可划分为发行市场（一级市场/初级市场）和流通市场（二级市场/次级市场/交易市场）；按照金融交易的交割时间，可划分为现货市场和期货市场。

外国投资者参与印度资本市场的操作受到政府的一定限制，主要表现为印度政府对外国投资者进入印度资本市场的投资方式的限制、对外国投资者在印度不同资本市场的投资限制条件的规定，以及对外国投资者投资资质的审核等。

（一）外国投资者进入印度资本市场的投资方式

外国投资者可以通过以下几种方式对印度资本市场进行投资：（1）投资证券交易，外国投资者可以通过组合投资计划对一级资本市场和二级资本市场进行投资；（2）投资海外发行证券，外国投资者可以投资印度公司在海外发行的美国存托凭证、全球存托凭证和外币可转换债券，以及基于上述证券的印度主题投资基金；（3）委托经纪代理投资，在满足监管政策的前提下，在印度证券交易委员会注册的外国投资商可以申请成为印度各证券交易所的会员，并为其外国机构投资者的客户提供经纪服务，代理这些客户投资印度证券；（4）通过资管计划投资，外国投资者可以通过资产管理公司或者投资银行设立资管计划进而在印度进行投资。

（二）印度资本市场主管机关对外国投资者投资资质的审核

根据印度金融监管部门的规定，可以进入印度资本市场的外国投资者主要包括三大类，即：（1）外国组合投资者（Foreign Portfolio Investors，FPI），主要包括外国机构投资者（Foreign Institutional Investors）、外国机构投资次级账户

---

① 印度储备银行网站，“Money Market Operations as on April 22，2020”，https://www.rbi.org.in/scripts/BS_PressReleaseDisplay.aspx?prid=49710；“Ratio and Rates”，https://www.rbi.org.in/scripts/WSSView.aspx?Id=23692. 登录时间：2020 年 4 月 23 日。

② 徐策：《风口的大象——印度金融业改革研究》，第 67－83 页。

（Foreign Institutional Investors Sub-accounts）和合格的外国投资者（Qualified Foreign Investors）；（2）印度裔非居民（Non Resident Indians，NRI）；（3）在印度出生的国际人士（Persons of Indian Origin，PIO）。

根据印度金融监管政策，自 2014 年 6 月 1 日起，外国组合投资者的注册管理工作由印度证券交易委员会移交至其指定的托管机构（Designated Depository Participants，DDP）。截至 2015 年底，印度证券交易委员会认可的指定托管机构包括：印度同心银行（Axis Bank Limited）、法国巴黎银行（BNP Paribas）、花旗银行（Citibank N.A.）、星展银行（DBS Bank Ltd.）、德意志银行（Deutsche Bank AG）、雪绒花保管服务有限公司（Edelweiss Custodial Services Limited）；法国巴黎银行金融服务有限公司（Geojit BNP Paribas Financial Services Ltd.）、HDFC 银行（HDFC Bank Limited）、汇丰银行（HSBC Ltd.）、印度工业信贷投资银行（ICICI Bank Limited）、IL&FS 证券服务公司（IL&FS Securities Services Limited）、印度英福林有限公司（India Infoline Limited）、美国摩根大通银行（JPMorgan Chase Bank）、科塔克马辛德拉银行（Kotak Mahindra Bank Limited）、奥比斯金融公司（Orbis Financial Corporation Ltd.）、SBI-SG 全球证券服务有限公司（SBI-SG Global Securities Services Private Limited）、渣打银行（Standard Chartered Bank）和印度股份有限公司（Stock Holding Corporation of India Limited）。

印度监管部门根据外国组合投资者的性质将其分为不同类型，并分门别类地进行资质审查。2018 年，印度证券交易委员会通过了新准则以界定外国组合投资受益人，该准则规定，拥有印度有限公司 25%及以上股权或者信托基金/合作企业权益 5%及以上的外国投资者将被视为外国组合投资者的实际利益拥有人。①

表 6－6　　印度金融监管部门对外国组合投资者分类及相关规定②

类别	性质	相关机构	资质审核要求	审核费用
一类	政府及政府相关的外国机构投资者	中央银行、政府机构、主权财富基金、国际或多边组织/机构等	每 3 年审核一次	无

① 《印度实施新准则以界定外国组合投资受益人》，香港贸发局经贸研究，2018 年 4 月 13 日，http://economists- pick-research.hktdc.com。

② 徐策：《风口的大象——印度金融业改革研究》，第 67－83 页。

续表

类别	性质	相关机构	资质审核要求	审核费用
二类	符合监管条件的机构	受到适当监管并进行广泛投资的基金（共同基金、投资信托基金、保险和再保险公司）；受到适当监管的实体（银行、资产管理公司、投资公司、组合投资经理等）；大学基金和养老基金；与大学有关且在印度证券交易委员会注册为外国机构投资次级账户的捐赠资金	每3年审核一次	3 000美元/次
三类	不符合前两类条件且在组合投资计划下对印度进行投资的合格外国投资者	捐赠资金、慈善资金、基金会、企业实体、信托机构、个人或家族办公室等	每3年审核一次	300美元/次

（三）外国投资者在印度不同资本市场的投资限制条件

外国组合投资者在具备合理要求的条件下才被允许进入印度资本市场，同时还要符合“充分了解你的客户”（Know Your Customer）的条件。印度政府对外国投资者进入其资本市场的具体条件做出了较为详细的要求。

（1）股票市场的投资限制条件

印度政府对外国组合投资者在印度上市公司中的单独投资份额和总体投资份额做出了限制。在同一家印度上市公司中，单个外国组合投资者所持有的股票数不得超过该公司股票发行总数的10%，所有外国组合投资者所持有的该上市公司的股票数之和不得超过该公司全部股票发行量的24%。在投资银行中，所有外国组合投资者所持有的股票份额之和不得超过该银行全部股份的20%。

外国投资者也可以投资印度首次公开发行的股票。对于外国组合投资者，可以投资首次公开发行股票中为合格机构买方（Qualified Institutional Buyers）预留的份额，但所持股比例不得超过政府规定的外国组合投资者可持有的印度上市公司股票的份额；印度裔非居民则需要事先在银行开立非居民卢比存款账户，并在财务公司开设电子账户用于股票交易。外国组合投资者可以在批发销售份额内参与股票的集合竞价，印度裔非居民视同非机构投资者参与股票的集合竞价，但是不得享受个人投资者的折价销售条款。

（2）权益类衍生品市场的投资限制条件

下表列举了印度金融监管部门对不同类型外国组合投资者进入印度权益类衍

生品市场的相关规定。

表 6-7　　外国组合投资者投资权益类衍生品市场的准入条件①

类别	指数期货或期权		股票期货或期权	
	指数期货	指数期权	市值大于50亿卢比	市值小于50亿卢比
一类与二类	头寸不得高于50亿卢比	头寸不得高于该指数所有衍生品开仓合约的15%之间的较低者	头寸合计不得超过股票市值的20%或30亿卢比之间较低者	头寸合计不得超过股票市值的20%
一类与二类	外国组合投资者持有的净空头头寸（按名义金额计量）不得超过其持有现金、政府证券、国库券或其他类似证券的总额		投资股票期货的头寸不得超过股票市值的10%或15亿卢比之间较低者	投资股票期货的头寸不得超过股票市值的20%或5亿卢比之间较低者
三类	若外国组合投资者持有某种特定指数所有衍生品开仓合约的15%以上，需要向交易所报告		外国组合投资者投资与股票相关的所有衍生品合约的头寸不得超过股票市值的1%或所有衍生品开仓合约的5%之间较高者	

（3）政府债权市场的投资限制条件

印度政府逐步放宽了外国组合投资者投资印度政府债券的上限。但外国组合投资者投资印度中央政府债券和邦政府发展债券（State Development Loans，SDL）有不同的具体规定。

表 6-8　　外国组合投资者投资印度政府债券的限制条件②

中央政府债券	邦政府发展债券
中央政府债券所有已发行债券的5%或1.2万亿卢比之间的较低者	邦政府发展贷款所有已发行邦政府发展贷款的2%或5 000亿卢比之间较低者
投资所有政府债券的限额为1.535万亿卢比	投资邦政府发展贷款不计入投资政府债券限额
所有外国组合投资者投资中央政府债券的限额为单个债券所有已发行月总额的20%	对邦政府发展贷款没有单个证券维度的限额
单个债券维度的外国组合投资者投资限额按日计算，投资超过限额的外国组合投资者将被列入负面清单，负面清单内的外国组合投资者不允许进行任何投资	
只能投资到期日在3年以上的债券	

① 徐策：《风口的大象——印度金融业改革研究》，第67-83页。

② 同上。

（4）货币衍生品市场的投资限制条件

在货币衍生品市场，外国组合投资者最多可持有不高于 1 500 万美元的USD/INR交易净头寸，合计持有最高不超过等值500万美元的EUR/INR、GBP/INR和 JPY/INR 货币对交易的净头寸。然而，在一定的情况下，不同种类的外国组合投资者持有的 USD/INR、EUR/INR、GBP/INR 和 JPY/INR 货币对净多头头寸可以超过以上限制。具体情况见下表。

表 6－9　印度金融监管部门对外国组合投资者投资货币衍生品市场的限制条件[①]

类别	USD/INR 货币对净头寸	EUR/INR 货币对净头寸	GBP/INR 货币对净多头头寸	JPY/INR 货币对净多头头寸
一类与二类	不高于所有 USD/INR 开仓合约的15%或 1 亿美元之间的较高者	不高于所有 EUR/INR 开仓合约的15%或 5 000 万欧元之间的较高者	不高于所有 GBP/INR 开仓合约的15%或 5 000 万英镑之间的较高者	不高于所有 JPY/INR 开仓合约的15%或 20 亿日元之间的较高者
三类	不高于所有 USD/INR 开仓合约的6%或 1 000 万美元之间的较高者	不高于所有 EUR/INR 开仓合约的6%或 500 万欧元之间的较高者	不高于所有 GBP/INR 开仓合约的6%或 500 万英镑之间的较高者	不高于所有 JPY/INR 开仓合约的6%或 2 亿日元之间的较高者

（5）利率衍生品市场的投资限制条件

外国组合投资者需要先向印度证券交易委员申请注册，再在印度进行利率衍生品交易。印度政府同时规定：① 所有外国组合投资者所持有的多头头寸合计不得超过印度证券交易委员会批复的外国组合投资者购买政府债券的限额；② 外国组合投资者只能以套期为目的持有利率衍生品空头，空头头寸不得超过其持有的政府债券和多头头寸的总额。

6.3　印度的金融监管

6.3.1　印度金融监管体系

印度的金融体制介于分业与混业之间，印度政府对金融市场的监管主要以分业监管为主。印度对宏观经济进行监管的最高机构是以印度总理为主席的内阁经

① 徐策：《风口的大象：印度金融业改革研究》，第 67－83 页。

济事务委员会（Cabinet Committee on Economic Affairs，CCEA），印度财政部负责执行内阁经济事务委员会制定的各项宏观经济政策，并对金融市场的运行进行监管，① 印度联邦储备银行、印度证券交易委员会和印度保险监管和发展局（Insurance Regulatory and Development Authority of India，IRDA）分别对印度的银行与货币市场、证券市场和保险市场进行具体监管。此外，2008 年全球金融危机以后，为了应对金融领域的系统性风险、促进印度金融业的发展，印度政府于 2010 年 12 月成了金融稳定和发展委员会（Financial Stability Development Council，FSDC）。该委员会地位高于印度储备银行、印度证券交易委员会与印度保险监管与发展局，其主席为印度财政部部长，各金融业监管机构的主要领导均是该委员会成员。

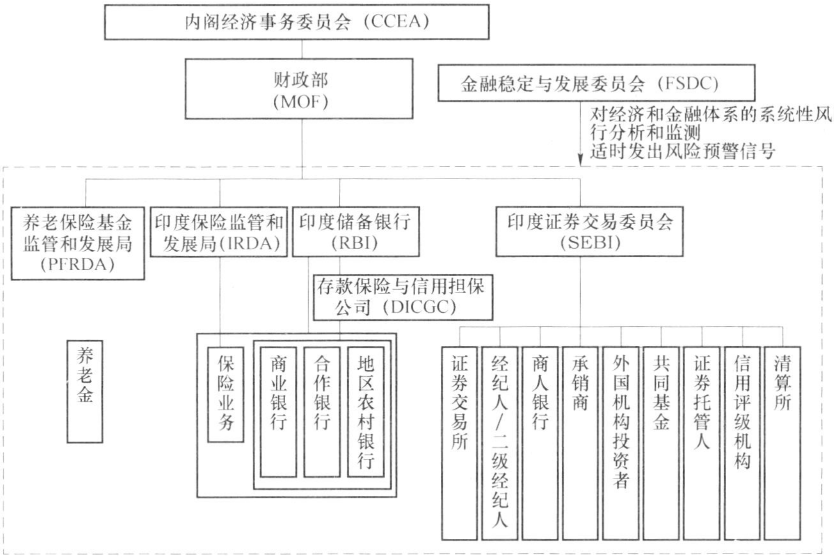

图 6-1 印度金融监管框架②

6.3.2 印度金融监管的主要内容

6.3.2.1 对银行与货币市场的监管

印度储备银行是对银行和货币市场进行监管的主管部门，印度储备银行下设

① 洪昊、葛声：“金砖四国”金融监管体系改革和合作研究，《金融发展评论》，2011 年第 6 期。

② 杨燕青：《中国金融风险与稳定报告 2016——改革与风险的平衡》，中国金融出版社，2016。

了与金融监管相关的委员会与部门，并通过现场检查和非现场检查组成了一个综合的监管体系。

为了强化对包括商业银行、金融机构和非银行机构的统一监管，印度储备银行于 1994 年成立了金融监管委员会（Board for Financial Supervision，BFS），作为印度储备银行的中央理事会级委员会，金融监管委员会主要承担了印度储备银行的具体金融监管职能。为了更好履行监管职能，金融监管委员会先后在内部成立了银行监管部（Department of Banking Supervision，DBS）、非银行监管部（Department of Non-Banking Supervision，DNBS）和金融机构部（Financial Institutions Division，FID）等部门，金融监管委员会负责监督以上部门的运行，并就相关监管问题进行指导。①

除了在中央理事会层面建立监管委员会，印度储备银行内部还根据监管的内容设立了相关部门，包括银行管制部（Department of Bank Regulation，DBR）、银行监管部（Department of Bank Supervision，DBS）、合作银行管制部（Department of Cooperative Bank Regulation，DCBR）、合作银行监管部（Department of Cooperative Bank Supervision，DCBS）、非银行性金融机构管制部（Department of Non-Banking Regulation，DNBR）、非银行性金融机构监管部（Department of Non-Banking Supervision，DNBS）、支付结算系统监管委员会（Board for Regulation and Supervision of Payment and Settlement Systems，BPSS）、金融市场管制部（Financial Markets Regulation Department，FMRD）、金融稳定部（Financial Stability Unit，FSU）和风险管控部（Risk Monitoring Department，RMD）等。②

表 6-10　　印度储备银行内设的金融监管部门

	监管内容
银行管制部（DBR）	负责监管商业银行、地区性银行（Local Area Banks，LABs）和地区性农村银行（Regional Rural Banks，RRBs）
银行监管部（DBS）	—
合作银行管制部（DCBR）	负责监管各邦合作银行（State Cooperative Banks，SCBs）、区中央合作银行（District Central Cooperative Banks，DCCBs）和城市合作银行（Urban Cooperative Banks，UCBs）等主要合作银行

① Reserve Bank of India，Organization and Functions，https://www.rbi.org.in/Scripts/AboutusDisplay.aspx#FS

② Reserve Bank of India，Departments，https://www.rbi.org.in/Scripts/AboutUsDisplay.aspx?pg=Depts.htm.

续表

	监管内容
合作银行监管部（DCBS）	负责监督城市合作银行（UCBs），遵守储备银行发布的指导方针和操作指南，并通过地区办公室进行现场和非现场监督； 除监管职能，还负责与储备银行等其他部门协调，处理城市合作银行扩展各种设施的申请
非银行性金融机构管制部（DNBR）	负责为非银行性金融机构制定适当的监管制度和商业行为规范。其监管的非银行性金融机构包括：抵押担保公司（Mortgage Guarantee Companies，MGCs）、资产证券化公司（Securitisation Companies，SCs）和资产管理公司（Asset Management Companies，AMCs）
非银行性金融机构监管部（DNBS）	主要负责非银行金融公司的监管，监管焦点是存款者保护、消费者保护和金融稳定
支付结算系统监管委员会（BPSS）	负责制定各类支付和结算系统的管制和监管政策，指导支付系统的标准制定，授权支付和结算系统与运营商等
金融市场管制部（FMRD）	负责规范、发展和监管金融市场，具体包括：监管和发展货币、政府债券、外汇和相关衍生品市场；监管利率与外汇市场的金融基准；监督金融市场基础设施等
风险管控部（RMD）	负责有效地识别、评估和管理整个储备银行的风险

数据来源：印度储备银行，https://www.rbi.org.in/ Scripts/AboutUsDisplay.aspx?pg=Depts.htm#DCBR1。

6.3.2.2 对证券市场（资本市场）的监管

印度对证券市场进行监管的机构包括印度证券交易委员会、印度经济事务部（Department of Economic Affairs，DEA）、印度储备银行和印度公司事务部（Ministry of Corporate Affairs，MCA）。

印度证券交易委员会是印度政府制定证券市场规则、监管证券市场运行的核心机构。在行政隶属关系上，印度证券交易委员会隶属于印度经济事务部。[①] 印度证券交易委员会成立于 1992 年 4 月，宗旨是：保护证券投资者利益，促进证券市场发展，规范和监管证券市场。印度证券交易委员会的监管对象包括：证券交易所、经纪人与二级经纪人、商人银行、承销商、投资银行、外国机构投资机构、共同基金、证券托管机构、信用评级机构和清算所等。[②]

印度经济事务部下设金融市场司（Financial Markets Division，FMD），负责

① Department of Economic Affairs of India，Institutions https://www.dea.gov.in/institutions

② Securities and Exchange Board of India，https://www.sebi.gov.in/about-sebi.html

处理所有与一级市场、二级市场和外部市场相关的事宜。主要宗旨是：维护金融稳定，促进金融产业发展，保护投资者利益，促进金融市场的法律监督体系有效运作等。[①]

印度储备银行也具有证券市场监管职能。印度储备银行内部多个司局部门拥有金融监管职能，如金融监管委员会、非银行性金融机构管制部、非银行性金融机构监管部和金融市场管制部（Financial Markets Regulation Department，FMRD）等。其中，金融市场管制部成立于 2014 年 11 月，主要负责对货币市场、政府债券市场、外汇市场以及各衍生品市场进行管理。该部门正在酝酿建立独立的市场情报单元（Market Intelligence Cell）。[②]

此外，印度公司事务部主要负责上市公司的公司治理和会计制度的管理。[③]

6.3.2.3 对保险市场的监管

印度政府对保险市场进行监管的政府部门包括：印度保险监管和发展局、印度养老保险基金监管和发展局（Pension Fund Regulatory and Development Authority，PFRDA）和印度储备银行。

印度保险监管和发展局是负责保险业和养老保险监管的主要部门。具体职能包括：保护投保人利益、促进保险业（包括年金和养老保险支付）的快速有序增长、建立保险不法行为的投诉救济机制、建立可靠的保险管理信息系统、审慎监管保险市场的不法行为等。[④]

成立于 2014 年的印度养老保险基金监管和发展局是专门负责养老金监管的机构。主要职能是管理印度国家养老金体系（National Pension System，NPS），保证养老保险市场有序发展。印度养老保险基金监管和发展局的前身是 2003 年 8 月成立的临时养老金保险基金监管和发展局（Interim Pension Fund Regulatory & Development Authority），随后 2003 年 12 月，印度政府出台了缴付养老金制度（Contributory Pension System），并于 2004 年 1 月 1 日生效。缴付养老金制度后更名为国家养老金体系。2009 年，国家养老金体系扩展到全国公民，无组织部门的

---

① Department of Economic Affairs of India，Divisions，Financial Markets Division，https:// www.dea.gov.in/divisionbranch/financial-markets- division#

② Reserve Bank of India，Departments，https://www.rbi.org.in/Scripts/AboutUsDisplay.aspx? pg=Depts.htm#DCBR1

③ Ministry of Corporate Affairs，Government of India，About MCA，http://www.mca.gov.in/MinistryV2/about_mca.html

④ Insurance Regulatory and Development Authority of India，Mission Statement，https:// www.irdai.gov.in/Defaulthome. aspx?page=H1

自雇专业人士也可以在自愿基础上加入国家养老金体系。[1]

由于印度的金融体制介于分业和混业之间，所以印度政府对金融市场的一部分监管也属于混业监管。印度的银行机构可以兼营保险业务，因此，印度的保险市场除了受到印度保险监管和发展局的监管之外，还要受到印度储备银行的监管。印度银行机构可以通过设立子公司等方式参与保险和证券业务，但需要首先向印度储备银行申请并获得批准，再向分业监管部门提出申请。混业经营的银行接受印度储备银行的并表管理，各分业子公司分别接受相应监管机构的监管。

除了印度政府内部设置的针对金融市场的分业管理职能机构之外，印度还有一些行业自律组织。比如：印度银行业协会（India Bank Association），主要负责制定基本银行业务的操作规程和服务指南，监督银行合规和客户投诉等事务；印度外汇交易商协会（Foreign Exchange Dealers Association of India），主要负责外汇交易商准入和分级，管理银行间外汇交易活动，发布外汇牌价和估值参数等市场数据；印度固定收益货币市场及衍生品协会（Fixed Income Money Market and Derivative Association of India），主要负责货币市场、固定收益市场及其衍生品的产品发行与管理，研发资产证券化、柜台交易、信用违约互换等新产品。

6.4 印度的融资环境

6.4.1 国内融资环境

2014 至 2015 年期间，印度国内融资环境较好，有利于国外投资者的进入。仅 2015 年，印度创业公司就获得了近 60 亿美元的投资。而随着投资人变得越来越理性，高溢价投资交易也越来越少。一些创业公司逐渐从股权交易转向寻求债务融资，这可以在不稀释企业股份的情况下为企业提供资本。与众多其他国家的金融市场一样，印度企业向银行贷款的金额也通常取决于其运营状况和收入预期，贷款风险越大，企业的贷款利率也越高。

6.4.2 印度的企业和个人贷款环境

截至 2018 年 3 月，印度银行贷款利率为 9.45%。

2018 年年初，印度储备银行公布了印度金融业针对不同重点行业和部门的贷

① Pension Fund Regulatory and Development Authority，Authority，http://pfrda.org.in/index1.cshtml?lsid=66

款规定。[①]

第一，农业、中小微企业、出口信贷、教育、住房、社会基础设施、可再生能源等行业是印度政府鼓励贷款的优先行业和部门。在这些优先行业和部门，印度政府公布了银行提供贷款的目标和子目标。

表 6-11　　印度政府针对优先发展部门的银行贷款目标及子目标

类别	国内表列商业银行（不包括地区性农村银行和小型金融银行）及拥有 20 家以上分支机构的外资银行	不足 20 家分支机构的外资银行
总体优先行业	（1）经调整的净银行信贷（Adjusted Net Bank Credit，ANBC）或资产负债表外的信贷等值金额的 40%，以较高者为准；（2）拥有 20 家及以上分支机构的外国银行必须根据其提交的行动计划并由 RBI 批准，依据 RBI 批准的行动计划，从 2013 年 4 月 1 日起至 2018 年 3 月 31 日止最长五年内实现面向总体优先行业的贷款目标。	（1）经调整的净银行信贷或资产负债表外的信贷等值金额的 40%，以较高者为准（2）到 2020 年分阶段实现。
农业	（1）经调整的净银行信贷的 18%或资产负债表外的信贷等值金额，以较高者为准；（2）在 18%的农业贷款中，其中 8%的目标贷款金额或资产负债表外的信贷等值金额（以较高者为准）是针对小农户和边缘化农民群体的，且需分阶段实现，即 2016 年 3 月之前实现 7%，2017 年 3 月之前实现 8%；（3）拥有 20 家及以上分支机构的外国银行必须提交行动计划，并交由 RBI 批准，依据 RBI 批准的行动计划，从 2013 年 4 月 1 日起至 2018 年 3 月 31 日止的最长时间内实现农业贷款目标。小农户和边缘化农民的子目标将在 2017 年复核后于 2018 年适用。	不适用
小微企业	（1）经调整的净银行信贷的 7.5%或资产负债表外的信贷等值金额，以较高者为准；（2）分阶段实现，即到 2016 年 3 月实现 7%，到 2017 年 3 月实现 7.5%；（3）拥有 20 家及以上分支机构的外资银行针对小微企业的贷款分项指标将于 2017 年复审后在 2018 年适用。	不适用
弱势部门促进	（1）经调整的净银行信贷的 10%或资产负债表外的信贷等值金额，以较高者为准；（2）拥有 20 家及以上分支机构的外国银行必须提交行动计划并由 RBI 批准，依据 RBI 批准的行动计划，从 2013 年 4 月 1 日起至 2018 年 3 月 31 日止最长五年内实现面向弱势部门的贷款目标。	不适用
国内银行一直致力于确保其对非公司农民的总体直接贷款不低于过去三年全系统的平均水平。		

数据来源：印度储备银行，*Priority Sector Lending—Targets and Classification*，https://rbi.org.in/scripts/FAQView.aspx?Id=87。

① 印度储备银行网站，https://rbi.org.in/scripts/FAQView.aspx?Id=87. 登录时间：2018 年 3 月 30 日。

第二，“社会基础设施”优先行业贷款的适用范围和目的。为学校设施、医疗保健设施、饮用水设施和卫生设施等基础设施（包括建设或翻新厕所、改善家庭用水设施等）建设所提供的贷款属于“社会基础设施”优先行业贷款，其银行贷款申请额度为每个借款人最高 5 千万卢比。此外，“自助团体/联合责任小组”（SHGs/JLGs）的个人或成员为进行饮用水设施或者卫生设施的建设活动而向小额信贷机构（Micro Finance Institutions，MFI）申请的贷款，也属于特定的“社会基础设施”优先行业贷款。

第三，“可再生能源”项目优先行业贷款的适用范围和目的。太阳能发电厂、生物能发电厂、风力发电厂、小型水力发电站以及使用非传统能源的公共基础设施（如路灯系统、偏远山村电气化等）的建设属于“可再生能源”优先行业贷款的适用范围。贷款机构可以获得上限为 1.5 亿卢比的银行贷款。个人和家庭贷款者的贷款额度最高为 100 万卢比。

第四，“教育”优先行业贷款的限额。以受教育为目的的个人申请贷款，最高可以获得不超过 100 万卢比的职业教育课程贷款。

第五，“住房贷款”优先行业贷款的限额。在人口总数大于 100 万的大都市中心和其他城市中心购买或建造住房的成本分别为不超过 350 万卢比和 250 万卢比的条件下，在人口超过 100 万及以上的大都市中心购买住房且住房贷款总额达到 280 万卢比的贷款申请人以及在其他城市中心购买或者建造住房且住房贷款总额达到 200 万卢比的贷款申请人，可以申请“住房贷款”优先行业贷款。但银行向自己员工提供的住房贷款不符合“住房贷款”优先行业贷款的标准。

关于印度政府针对优先发展行业和部门的银行贷款，我们需要注意以下三个方面。

第一，印度银行机构对优先部门贷款申请的处理流程。贷款人向银行提出针对优先部门的贷款申请，随后银行对该申请进行确认，并将其决定通过书面方式通知贷款申请人。各个银行机构的董事会对于优先部门贷款申请及确认时间限制都有明确规定。

第二，优先部门贷款的利率。银行机构针对优先部门贷款的利息率按照印度储备银行银行机构管制部实时发布的准则确立。根据优先部门准则，针对优先部门的贷款并无任何利率优惠政策。

第三，优先行业贷款凭证。优先行业贷款凭证（Priority Sector Lending Certificates，PSLC）是一种帮助银行机构实现优先行业贷款目标和子目标的机制。当某个银行机构未实现优先行业贷款目标的时候，它可以通过向已经实现并超过优先行业贷款目标的其他银行机构购买贷款义务，这样一方面可以帮助自己实现优先部门贷款目标和子目标，另一方面也可以鼓励银行机构对优先行业进行贷款。值得指出的是，在优先行业贷款凭证机制下，卖方卖出履行优先行业贷款义务、买方买入履行优先行业贷款义务的过程中不会存在风险或贷款资产的转移。

第7章
印度社会文化环境

7.1 印度居民与宗教

7.1.1 人口发展总体概况

2011年3月，印度统计普查总署公布的第15次全国人口普查统计结果显示，印度总人口数为12.10亿，占世界总人口数的17.31%，其中男性人口6.23亿，女性人口5.87亿。平均人口密度为每平方千米325人。[①] 2011年比2001年的人口普查总数增加了1.81亿。1947年印度独立时全国人口约为3.5亿，在60多年时间里，印度人口净增长8亿多。据印度农业合作与农民福利部2017年3月发布的《2016年农业发展统计报告》（*Agricultural Statistics at a Glance* 2016），截至2016年底，印度人口规模估计已达到12.935亿，其中15岁及以上的人口和劳动力分别为9.6亿和4.99亿；人口出生率为21‰（2013—2014年数据），人口十年增长率由1991—2001年的21.54%下降到2001—2011年的17.72%；人口预期寿命为67.9岁（2012—2013年数据）；平均识字率为73%（2010—2011年数据），其中男性识字率高于女性，前者为82.1%和后者为65.5%。[②]

---

① "Population Density", 2011 Census Data, Office of the Registrar General & Census Commissioner, India, Ministry of Home Affairs, Government of India, http://www.censusindia.gov.in/Census_Data_2001/India_at_ glance/density.aspx.

② *Agricultural Statistics at a Glance 2016*, Government of India, Ministry of Agriculture & Farmers Welfare, Department of Agriculture, Cooperation & Farmers Welfare, Directorate of Economics &Statistics, 2017, pp.11–13, p.28.http://eands.dacnet.nic.in/PDF/Glance–2016.pdf.

联合国人口基金会在《2008年世界人口状况报告》中指出，印度总生育率为2.78%，中国总生育率为1.73%。按照印度当前的生育率，到2050年，印度人口会达到16.58亿人，将超过中国成为世界人口第一大国。

印度人口政策的主要依据是2000年出台的《印度国家人口政策2000》（*National Population Policy 2000*）。根据该政策内容，印度提出分三个阶段来实现国家控制人口增长的终极目标，近期目标是致力于医疗卫生基础设施的建设，大力培养医务人员，满足人民的避孕需求，提供综合的生殖与儿童医疗健康服务；中期目标是通过各部门的共同努力，使总生育率降至2.1%左右，以实现2010年总人口规模控制在12亿的目标（基本实现）；长期目标是争取在2045年将总人口控制在14.5亿以下，以实现印度经济、社会持续发展和环境保护。

7.1.2 民族与种族

由于外族入侵与移居等历史因素，印度民族众多，种族构成复杂。

印度有一百余个民族，其中人口较多的民族包括：（1）印度斯坦族。印度斯坦族是印度最大的民族，2011年印度人口普查数据表明，印度斯坦族人口约5.6亿人，占印度全国总人口的46%。印度斯坦族主要信奉印度教，主要使用印地语，分布在恒河上中游的印地语地区。（2）泰卢固族。泰卢固族是印度第二大民族，人口约为1.04亿人，约占印度总人口的8.6%（2011年）。泰卢固族的大部分人信仰印度教，其次是伊斯兰教和基督教，使用泰卢固语，主要分布在安得拉邦及周边各邦。（3）孟加拉族。根据2011年印度人口普查数据，印度的孟加拉族人口总数约为9 600万，约占印度总人口的7.7%。孟加拉族是伊斯兰民族，信仰伊斯兰教，使用孟加拉语，主要分布在印度西孟加拉邦、比哈尔邦和奥利萨邦等地区。（4）马拉地族。马拉地族人口数仅次于孟加拉族，约为9 100万，占印度总人口数的7.5%。马拉地族大部分信仰印度教，种姓制度较为严格，使用马拉地语，主要分布在马哈拉施特拉邦及印度德干高原西北部地区。（5）泰米尔族。泰米尔族人口约为8 900万，约占印度总人口的7.4%。泰米尔族使用泰米尔语，绝大多数人信仰印度教，主要分布在印度南部的泰米尔纳德邦、安得拉邦、喀拉拉邦等。泰米尔族的语言与文字与印度东部、北部和西部地区有很大差别。（6）古吉拉特族。古吉拉特族人口约5 600万，约占印度总人口的4.6%。古吉拉特族主要信仰印度教，使用古吉拉特语，主要分布在印度古吉拉特邦及周边各邦。（7）卡纳达族。卡纳达族总人口约为4 700万，占印度总人口的3.9%。卡纳达族主要信仰印度教，使用卡纳达语，主要分布在印度南部卡纳塔克邦。（8）马拉雅拉姆族。马拉雅拉姆族人口约为4 700万，占印度总人口的3.9%。马拉雅拉姆族信仰印度教、基督教与伊斯兰教，使用马拉雅拉姆语，主要分布在印度喀拉拉邦等地区。（9）奥里雅族。奥里雅族总人口约4 600万，占印度总人口的3.8%。奥里雅族主要信仰印度教，使用奥里雅语，主要分布在奥里萨邦和西孟加拉邦西部的坎德莫尔地区。（10）旁遮普族。旁遮普族人口约为2 800万，占印度总人口的2.3%。旁遮普族主要信仰印度教和锡克教，使用旁遮普语、印地语与乌尔都语，主要分布在旁遮普邦。

印度除了有十几个大民族之外，还有300多个分布在印度各地的“表列种姓”（scheduled castes）和“表列部落”（scheduled tribe）。根据2011年的人口普查结果，表列种姓人口为1.667亿人，占印度总人口的16.2%，表列部落总人口为8 423万人，占印度总人口的8.2%。①

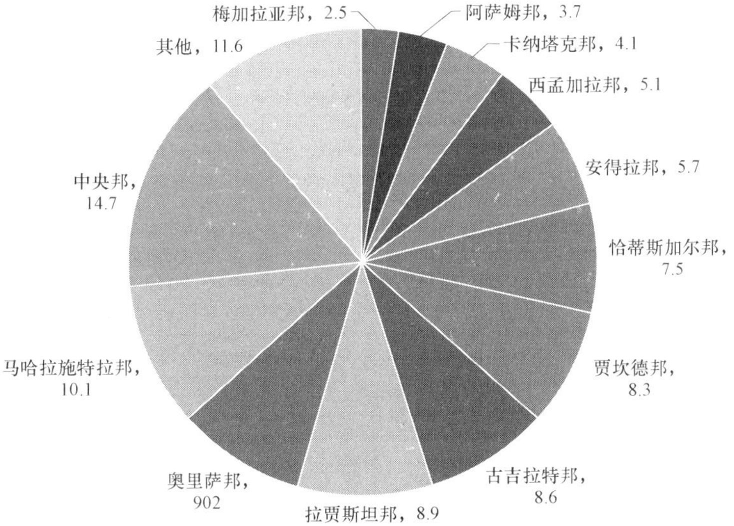

图7-1　印度“表列部落”人口大州的“表列部落”人口数量占印度“表列部落”人口总数的比例（2011年）②

① “Scheduled Castes & Scheduled Tribes Population”，2011 Census Data，Office of the Registrar General & Census Commissioner，India， Ministry of Home Affairs，Government of India，http://www.censusindia.gov.in/Census_Data_2001/India_at_glance/scst.aspx.

② “ST in India as Revealed in Census 2011，” Ministry of Tribal Affairs，https://tribal.nic.in/Statistics.aspx；https://tribal.nic.in/ST/3-STinindiaascensus2011_compressed.pdf

7.1.3 语言

印度是世界上拥有语种最多的国家，它拥有一千多种语言，被语言科学界称之为“语言国家”。根据印度 2001 年人口普查数据，印度有 1 635 种合理化的本地语言（rationalised mother tongues），234 种可识别的母语（identifiable mother tongues）和 22 种宪法规定的主要语言。[①] 其中 29 种语言拥有超过 100 万的使用者，60 种语言拥有超过 10 万的使用者，122 种语言拥有超过 1 万的使用者。还有少数语种只有口语而没有文字。

印度语言种类众多，国家政策坚持多语种制度，大多数语言具有同等的地位，[②] 没有法定的全国性语言。[③] 印地语和英语同为印度官方语言，诸如议会诉讼、司法、中央政府与州政府之间的沟通等强制要求使用官方语言。与此同时，印度各州有权通过立法规定自己的官方语言。

表 7－1　　　　印度各邦及中央辖区的官方语言

邦或中央辖区名称	主要官方语言	邦或中央辖区名称	主要官方语言
安得拉邦（Andhra Pradesh）	泰卢固语（Telugu）	那加兰邦（Nagaland）	英语
阿萨姆邦（Assam）	英语、阿萨姆语（Assamese）	奥里萨邦（Odisha）	奥里雅语（Odia）
比哈尔邦（Bihar）	印地语（Hindi）	旁遮普邦（Punjab）	旁遮普语（Punjabi）
恰蒂斯加尔邦（Chhattisgarh）	印地语	拉贾斯坦邦（Rajasthan）	印地语
果阿邦（Goa）	孔卡尼语（Konkani）	锡金邦（Sikkim）	尼泊尔语（Nepali）
古吉拉特邦（Gujarat）	古吉拉特语（Gujarati）	泰米尔纳德邦（Tamil Nadu）	泰米尔语（Tamil）

① Office of the Registrar General & Census Commissioner，Ministry of Home Affairs，India，Census Data 2001/General Not India，http://www.censusindia.gov.in/Census_Data_2001/Census_Data_Online/Language/gen_note.html.

②“Constitutional Provisions：Official Language Related Part-17 of The Constitution Of India”. Department of Official Language，Government of India，http://rajbhasha.nic.in/en/constitutional-provisions.

③“Hindi，not a national language：Court”. *The Hindu*. 25 January 2010. http://www.thehindu.com/news/national/Hindi-not-a-national-language-Court/article16839525.ece.

续表

邦或中央辖区名称	主要官方语言	邦或中央辖区名称	主要官方语言
哈里亚纳邦（Haryana）	印地语	特伦甘纳邦（Telangana）	泰卢固语（Telugu）和乌尔都语（Urdu）
喜马偕尔邦（Himachal Pradesh）	印地语	特里普拉邦（Tripura）	孟加拉语（Bengali）、英语和廓博罗克语（Kokborok）
贾坎德邦（Jharkhand）	印地语	北阿坎德邦（Uttarakhand）	印地语
卡纳塔克邦（Karnataka）	卡纳达语（Kannada）	西孟加拉邦（West Bengal）	孟加拉语（Bengali）、英语
喀拉拉邦（Kerala）	马拉雅拉姆语（Malayalam）	安达曼和尼科巴群岛中央直辖区（Andaman and Nicobar Islands）	印地语、英语
中央邦（Madhya Pradesh）	印地语	昌迪加尔中央直辖区（Chandigarh）	英语
马哈拉施特拉邦（Maharashtra）	马拉提语（Marathi）	达德拉和纳加尔哈维利中央直辖区（Dadra and Nagar Haveli）	古吉拉特语（Gujarati）、马拉提语（Marathi）、印地语
曼尼普尔（Manipur）	梅泰语（曼尼普尔语）Meitei（Manipuri）	达曼和第乌中央直辖区（Daman and Diu）	古吉拉特语（Gujarati）、孔卡尼语（Konkani）、马拉地语（Marathi）
梅加拉亚邦（Meghalaya）	英语	德里中央直辖区（Delhi）	印地语
米佐拉姆邦（Mizoram）	米佐语（Mizo）、英语和印地语	拉克沙群岛中央直辖区（Lakshadweep）	马拉雅拉姆语（Malayalam）、马尔语（米尼科伊岛）（Mahl）（in Minicoy Island）、英语
北方邦（Uttar Pradesh）	印地语	旁迪切里中央直辖区（Puducherry）	泰米尔语（Tamil）、英语

印度宪法第八附表列出了22种印度政府主要语言，如印地语、阿萨姆语、孟加拉语、古吉拉特语等，[①] 其中，印地语使用人数最多、使用范围最广。在22种官方承认的语言中，有4种语言是于2003年通过宪法修正案的方式在原来18种宪法语言的基础上增加的。[②] 作为外语，英语并没有被列入印度宪法的第八附表，但英语依然是印度的官方语言之一。

印度宪法列出的22种官方承认的语言中，其中15种属于印欧语系（Indo-European language family）印度－雅利安语支（Indo-Aryan language），4种属于达罗毗荼语系（Dravidian family），2种属于汉藏语系（Sino-Tibetan family），1种属于南亚语系（Austroasiatic languages）蒙达语支（Munda）。表7－2列出了印度宪法第八附表包含的部分主要语言，以及其对应的语系和主要使用该语言的地区。

表7－2　　印度宪法第八附表的部分语言及使用地区（部分）

（单位：百万人）

语言	语系	人数	使用的州与地区
阿萨姆语（Assamese）	印欧语系印度－雅利安语支（Indo-Aryan）	13.2	阿萨姆邦
孟加拉语（Bengali）	印度－雅利安语支	83.4	西孟加拉邦、特里普拉邦、阿萨姆邦、安达曼和尼科巴群岛中央直辖区、贾坎德邦
博多语（Bodo）	汉藏语系（Sino-Tibetan）	1.3	阿萨姆邦
多格拉语（Dogri）	印度－雅利安语支	2.3	喜马偕尔邦、旁遮普邦
古吉拉特语（Gujarati）	印度－雅利安语支	46.1	达德拉和纳加尔哈维利中央直辖区、达曼－第乌中央直辖区、古吉拉特邦
印地语	印度－雅利安语支	422	安达曼与尼科巴群岛中央直辖区、比哈尔邦、恰蒂斯加尔邦、德里、喜马偕尔邦、贾坎德邦、中央邦、拉贾斯坦邦、哈里亚纳邦、北方邦、北阿坎德邦与西孟加拉邦

① “Languages Included in the 8th Schedule of the Indian Constitution”，http://www.rajbhasha.gov.in/en/languages-included-eighth-schedule-indian-constution。

② Constitution of India，Article 344（1），Part XVII，Official Language，Chapter I. Language of the Union，http://www.constitution.org/cons/india/p17344.html.

续表

语言	语系	人数	使用的州与地区
卡纳达语（Kannada）	达罗毗荼语系 Dravidian	38	卡纳塔克邦
孔卡尼语（Konkani）	印度–雅利安语支	2.5	马哈拉施特拉邦、果阿邦、卡纳塔克邦、喀拉拉邦（康坎海岸）
迈蒂利语（Maithili）	印度–雅利安语支	12.2	比哈尔邦
马拉雅拉姆语（Malayalam）	达罗毗荼语系（Dravidian）	33.1	喀拉拉邦、拉克沙群岛中央直辖区、旁迪切里中央直辖区、安达曼和尼科巴群岛中央直辖区
曼尼普尔语（Manipuri，Meitei or Meithei）	汉藏语系	1.5	曼尼普尔邦
马拉提语（Marathi）	印度–雅利安语支	72	马哈拉施特拉邦、果阿邦、达德拉–纳加尔哈维利中央直辖区、达曼–第乌中央直辖区
尼泊尔语（Nepali）	印度–雅利安语支	2.9	锡金邦、大吉岭（Darjeeling）、印度东北地区
奥里雅语（Odia）	印度–雅利安语支	33	奥里萨邦、西孟加拉邦，贾坎德邦
旁遮普语（Punjabi）	印度–雅利安语支	29.1	恰蒂斯加尔邦、德里、旁遮普邦、西孟加拉邦
梵语（Sanskrit）	印度–雅利安语支	0.01	北阿坎德邦
桑塔利语（Santali）	南亚语系（Austroasiatic）	6.5	焦达讷格布尔高原的部落（Santhal tribals of the Chota Nagpur Plateau）
泰米尔语（Tamil）	达罗毗荼语系（Dravidian）	70	泰米尔纳德邦、安达曼和尼科巴群岛中央直辖区、旁迪切里中央直辖区、喀拉拉邦
泰卢固语（Telugu）	达罗毗荼语系（Dravidian）	74	安得拉邦、特伦甘纳邦、旁迪切里中央直辖区、安达曼和尼科巴群岛中央直辖区
乌尔都语（Urdu）	印度–雅利安语支	51.5	特伦甘纳邦、贾坎德邦、德里、比哈尔邦、北方邦与西孟加拉邦

资料来源：Constitution of India，Article 344（1），351，PART XVII，Official Language，Chapter I. Language of the Union，http://www.constitution.org/cons/india/p17344.html.

在印度，很多人掌握一门以上语言。其中，至少有 2.55 亿人可以讲两种语言，8 750 万人可以讲三种以上语言。

表 7-3　　印度第一、第二和第三语言使用人数统计

（2001 年普查数据）

语言	第一种语言人数	占总人口的比重	第二种语言人数	第三种语言人数	使用总人数	占总人口的比重%
印地语	422 048 642	41.03	98 207 180	31 160 696	551 416 518	53.60
英语	226 449	0.02	86 125 221	38 993 066	125 344 736	12.18
孟加拉语	83 369 769	8.10	6 637 222	1 108 088	91 115 079	8.86
泰卢固语	74 002 856	7.19	9 723 626	1 266 019	84 992 501	8.26
马拉提语	71 936 894	6.99	9 546 414	2 701 498	84 184 806	8.18
泰米尔语	60 793 814	5.91	4 992 253	956 335	66 742 402	6.49
乌尔都语	51 536 111	5.01	6 535 489	1 007 912	59 079 512	5.74
卡纳达语	37 924 011	3.69	11 455 287	1 396 428	50 775 726	4.94
古吉拉特语	46 091 617	4.48	3 476 355	703 989	50 271 961	4.89
奥里雅语	33 017 446	3.21	3 272 151	319 525	36 609 122	3.56
马拉雅拉姆语	33 066 392	3.21	499 188	195 885	33 761 465	3.28
梵语（Sanskrit）	14 135	<0.01	1 234 931	3 742 223	4 991 289	0.49

资料来源：Office of the Registrar General & Census Commissioner，Ministry of Home Affairs，India，India at a glance / Population，http://www.censusindia.gov.in/Census_Data_2001/India_at_glance/popu1.aspx

7.1.4 宗教

印度是世界宗教的发祥地之一，绝大部分印度人信仰宗教，在印度人看来，宗教至关重要，宗教在印度人生活中随处可见。印度宗教教派众多，主要教派包括印度教、伊斯兰教、基督教、锡克教、佛教、耆那教等。

表 7－4　　印度主要宗教人口数量占总人口的比（1951—2011 年）[1]

（单位：%）

宗教类别	1951 年	1961 年	1971 年	1981 年	1991 年	2001 年	2011 年
印度教	84.1	83.45	82.73	82.30	81.53	80.46	79.80
伊斯兰教	9.8	10.69	11.21	11.75	12.61	13.43	14.23
基督教	2.3	2.44	2.60	2.44	2.32	2.34	2.30
锡克教	1.79	1.79	1.89	1.92	1.94	1.87	1.72
佛教	0.74	0.74	0.70	0.70	0.77	0.77	0.70
耆那教	0.46	0.46	0.48	0.47	0.40	0.41	0.37
琐罗亚斯德教	0.13	0.09	0.09	0.09	0.08	0.06	—
其他/无宗教信仰	0.43	0.43	0.41	0.42	0.44	0.72	0.9

数据来源："Census of India—India at a Glance：Religious Compositions". censusindia.gov.in. http://www.censusindia.gov.in/2011census/C－01.html.

NA：无资料。

印度教是印度最主要的宗教，也是世界上最古老的宗教之一，印度 80.5%以上的国民为印度教信徒。印度教实行社会中的五民体制，把人基本分成婆罗门、刹帝利、吠舍、首陀罗和贱民五类，实行族群内平等，族群外漠然的等级生活方式。印度教具有相对封闭性和血源性，其传播途径主要依赖信徒迁徙和世代相传。

佛教是世界三大宗教之一[2]，在印度，佛教信徒数居基督教、伊斯兰教和印度教之后。佛教产生于公元前 6 世纪前后，创始人是释迦牟尼，虽然产生发展于印度，但公元 13 世纪初，在伊斯兰教和本土印度教文化的双重打击下，佛教在印度逐渐消亡，直至 19 世纪末，斯里兰卡等国的部分佛教信徒在印度发起了佛教复兴运动，情况才有所改善。目前，印度佛教徒只占总人口的 1%左右。

耆那教形成于公元前 6 世纪前后，被称为苦行者的宗教，其信徒数量一直不大，目前占印度总人口不到 0.5%；锡克教是印度本土产生的最年轻的教派，形成

① "Population by religious community-2011". *2011 Census of India*. Office of the Registrar General & Census Commissioner. http://www.censusindia.gov.in/2011census/C-01.html

② 此处就世界影响层面而言，单从教徒数量来看，印度教位居第三。

于公元15世纪前后，该教是伊斯兰政权在印度确立以后产生的，具有印度教和伊斯兰教的双重特色，目前印度的锡克教信徒约占印度总人口的2%左右；伊斯兰教不产生于印度，印度也并非主要信仰伊斯兰教的国家，但印度穆斯林教徒人数较多，约有1.4亿人；由于印度沦为英国殖民地两百多年，基督教也因此在印度得到了一定程度的发展，目前，印度基督教徒人口占印度总人口的2%左右，同样具有一定的影响力。[①]

菩提伽耶　正觉寺　菩提树（释迦牟尼悟道成佛之处）

菩提伽耶　正觉寺　正觉塔

① 姜景奎：宗教对印度文化战略的影响，《南亚研究》，2013年第1期，第1－11页。

大觉寺

阿姆利则　锡克教金庙

印度教圣城　瓦拉纳西恒河晨沐

斯瓦米纳拉扬神庙

孟买山上圣母圣殿（又称玛丽山教堂）

德里　贾玛清真寺

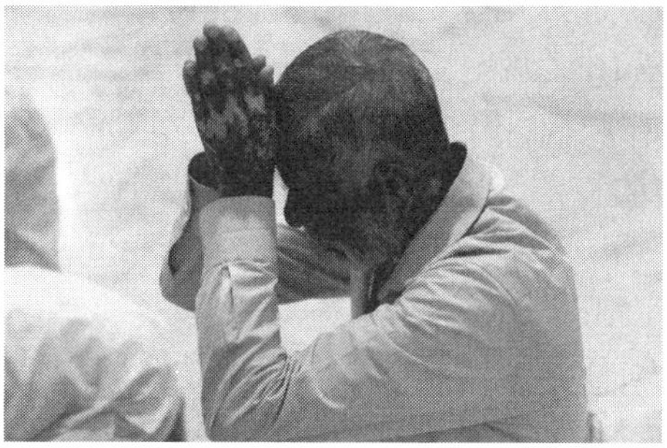

虔诚的印度老人

虔诚的僧人

7.1.5 社会分层与种姓冲突

种姓制度是世界上现存的最古老的社会等级制度之一，曾经是南亚地区特别是印度普遍存在的一种社会体系，有三千多年的历史。虽然印度独立后已经从法律层面取消了种姓制度，但宗教和文化制度的影响已经深入到印度社会的方方面面，是当前印度各种政治、经济和社会矛盾的重要原因之一。

种姓制度的起源与印度教的创造之神梵天（Brahmā）密切相关，人们一出生就被分为高种姓与低种姓。种姓制度根据职业和责任将人们划分为等级森严的四个等级阶层类别，即婆罗门（Brahmins）、刹帝利（Kshatriyas）、吠舍（Vaishyas）和首陀罗（Shudras）。其中，婆罗门等级最高，是第一等级，主要是僧侣和教师等知识分子，据信是用梵天的头脑创造；刹帝利是第二等级，主要是军事贵族和行政贵族（统治者），据信是用梵天的手臂创造；吠舍是第三等级，主要是农民与商人，据信是用梵天的大腿创造；首陀罗是第四等级，主要是底层劳动者，从事耕种土地等工作，据信是用梵天的脚创造。除以上四大种姓之外，还有被排除在种姓体制之外的第五类群体，即"不可接触者"（Untouchables），被称为"贱民"，他们自称为"达利特"（Dalit），意思是"受迫害者"。在种姓制度中，高种姓阶层歧视低种姓阶层，其中，对达特利人的歧视和排挤最为彻底、最为极端，形成了"不可接触制"（Untouchability，也称为贱民制度）。[①] 尽管几千年来印度经历了不同的社会形态，但种姓制度作为剥削阶级的统治工具一直保留了下来。

印度独立后，从宪法层面废除了种姓制度，并对低种姓人群提供保护性政策。

① 独孤勇：《难逃种姓魔咒——印度达利特人的历史与现状》，《中国民族报》，第8版：理论周刊·国际，2018年2月9日。http://www.mzb.com.cn/zgmzb/html/ 2018-02/09/ content_2266.htm. 登录时间：2019年4月22日。

印度1950年宪法第二章基本权利部分第15条明确规定，“任何人不得因宗教、种族、种姓、性别和出生地而受到歧视”；第16条规定不能因公民的宗教、种族、种姓等因素而在政府部门聘用中受到排斥或歧视；第17条则明确要求取消“不可接触制”。[①] 印度政府修改了对低种姓群体的称谓，采用“表列种姓”和“表列部落”作为对传统低种姓群体（表列群体）和“其他落后阶层”（Other Backward Classes，OBCs）的正式称谓。

此外，印度政府还采取了一系列措施提高表列群体的生存状态和社会地位。一方面，制定实施了一系列保护表列群体的法律与法规，对侵犯表列群体合法权益的行为进行法律制裁。如1955年，印度政府颁布《不可接触制犯罪法》，该法律规定对表列群体实施的不可接触性歧视行为均是刑事犯罪行为，因而在刑法层面保证宪法第17条款关于“废除不可接触制”的贯彻实施。1976年，印度政府把《不可接触制犯罪法》进一步修改为《公民权利保护法》，并详细列举了不可接触性歧视的具体行为，同时颁布了《废除契约劳工法》；随后，印度政府又于1989年颁布了《表列种姓和表列部落（防止暴行）法》，详细列举了针对表列群体的歧视与排挤行为。此外，各邦议会也制定了各种保护表列群体的法律，以便从法律层面切实保护表列群体的合法权益和社会地位。另一方面，针对“表列种姓”和“表列部落”实施“保留政策”（Reservation Policy），保障表列群体的利益。根据印度宪法第330条和第332条的规定，在中央议会人民院和各邦议会按照各邦表列群体人数在总人数所占的比例预留席位；第335条规定，在中央和各邦政府机构乃至国有企业中为表列群体预留一定比例的工作岗位，在公立高校招生录取中也为表列群体预留一定比例的名额或者放宽考试合格分数、降低评核标准。[②] 从1989年开始，“保留政策”开始扩大覆盖范围，除了“表列种姓”和“表列部落”之外，还包括介于传统高种姓和低种姓之间的“其他落后阶层”群体。[③] 此外，为了保证“保留政策”的有效实施，根据印度宪法第338条和338A条，印度政府还专门成立了“全国表列种姓委员会”（National Commission for the Scheduled Castes）和“全国表列部落委员会”（National Commission for the Scheduled Tribes）两个法定委员会，专门负责相关保护政策的贯彻和实施，两个委员会的主席都是

① National Portal of India, *Constitution of India*, https://www.india.gov.in/my- government/constitution-india/constitution-india-full-text. 登录时间：2019年4月22日。

② National Portal of India, Constitution of India, https://www.india.gov.in/my-government/constitution-india/constitution-india-full-text. 登录时间：2019年4月22日。

③ “What is India’s caste system?”, BBC, July 20, 2017, https://www.bbc.com/news/world-asia-india-35650616. 登录时间：2019年4月22日。

印度人权委员会成员。印度中央政府每年向议会汇报不解除制度废除的进展情况。

印度政府的这些举措旨在改变印度社会长久以来以社会经济和政治不平等为基础的传统社会结构。客观地讲，这些举措对改善表列群体的社会经济条件、提高社会地位发挥了重要作用。[①] 当前，表列群体，尤其是城市中的表列群体的政治、经济和社会地位明显提升。在政治上，表列群体政治力量已成为印度政坛举足轻重的力量，代表达利特人利益的“大众社会党”(Bahujan Samaj Party，BSP)已成为印度第三大党；社会中针对表列群体的暴力犯罪大幅下降，城市表列群体的识字率也呈现明显的上升趋势，印度教徒与表列群体可以通婚等。

然而，作为有几千年历史的政治与社会制度，种姓制度已经成为印度传统文化的一部分。虽然印度已经在法律层面废除了种姓制度，但由于种姓制度的影响已经深入到印度社会和文化的各方面，种姓制度的残余影响给印度的政治稳定、经济与社会发展带来了不少问题。第一，当前印度社会贫富差距突出、阶级固化严重，表列群体社会地位没有得到根本性的改善，表列群体在摆脱贫困处境、争取平等权利方面还有很长的道路要走。在孟买市区的黄金地段分布着大片的贫民窟，与繁华的都市形成鲜明的对比，这是贫富差距之大的真实写照。第二，当今的印度民众依然很难抛开种姓制度对思想的枷锁，种姓歧视和排挤在印度现代社会中仍然存在，尤其是在广大农村地区，因此社会动乱时有发生，威胁社会稳定、影响正常生产生活。例如，2018 年 1 月初，印度孟买及其所在的马哈拉施特拉邦的多个城市发生由达利特组织成员发起的纪念大英帝国的佩什瓦战争的暴动；同年 4 月，由于对印度最高法院淡化《表列种姓和表列部落（防止暴行）法》而进行的裁决的不满，多个达利特组织发起全国性罢工，随后演化为大规模的骚乱，骚乱蔓延到中央邦、北方邦、旁遮普邦等十余个邦，铁路、公路等公共基础设施和公共财产遭到破坏。第三，种姓问题引发印度政治治理难题。印度政府出台的针对表列群体的优惠政策和倾斜政策引发了印度高种姓人群的不满，由此政治治理危机频发，如何平衡高种姓阶层与低种姓阶层的利益分配、缓和高种姓阶层与低种姓阶层的矛盾成为印度历届政府需要面对的历史性难题。2015 年 8 月底，印度西部古吉拉特邦的高种姓帕特尔人发起骚乱，抗议政府在就业机会和大学升学率等方面过于偏袒和照顾低种姓阶层，并要求邦政府将帕特尔人也列入“其他落后阶层”，以享受相关优惠政策。帕特尔人的示威活动引发连锁反应，高种姓婆罗门也随后向邦政府施压。协调和缓解高种姓阶层和低种姓阶层的矛盾是印度历届

① Darshan Singh, “Development of Scheduled Castes in India- A Review”, Journal of Rural Development, Vol.28, No. 4, pp.529-542.

政府面临的巨大挑战。

孟买千人洗衣场

位于孟买的印度首富安巴尼的豪宅

孟买贫民窟附近街景及小卖部

孟买海岸

7.2 日常生活与社交

7.2.1 主要节假日

由于民族与宗教众多，印度的节日也很多，大多数节日具有宗教色彩。印度全国性的节日有十余个，包括元旦、印度共和日、甘地逝世纪念日、湿婆神节、洒红节、拉玛节、马哈维纳节、复活节、佛诞节、独立节、教师节、十胜节、排灯节和圣诞节等。

表 7–5 印度主要节日与假期

节日	时间	概况
元旦	1 月 1 日	—
印度共和日（Republic Day）	1 月 26 日	即国庆日，各邦首府均有庆祝盛会及巡行，而以首都新德里的巡行最壮观。
甘地逝世纪念日	1 月 30 日	在首都的甘地陵（RajGhat）有诵经文祈福活动。
湿婆神节（Shvratri）	公历 2–3 月（印历 12 月黑半月第四天举行）	也叫湿婆神之夜节，印度教寺庙庆祝。
洒红节（Holi）	公历 2–3 月（印历为 12 月望日）	即泼水节，是印度教纪念黑天的节日，源于古时的丰收祭仪，节日期间，成群结队的印度教徒，载歌载舞，庆祝春天来临，并互相泼水，向路人洒红粉或红水。
拉玛节	公历 3–4 月	印度教徒庆祝毗湿奴的化身拉玛的生辰。
马哈维纳节	公历 3–4 月	耆那教徒庆祝其祖师马哈维纳寿辰之日。
复活节	公历 4 月	纪念耶稣基督被钉在十字架后第三日的复活。
佛诞节	公历 5–6 月	纪念佛祖释迦牟尼的诞生。
独立节	8 月 15 日	印度全国性节日，1947 年 8 月 15 日，印度摆脱了殖民主义的统治，获得了独立。
教师节	9 月 5 日	—
十胜节（凯旋节）	公历 9–10 月	又名凯旋节，仪式举行 10 天，庆祝拉玛战胜邪魔。

续表

节日	时间	概况
排灯节	公历 10－11 月	印度教徒四大节日之一
圣诞节	12 月 25 日	—

7.2.2 日常习俗与禁忌

7.2.2.1 生活习俗与禁忌

（一）饮食习惯

印度人一般以大米和面粉作为主食，多以炖、烧、煮、烤等为主要烹饪方式。印度人多喜欢辣食和甜食，擅长用咖喱、辣椒和黄油等佐料；喜欢土豆、西红柿、洋葱、大白菜、茄子等蔬菜和鸡肉、羊肉等肉类，不食用菌类和笋类蔬菜。受历史等因素印象，印度人的饮食习惯南北差异较大。北方多食用肉类、谷物和面包，喜欢饮红茶；南方多食用大米、咖喱和其他素食，喜欢喝咖啡。

印度人用餐时一般不使用餐具，而是用右手直接抓食。就餐时要注意不能用手从公用菜盘中为自己取食，也不能用嘴接触公用盛水盆，而要隔空倒入嘴中。印度人喜欢饮用凉水，餐桌上的热水一般是洗手用水，切勿饮用。

印度最著名的路边摊小吃 Pani Puri[①]

北方邦手工现熬蔗糖块

印度街头贩卖的传统点心

① Pani Puri 是印度最著名的路边摊小吃，在多部电影里出现过，如《摔跤吧爸爸》等。该小吃是一种油炸的空心薄土豆球，食用时拇指摁出洞口，再灌满辛辣的绿色香料汤汁，放进嘴里咀嚼，任由混合着类似芥末、辣椒、薄荷、柠檬、食盐口感的汤汁在嘴里爆炸，酸爽无穷。一般路边摊卖价为 10 卢比（约合 1 元人民币）一份，包含 3～4 只小球。

印度知名饭店门脸及后厨

印度餐常用香料

（二）服装服饰

印度男性与女性的传统民族服饰不同。印度男性的传统服饰具有鲜明的特色：头部缠绕各色头巾，上衣是宽大、长度及膝的“古尔达”，下身是缠在腰间、垂至脚面的“托蒂”，长约 4 米左右。女性的传统民族服饰是从腰部缠起、披盖在肩上或蒙在头上的“纱丽”，长约 6 米。此外，印度女性喜欢佩戴各种金银首饰。

公园里的年轻人

（三）礼仪与风俗

印度人非常重视交往礼节。在印度，朋友见面时，一般双手合十或者举手表示向对方致敬；有时双手互搭肩膀，以示亲热；有时也握手，但切记握手时一定要用右手。印度有尊老敬老的传统，印度总理莫迪由于对老母亲非常孝顺而受到民众的称赞。

此外，印度的以下风俗与我国存在差异。首先，在印度，将头部左右摇晃表示赞同或者同意对方的观点，与中国点头的意思相同；第二，很多印度人崇拜蛇，注意不要捕杀蛇、食用蛇肉；第三，印度人忌讳用浴盆给孩子洗澡，将其视为不吉利的象征等。

印度人喜欢歌舞，是世界上最推崇歌舞的国家之一。舞蹈在印度被认为是高雅的娱乐活动，歌舞也是印度电影的主要题材。此外，宗教因素也是印度人喜欢歌舞的原因之一。印度教徒认为舞蹈是湿婆神创造的，跳舞是与神进行沟通的主要方式。

德里　拉贾斯坦邦传统文化现场表演

孟买沙滩休闲的民众

休闲的民众

7.2.2.2 宗教禁忌

印度民众信奉多种宗教，宗教派别众多，与宗教相关的禁忌也较多。

印度的寺庙与清真寺历史遗迹很多，游人参观寺庙和清真寺之时要注意穿戴整齐，上衣不可过短，下身需穿长裤或者长裙，避免过度暴露。进入寺庙和清真寺之前一定要脱掉鞋子，赤脚进入。参观印度寺庙时，还需谨记不要佩戴皮质饰品，如腰带、手套、帽子等。印度各清真寺对女性游客的参观行为有一定的要求。

由于牛是印度教三大神之一湿婆神的坐骑，印度教将牛视为“圣兽”，敬之如神。在印度，信奉印度教的人数约占全国人口的 80%，因此，牛在印度有特殊地位，受到特别的尊重。每年，印度教僧侣会举办“波高”节，表示对牛的崇拜。牛也被允许在印度城市街道中自由行走，行人和车辆要主动避让行走的牛。由于对牛的尊重，印度拥有的牛的数量巨大，约占世界牛的总数量的 25%。在印度关于牛的禁忌也比较多，比如不能食用牛肉制品，不要佩戴和使用牛皮制品等。

瓦拉纳西恒河畔的牛

在印度，喝酒被认为是违反宗教习惯的行为，因此印度人一般不喝酒，尤其是锡克教严格禁酒。在不少邦，旅馆和饭店以外禁止喝酒。

7.3 印度教育

7.3.1 教育发展概况

印度具有尊师重教的历史文化传统，古代印度将“教师”尊称为“古儒”，在梵语里意味着“天”，即教师是上天的使者，是智慧与知识的化身，拥有崇高的社会威望与社会地位。在英国殖民期间，英国的现代教育体制传入印度，并影响了印度教育体系的建立与发展。[①]

印度独立之初，国民教育水平极低，国民识字率仅为17%。为此，印度政府大力发展教育，奉行教育和科技优先发展战略。

第一，在机制建设层面，印度政府先后在中央层面建立了中央教育学院（the Central Institute of Education，1947 年）、政府中央教育研究所（Government Central Pedagogical Institute，1948 年）、全印中等教育委员会（All India Council for Secondary Education，1955 年）、全印初等教育委员会（All India Council for Elementary Education，1955）、国家教育研究与培训委员会（National Council of Educational Research and Training，1961 年）、印度教育委员会“科塔里委员会”（Kothari Commission，1964 年）、全国教师教育委员会（National Council of Teacher Education，1973 年）等一系列推动教育体系完善发展的相关机构。同时，各邦政府也相应建立了推进教育发展的相关机构。

第二，在政策措施层面，印度政府进行了多项促进教育改革的政策与方案。1966 年的《科塔里委员会报告》、1986 年的《国家教育政策》（National Education Policy，NEP）和 1992 年的《国家教育政策（修订版）》是印度教育领域里程碑式的政策文件。印度政府在这些政策文件的指导下积极推进教育改革、促进初等教育的普及与高等教育的高水平发展。在基础教育领域，2001 年，印度政府宣布实施旨在普及初等教育、提高初等教育质量的旗舰项目“初等教育普及计划”（Schemes of Sarva Shiksha Abhiyan，SSA），这是印度政府实施的最为广泛而有力的普及初等教育计划。此外还包括“全面普及优质中等教育计划”（Rashtriya Madhyamik Shiksha Abhiyan，RMSA），以及旨在提高教师能力的“教师教育”（Teacher Education，TE）等项目；[②] 建立了覆盖全国各个邦和中央直辖区的县级基础教育信息系统，并以此系统为基础编制义务教育发展指数、监测各邦义务教育水平和教育质量等。在高等教育领域，印度政府不遗余力地致力于提高印度高等教育竞争力，并制定了操作性强的司法建议与指导性政策，如《高等教育与研究法案》《高等教育机构鉴定管理当局法案》等；实施专项计划，积极推动印度一流大学建设，如“潜在卓越大学计划”“潜在卓越领域中心计划”等；大力推进产学研联合发展，提升高等教育机构科研成果转化水平，如印度政府在人力资源发展部下成立了用于专门协调大学与产业界合作的“产业–高等教育合作委

---

① 李英：印度教师教育的历史变迁及主要特点，《教师教育学报》，2014 年 4 月，第 1 卷第 2 期，第 101 页。

② Ministry of Human Resources Development，Government of India，Department of School Education & Literacy，http://mhrd.gov.in/overview-se

员会”等。①

在印度政府几十年的努力下，印度的教育得到了迅速的发展，教育普及率、教师数量、教育质量与入学人数明显提高，教育基础设施不断完善。但是，目前印度教育仍存在教育发展不平衡、入学率偏低、辍学率较高、高等教育容纳量有限等一系列问题。

表 7-6　　1951—2011 年印度识字率

统计年份	整体	男性（%）	女性（%）
1951	18.3	27.2	8.9
1961	28.3	40.4	15.4
1971	34.5	46.0	22.0
1981	43.6	56.4	29.8
1991	52.2	64.1	39.3
2001	64.8	75.3	53.7
2011	73.0	80.9	64.6

资料来源：Office of the Registrar General & Census Commissioner，India，http://censusindia.gov.in/.

注：1951—1971 年为 5 岁及以上人口的识字率，1981—2011 为 7 岁及以上人口的识字率。

表 7-7　　1950—2015 年印度政府认可的各类教育机构数量

年度＼水平	初级小学	高级小学	初级中学	高级中学	学院	大学
	单位：百所			单位：所		
1950—1951	2 097	136	—	74	578	27
1960—1961	3 304	497	—	173	1 819	45
1970—1971	4 084	906	—	371	3 277	82
1980—1981	4 945	1 186	—	516	6 963	110
1990—1991	5 609	1 515	—	798	5 748	184
2000—2001	6 387	2 063	877	384	10 152	254
2005—2006	7 726	2 885	1 060	536	16 982	350

① 唐晓玲：印度提升高等教育竞争力的政策举措和实施效果，《教师教育学报》，2018 年 4 月，第 5 卷第 2 期，第 106－107 页。

续表

年度＼水平	初级小学	高级小学	初级中学	高级中学	学院	大学
	单位：百所			单位：所		
2006—2007	7 849	3 056	1 122	574	19 812	371
2007—2008	7 878	3 252	1 138	592	23 099	406
2008—2009	7 788	3 656	1 221	642.29	27 882	440
2009—2010	8 199	3 941	1 222	717	25 938	436
2010—2011	7 485	4 476	1 312	720.46	32 974	621
2011—2012	7 143	4 788	1 283	841	34 852	642
2012—2013	8 539	5 778	2 189	1 224	35 525	667
2013—2014	8 589	4 215	1 335	1 036	36 634	723
2014—2015	8 471	4 251	1 353	1 093	38 498	760

资料来源：高等教育机构数据与1950—2012年的学校教育机构的数据来自Ministry of Human Resource Development，Government of India，http://mhrd.gov.in/statist；2012—2015年的学校教育机构的数据来自National University of Educational Planning & Administration，New Delhi，http://dise.in/

表7-8　2014—2015年度印度各类教育机构教师数量与生师比

（Pupil Teacher Ratio，PTR）

教育机构类型	教师数量	生师比
初级小学	2 670 396	24
高级小学	2 559 769	17
初级中学	1 346 888	27
高级中学	1 984 711	38
高等教育机构*	1 319 295	24

注：高等教育机构的统计不包括独立教育机构（Stand Alone Institutions）。

资料来源：Ministry of Human Resource Development，Government of India，http://mhrd.gov.in/statist；National University of Educational Planning & Administration，New Delhi，http://dise.in/

表 7-9　　　　2013—2014 年度印度政府的教育支出（预算）

教育部门	教育支出（千万卢比）			教育支出占 GDP 比重（%）		
	邦和中央直辖区	中央政府	总计	邦和中央直辖区	中央政府	总计
初等教育	156 165.65	51 262.97	207 428.62	1.39	0.45	1.84
中等教育	102 328.99	13 340.27	115 669.26	0.91	0.12	1.03
高等教育	45 571.69	25 567.34	71 139.03	0.40	0.23	0.63
成人教育	637.42	686.65	1 324.07	0.01	0.01	0.01
技术教育	36 320.90	33 260.92	69 581.82	0.32	0.30	0.62
总计	341 024.65	124 118.15	465 142.80	3.03	1.10	4.13

资料来源：Ministry of Human Resource Development，Government of India，http://mhrd.gov.in/statist。

孟买 **door step school**（为穷人孩子提供教育的一家慈善机构）

7.3.2 教育管理体制

印度对教育管理实行中央和邦两级管理体制。依据印度宪法，教育的主要管辖权隶属邦政府，邦政府具体负责各类教育机构的管辖，印度中小学教育和80%的高等教育均在邦政府的管辖范围之内。1977年1月生效的宪法修正案正式赋予了中央政府更大的教育管理权限，中央政府可以制定全国性教育政策和教育发展规划的职能，同时规定各邦政府要遵循中央政府教育相关部门的政策与指导。但当前，印度在教育管理领域存在政出多门、条块分割的现象，严重制约了印度全国性教育改革措施的推进。

7.3.2.1 中央教育管理机构

中央教育管理机构的核心是印度人力资源发展部（Ministry of Human Resource Development，MHRD）。人力资源发展部成立于1985年，主要负责制定国家教育方针及其落实、推动教育事业的发展、推进教育公平、扶助贫困学生和加强教育领域的国际合作等。

人力资源发展部下设两个局：（1）学校教育与扫盲局（Department of School Education & Literacy）。学校教育与扫盲局主要负责基础教育相关事务，致力于发展学校教育和扫除文盲。当前正在持续着力推动“初等教育普及计划”（Schemes of Sarva Shiksha Abhiyan，SSA）、“全面普及优质中等教育计划”（Rashtriya Madhyamik Shiksha Abhiyan，RMSA）以及“教师教育计划”（Teacher Education，TE）。该局每年发布《邦和县报告卡》《印度农村和城市义务教育》《学校报告卡》《教育统计快报》和《印度义务教育：进展分析报告》等各种分析报告。（2）高等教育局（Department of Higher Education）。高等教育局主要负责高等教育发展政策的制定与落实，具体包括推进一流大学建设、提高高等教育入学率、加强高等教育基础设施建设、促进技术教育和职业教育的发展等。[①]

此外，印度还设有一些中央级的教育研究与咨询机构，如中央教育咨询理事会（Central Advisory Board of Education，CABE）、印度全国教育研究与培训委员会（National Council of Educational Research and Training，NCERT）和印度中央中等教育理事会（Central Board of Secondary Education，CBSE）等。其中，中央教育咨询理事会（CABE）是印度最高教育咨询机构，主要负责就印度教育发展

---

① Ministry of Human Resource Development，Government of India，Department of Higher Education，http://mhrd.gov.in/overview.

情况向中央政府和邦政府提出相关建议，理事会主席由印度人力资源发展部部长担任。

7.3.2.2 地方教育管理机构

印度地方政府拥有很大的教育管理权限，在本地教育管理领域发挥着关键作用。印度各邦均设置主管教育事务的机构，多数称为“教育部”，也有的邦称为文化教育部或普通教育部。邦教育部长直接对邦议会负责，邦教育秘书辅助教育部长工作，并直接负责本邦教育政策的制定。各邦教育部的常务首长是“公共教育局长”，负责本邦教育政策的贯彻与执行、邦政府与教育机构的联系沟通，并通过拨款、监督和检查等方式直接控制相关教育机构。此外，在一些邦中，还会设有两名教育局长，分别负责中小学教育和高等教育。[①]

除了地方教育行政管理部门之外，在一些具体的业务部门也设立了管理本领域专业教育的机构，地方政府的农业部兼管农业教育、卫生部兼管卫生教育等。

7.3.3 教育体制

印度当前在全国范围内实行“10+2+3”的统一学制，这是印度 20 世纪 70 年代第二次学制改革最终确立的学制，有利于推进教育机会的均等化。

“10+2+3”学制模式的主要内容是：（1）“10”是指 10 年的基础教育（初等教育阶段），包括 8 年初等教育（5 年初级小学教育和 3 年高级小学教育）和 2 年初级中等教育，并实行完全免费义务教育；（2）“2”是指 2 年高中教育阶段，即中等教育阶段，高中教育分为“学术教育”和“中等职业教育”；（3）“3”是指 3 年的本科教育阶段，即高等教育第一阶段。[②]

高等教育的第二阶段包括 2 年的硕士教育阶段和 3 年的博士教育阶段。此外，还包括各种类型的高等职业技术教育和成人教育等。

7.3.3.1 初等教育及中等教育

印度基础教育阶段的课程主要设置了六部分内容，包括语言、数学、科学、社会科学、艺术、健康教育和体育。此外，基础教育阶段还会在以上课程的授课过程中给学生进行工作教育、和平教育和价值观教育等“渗透教育”。

① 安双宏：印度地方教育管理探析，《黑龙江学报》，2010 年 6 月，第 1 卷第 1 期，第 82－83 页。
② 刘筱：印度学制改革探析，《教育评论》，2013 年第 2 期，第 167 页。

高中阶段属于中等教育阶段，这一阶段学校将根据每个学生的学习基础和个性特点分成“学术教育”和“中等职业教育”两种类型的班级，其中，“学术教育”主要开设普通高中课程，“中等职业教育”则主要开设总课时 20%以下的基础课程和包括各类专业实践内容的职业教育课程。接受“中等职业教育”的学生毕业以后可以直接就业成为企业技工，或利用自己的技能开设小工厂、小车间自谋职业。

根据 2005 年印度全国教育研究与培训委员会（National Council of Educational Research and Training，NCERT）修订颁布的《2005 年国家课程框架》（National Curriculum Framework），印度在基础教育阶段的核心课程和具体要求如下表所示。

表 7－10　　印度基础教育阶段主要课程内容及要求①

阶段	语言	数学	科学	社会科学	艺术	健康教育与体育
初小阶段（1—5年级）	母语和印地语	通过游戏掌握数字、数字运算、形状、空间、模型、测量和数据处理	观察物理和生物环境，探索周围世界并与之和谐相处	通过语言、数学、科学等渗透自然与社会环境知识	音乐、舞蹈、影视艺术、戏剧	健康教育、游戏、运动
高小阶段（6—8年级）	实行“三种语言教育方案”：母语、印地语、英语	代数符号及应用、空间和形状的系统研究、测量、数据处理	环境、健康与性教育，并通过科学活动与体验获得科学概念	历史、地理、政治、经济		
初中阶段	实行“三种语言教育方案”：母语、印地语、英语	几何、代数、数学建模、数据分析和解释	综合学科，通过系统的科学实验掌握科学方法与知识	历史、地理、社会、政治、经济	学生学习自己感兴趣的艺术表演及艺术理论，培养审美能力	健康教育、生理教育、瑜伽等
高中阶段		数学知识的应用	单独学科，强调实验、技术与问题解决	政治、地理、历史、经济、心理、商务（选修）		

① 和学新、杨丹滋：21 世纪印度基础教育课程改革及其启示，《教师教育学报》，2017 年 10 月，第 4 卷第 5 期，第 119 页。

表 7-11　　印度初等教育入学率

年度	（Ⅰ-Ⅴ）6—10 岁			（Ⅵ-Ⅷ）11—13 岁			（Ⅰ-Ⅷ）6—13 岁		
	男性	女性	整体	男性	女性	整体	男性	女性	整体
2005—2006	126.3	110.2	118.6	81.0	65.1	73.5	109.5	93.7	102.0
2006—2007	131.6	115.4	123.8	83.1	67.3	75.7	113.5	97.8	106.0
2007—2008	125.5	124.3	124.9	82.1	78.1	80.2	109.3	107.3	108.4
2008—2009	129.2	127.7	128.5	86.8	83.3	85.2	113.3	111.2	112.3
2009—2010	125.1	125.5	125.3	89.6	86.8	88.3	111.9	111.1	111.5
2010—2011	130.6	132.2	131.4	93.8	90.5	92.2	116.9	116.5	116.7
2011—2012	121.7	123.6	122.6	89.8	91.3	90.5	109.8	114.9	108.2
2012—2013	115.9	117.7	116.8	96.7	103.0	99.7	109.1	112.6	110.8
2013—2014	112.1	114.0	113.0	95.0	102.0	98.3	105.9	109.7	107.7
2014—2015	110.7	113.2	111.9	97.2	105.5	101.0	105.8	110.5	108.0

注：所统计数据仅限于正规学校教育。

数据来源：Ministry of Human Resource Development，Department of Higher Education，*Educational Statistics*，http://dise.in/；National University of Educational Planning & Administration，http://dise.in/

表 7-12　　2014—2015 年印度初等和中等教育机构数量

教育等级	具体类型	数量
初等教育（基础教育）	初级小学	847 118
	高级小学	425 094
	初级中学	135 335
高等教育	高级中学	109 318
合计		1 516 865

资料来源：National University of Educational Planning & Administration，New Delhi，http://dise.in/

7.3.3.2 高等教育

印度现代意义上的高等学校是在英国殖民统治时期建立并发展起来的。当前，印度的高等教育机构由三部分构成，分别是大学、学院和独立教育机构（Stand Alone Institutions）。印度的大学教育形式移植于英国，因此，在办学形式上，印度大学至今仍保留英国伦敦大学的传统。[①] 印度的大学包括中央直属大学（Central University）、邦公立大学（State Public University）、名誉大学（Deemed University）、邦私立大学（State Private University）、中央开放大学（Central Open University）、邦开放大学（State Open University）、国家重点学院（Institution of National Importance）等类型。其中，中央直属大学与国家重点学院由联邦人力资源发展部（UMHDR）直接管理，在印度高等教育体系中处于最顶端，是印度中央政府高等教育经费的主要投资对象，也是印度高等教育竞争力水平的重要体现者。[②]

印度具有先进完备的高等教育体制，当前印度政府正在大力推进一流大学建设，并在管理上给予高等教育机构越来越多的自治权。

表 7－13 印度高等学校分类

<table>
<tr><th colspan="2"></th><th colspan="4">大学</th><th colspan="3">学院</th></tr>
<tr><td rowspan="2">纵向</td><td>按经费来源</td><td colspan="2">中央直属大学（10 所）</td><td colspan="2">邦立大学</td><td colspan="2">公立学院（中央或邦拨款）</td><td>私立学院（多）（政府补助）</td></tr>
<tr><td>按学校类型</td><td>附属性大学</td><td>单一制大学</td><td colspan="2">联合大学</td><td colspan="2">大学学院</td><td>附属学院</td></tr>
<tr><td rowspan="2">横向</td><td colspan="5">高等普通教育</td><td colspan="3">高等专业教育</td></tr>
<tr><td>人文科学</td><td>社会科学</td><td>自然科学</td><td colspan="2">教育科学</td><td>工程学</td><td>医学</td><td>农业教育</td></tr>
</table>

表 7－14 2014—2015 年印度高等教育机构数量

具体类型		数量
大学	中央直属大学	43
	邦公立大学	316
	名誉大学	122

① 刘明伟. 印度高等教育的发展、现状、改革及启示，《民办教育研究》，2005 年第 5 期，第 91－95 页。

② 唐晓玲：印度提升高等教育竞争力的政策举措与实施效果，第 104 页。

续表

具体类型		数量
	邦私立大学	181
	中央开放大学	1
	邦开放大学	13
	国家重点学院	75
	邦私立开放大学	1
	邦立法机构直属学院	5
	其他	3
	合计	**760**
学院	**合计**	**38 498**
独立教育机构（Stand Alone Institutions）	Diploma Level Technical	3 845
	PGDM	431
	Diploma Level Nursing	3 114
	Diploma Level Teacher Training	4 730
	Institute under Ministries	156
	合计	**12 276**

资料来源：Ministry of Human Resource Development，Government of India，http://mhrd.gov.in/statist.

印度各种类型大学中内部的管理结构基本一致，都包括大学校长、大学副校长、学院院长等，其中大学校长主要是一种荣誉称号，由副校长实际进行学校的管理工作，学院院长在学院范围内享有最高权力。

印度金德尔全球大学

7.3.4 教师资源

自 1947 年独立以后，印度长期以来重视对高等教育的投资，从而挤占了对初等教育的投资，造成印度基础教育在几个发展中大国中处于较落后的地位。印度政府对初等教育的重视始于 1986 年颁布《国家教育政策行动计划》，此后开始强调初等教育的优先地位，但由于长期的投资不足，导致基础教育资源短缺，尤为明显的就是教师资源严重不足。

表 7－15 和表 7－16 分别为印度基础教育的教师人数及学生人数，从 2016 年公布的数据情况来看，印度 2014—2015 年度小学、初中、高中学生人数分别为 1.305 亿、6 717 万和 3 830 万，但是对应的教师人数仅为 256 万、134.7 万和 198.5 万，学生教师比高达 50.97%、49.87%及 19.29%，较高的学生教师比在一定程度上会影响教学效果。此外，印度基础教育教师性别比配置严重失调，男性教师比例大于女性教师，不平衡的两性教师配置对基础教育阶段的学生培养也有一定的影响。

表 7－15　　印度初等教育教师数量情况

（单位：千人）

年度	学前教育		小学		初中		高中		整体	
	整体	女性	整体	女性	整体	女性	整体	女性	整体	女性
2001—2002	1 928	715	1 468	547	1019	384	759	237	5 174	1 883
2002—2003	1 913	746	1 581	645	996	380	1 037	432	5 527	2 203
2003—2004	2 097	837	1 592	648	1 072	408	953	367	5 714	2 260
2004—2005	2 161	842	1 589	597	1 083	415	1 000	386	5 833	2 240
2005—2006	2 184	858	1 671	673	1 123	427	1 032	394	6 010	2 352
2006—2007	2 323	920	1 717	678	1 173	452	1 075	408	6 288	2 458
2007—2008	2 315	1 027	1 780	717	1 175	447	952	349	6 222	2 540
2008—2009	2 229	944	1 899	789	1 194	447	1 024	385	6 346	2 565
2009—2010	2 217	1 009	1 778	764	1 185	456	1 145	442	6 325	2 671
2010—2011	2 099	905	1 887	839	1 247	471	1 261	496	6 494	2 711
2011—2012	2 254	995	2 074	895	1 163	462	1 303	520	6 794	2 873
2012—2013	2 656	—	2 427	—	1 247	—	1 799	—	8 129	—
2013—2014	2 684		2 513		1 286	—	1 785	—	8 268	—
2014—2015	2 670	—	2 560	—	1 347	—	1 985	—	8 562	—

数据来源：Department of Education，Ministry of Human Resource Development，*Educational Statistics*.

表 7-16　印度初等教育学生数量情况

（单位：百万人）

年度	小学（Ⅰ-Ⅴ）			初中（Ⅵ-Ⅷ）			高中（Ⅸ-Ⅹ）		
	男性	女性	整体	男性	女性	整体	男性	女性	整体
2001—2002	63.6	50.3	113.9	26.1	18.7	44.8	18.4	12.1	30.5
2002—2003	65.1	57.3	122.4	26.3	20.6	46.9	19.5	13.7	33.2
2003—2004	68.4	59.9	128.3	27.3	21.5	48.7	20.6	14.4	35.0
2004—2005	69.7	61.1	130.8	28.5	22.7	51.2	21.7	15.4	37.1
2005—2006	70.5	61.6	132.1	28.9	23.3	52.2	22.3	16.1	38.4
2006—2007	71.0	62.5	133.5	29.8	24.6	54.4	22.7	16.8	39.5
2009—2010	70.84	64.82	135.67	31.83	27.59	59.42	16.90	13.70	30.60
2010—2011	70.47	64.85	135.32	32.81	29.25	62.06	17.45	14.33	31.78
2012—2013	67.22	62.77	130.00	33.74	32.04	65.78	19.48	17.48	36.96
2014—2015	67.61	62.89	130.50	34.50	32.66	67.17	20.12	18.18	38.30

注：部分年度学生数量数据未统计。

数据来源：Department of Higher Education，Ministry of Human Resource Development，Educational Statistics.

7.4　印度科技发展概况

科学和技术一直是印度文化不可分割的一部分，自然科学在高等院校中被大力推行。自 1947 年独立以来，印度政府就在国内鼓励建立现代科技基础设施，大力支持科技创新的发展。印度科学技术部门重点负责为“印度制造”（Make in India）、“印度创业”（Startup India）、“数字印度”（Digital India）等提供政策支持。2015 年以来，一些新的鼓励科技发展的政策措施逐渐实施，例如“国家超级计算使命”（National Supercomputing Mission）、科技部与铁路部联合研发计划、废物管理技术开发计划、电动汽车国内合作计划等。①

① 资料来源：印度科学与技术部门年度报告，http://www.dst.gov.in/ sites/default/files/DST-2015-16.compressed.pdf. 登录时间：2018 年 5 月 6 日。

7.4.1 空间科学技术①

印度政府将航天作为引领科技创新、提升国家声望的重要领域，高度重视航天能力建设。当前，印度在应用卫星领域取得了显著成就，在此基础上，航天技术开始扩展，覆盖了运载火箭、月球探测和火星探测等各个领域。整体来看，印度航天体系布局基本完善，全面发展了航天器、运载火箭、发射场、测控、应用等航天大系统。横向对比，印度位居世界航天第二梯队，是世界范围内重要的航天大国。②

在应用卫星方面，印度注重发挥卫星的综合效能，不断提升系统性能。在通信卫星领域，印度建设了庞大的通信卫星星座，截至 2017 年底，有 15 颗印度国家卫星（Indian National Satellite System，INSAT）和地球静止卫星（Geosynchronous Satellite，GSAT）系列通信卫星在轨工作；在导航卫星领域，印度已经建成了独立的区域导航卫星系统，后续计划逐步实现空间段和地面段全面国产化，并计划建设全球导航星座；在对地观测领域，截至 2017 年底，印度共有 21 颗对地观测卫星在轨运行，能够提供空间分辨率从 1km 到 0.65m，时间分辨率从 22 天到 1 天的多样化对地观测能力。

在空间科学和深空探测领域，印度目前完成了对月球、火星的环绕探测以及连续多波长天文观测，取得了一系列重要科学成果。后续，印度计划进一步开展月球、火星、金星探测。

在运载火箭领域，极轨卫星运载火箭（Polar Satellite Launch Vehicle，PSLV）和地球同步轨道卫星运载火箭（Geosynchronous Satellite Launch Vehicle，GSLV）担当主力，重型运载能力取得初步突破，未来将向业务化方向发展。地球同步轨道卫星运载火箭（GSLV）可以发射高达 2 吨级的通信卫星，地球同步轨道卫星运载火箭的下一代“GSLV MK III”，载有本土高推力低温引擎，可以发射 4 吨级的通信卫星。位于特里凡特琅的维克拉姆·萨拉巴伊航天中心（Vikram Sarabhai Space Centre，VSSC）主要负责运载火箭的设计和研制；萨迪什·达万航天中心（Satish Dhawan Space Centre，SDSC）负责提供运载火箭发射场服务，该航天中心拥有两个运行发射台，分别发射极轨卫星运载火箭和地球同步轨道卫星运载火箭。③

在太空技术应用领域，印度国家卫星和地球静止卫星系统在卫星通信、导航、

---

① 资料来源：印度太空部网站，https://www.dos.gov.in/launchers. 登录时间：2018 年 5 月 6 日。

② 何慧东：印度航天能力发展评估，《国际太空》，2018 年第 12 期，第 34-38 页。

③ 何慧东：印度航天能力发展评估，第 34-38 页。

遥感、科学研究等多个领域为社会提供服务。在印度国家自然资源管理系统的实施架构下，中央和地方的遥感应用项目取得了重大进展。2017年，印度遥感卫星系统帮助提高了农业产出和库存，并协助进行了农业干旱评估、森林火灾监测、地下水前景的有效利用，以及各种治理应用项目的实施。通过通信卫星为广大民众提供电视、新闻广播、无线电网络、移动卫星服务、远程教育等多样化服务，直接提升了国民生活质量。

7.4.2 电子信息技术①

莫迪总理提出的“数字印度”倡议旨在通过电子信息技术的应用，促进电子政务治理，实现政府各部门、各辖区无缝融合，提高社会治理能力；推动数字和金融领域的公众广泛参与，全面提升国民数字素养；加强印度在互联网治理中的作用，打造安全可靠的网络空间；通过数字化服务提高公共服务效率，确保网络及移动平台服务的公共实时共享，进而促进电子信息产业的包容和可持续发展。

“数字印度”倡议的重点集中在以下三个方面：

（1）完善数字化基础设施建设，为公民提供数字化便利。比如，莫迪政府建立了电了化身份识别系统，即“Aadhaar身份证系统”，为每个公民提供唯一且终身的电子身份证（Aadhaar Card）。作为“数字印度”重要的组成部分，Aadhaar Card是每位公民参与社保、医疗、补贴等唯一的身份识别。在“Aadhaar身份证系统”基础之上，印度政府又推出了直接福利转移系统（Direct Benefit Transfer，DBT）。DBT系统将“Aadhaar身份证系统”与银行账户相连，从而实现了电子化身份证系统与政府公共福利分配系统的同步。

（2）实现数字化政府治理与公共服务。借助于信息技术，实现跨部门或跨司法管辖区的无缝集成服务，通过在线平台和移动平台为民众提供实时数字化服务并提高营商便利性，实现金融交易电子化和无现金化等。比如，印度政府开发了与政府数据同步互联的公共服务云存储系统，民众可以将各类需政府审批的文件上传至该系统供相关政府部门审批，极大地简化了审批程序。

（3）通过数字化建设提升公民权利。比如，用印度语提供数字资源与服务，不断提升数字资源的普遍可获得性，将与社会治理相关的政府文档、证书等在公共服务云存储系统上使用等，逐步建立参与式治理的数字化协作平台，进而不断

① 资料来源：印度电子信息部年度报告，http://meity.gov.in/writereaddata/files/Annual_Report_2017%E2%80%9318.pdf. 登录时间：2018年5月7日。

培养并提高公民数字素养和参与社会治理的能力。

电子制造业是“印度制造”计划的重要部分。预计到2023—2024年，印度对电子系统设计和制造（Electronics System Design and Manufacturing，ESDM）的需求将呈指数型增长，至4 000亿美元。印度政府高度重视电子和IT硬件制造业的发展，该行业既可以协助建立网络安全生态系统，还有助于创造国内财富和就业岗位。电子制造业的不断推进，可以促进“印度制造”总体目标的实现，有助于推动印度成为电子制造业的枢纽。当前，印度政府已在“数字印度”和“印度制造”倡议下出台了几项具体的政策举措，比如优化关税结构、简化投资程序、提供激励机制、改善基础设施等。这些举措有利于促进投资、促进创新、保护知识产权，为电子硬件制造业企业吸引投资创造有利的环境。得益于过去几年采取的各种措施，印度电子硬件产量显著增加。

表7-17　　印度电子部门产出

（单位：千万卢比）

序号	项目	2013—2014年	2014—2015年	2015—2016年	2016—2017年	2017—2018年*
1	电子消费品**	47 599	55 806	55 765	64 742	73 524
2	工业电子产品	33 600	39 374	45 083	62 214	69 057
3	计算机硬件	17 484	18 691	19 885	20 382	21 401
4	手机	26 650	18 900	54 000	90 000	132 000
5	战略电子产品	13 800	15 700	18 055	20 760	23 562
6	电子元件	32 102	39 723	45 383	52 099	58 351
7	发光二极管产品	1 941	2 172	5 092	7 134	9 630
	总计	180 454	190 366	243 263	317 331	387 525

注：（1）以上数据由各行业协会提供

（2）**包括家用电器，即冰箱、洗衣机、空调和微波炉（从2012—2013年度起）

（3）*估算值由各行业数据协会提供

数据来源：印度电子与信息部年度报告，http://meity.gov.in/writereaddata/files/Annual_Report_2017%E2%80%9318.pdf

软件与信息技术服务业也是“印度制造”的重点行业。凭借一流的服务和业绩，印度信息技术/基于信息技术的服务（IT/IT-enabled Services，IT / ITeS）行业在全球竞争中脱颖而出，吸引了大量外国直接投资，为印度、美国、欧洲和其他地区创造了众多的就业机会。在过去的十年中，印度 IT / ITeS 行业的收入增长了五倍以上，在印度的国内生产总值中占有相当大的份额。更重要的是，IT / ITeS 行业引领了印度经济的转型，并逐渐改变了印度在全球经济中的形象。2017—2018 年，印度仍然是全球最大的 IT / ITeS 商品采购目的地，约占全球市场份额的 55%。印度 IT/ITeS 企业已在全球约 80 个国家的 200 多个城市建立了 1 000 多个全球交付中心。根据印度国家软件和服务公司协会（National Association of Software and Services Companies，NASSCOM）的统计，2017—2018 财年，印度 IT/ITeS 行业的收入（不含硬件）达到 1 515 亿美元，高于 2016—2017 财年的 1 400 亿美元，增幅超过 7%；在就业创造方面，印度 IT / ITeS 行业雇用劳动力超过 396 万人，与上一财年相比新增就业岗位约 10.5 万个。预计到 2022 年，印度的数字经济产值将达到 1 万亿美元，市场潜力达到 4 万亿美元。

7.4.3 地球环境科技

在极地研究方面，印度于 2007 年开始北极科考工作。当时由五位印度科学家组成的小组访问了新奥勒松的国际北极研究机构，开始从事北极微生物学、大气科学和地质学领域的研究。此后，印度科学家在极地生物学、冰川学以及地球和大气科学领域开展北极常规科学活动，并制定了长期科考计划。迄今为止，共有来自 18 个国家机构、国际组织和大学的 57 名科学家参加了印度的北极计划。常驻北极新奥尔松（Ny-Alesund）地区的印度科学家研究的重点领域仅限于极地科学和与北极领域高度相关的一些前沿领域，如冰川学、大气科学、生物学和气候变化。

印度是新奥尔松科学管理委员会（NySMAC）的成员，该委员会负责协调所有成员的北极科考活动，并就新奥尔松的科学项目提供咨询意见。此外，2011 年以来，印度还是国际北极科学委员会（International Arctic Science Committee，IASC）的观察员。印度参与北极科考的目的在于，通过在极地科学的一些相关领域开展科学研究，确保印度在北极地区的持续存在，确保印度对北极事务的参与。

表 7-18　　印度北极科考预算需求

（单位：千万卢比）

项目名称	2012—2013 年	2013—2014 年	2014—2015 年	2015—2016 年	总计
北极科考	4.00	20.00	19.00	4.00	50.00

数据来源：印度地球科学部网站，http://www.moes.gov.in/programmes/indian-scientific-endeavors-arctic

除参与北极科考之外，印度还参与南极科考。印度于 1981 年第一次开始进行南极科学考察。在南极研究科学委员会（Scientific Committee on Antarctic Research，SCAR）的支持下，印度科学家在南极开展了涉及大气科学和气象学、地球科学和冰川学、生物学和环境科学等领域的全球性科学实验。印度在南极建立了迈特里（Maitri）科考站，这是印度与德国、意大利、法国、波兰和美国等一些南极条约国家进行合作研究的平台，它还帮助来自马来西亚、哥伦比亚、秘鲁和毛里求斯的科学家到南极工作。当前，印度进行南极科考工作的主要任务和目标包括：继续在大气科学、气候变化、地球科学和冰川学、人体生理学和医学、极地生物学和环境科学等领域开展南极科学研究；评估北极和南极微生物多样性；对南极条约体系及其治理进行监测；长期监测和模拟南极降水；以卫星为基础监测南极海冰和陆冰的地形，特别关注冰川变化；通过在南极科考的一些前沿领域开展科学研究，如南极沿岸水域的古气候重建等，确保印度在南极洲地区的持续存在。①

表 7－19　　印度南极洲科考预算需求

（单位：千万卢比）

项目名称	2012—2013年	2013—2014年	2014—2015年	2015—2016年	总计
极地科考－南极洲	153.00	155.00	140.00	143.00	733.00

数据来源：印度地球科学部网站，http://www.moes.gov.in/programmes/polar-expeditions-antarctica

在海洋环境研究方面，为了理解海洋的结构和动态，提高海洋和气候的可预测性，促进沿海生态系统的可持续发展，提供海洋信息和咨询服务，印度国家海洋信息服务中心（INCOIS）、国家海洋技术研究所（NIOT）、地球系统科学组织（ESSO）等相关机构共同启动了一个全面的国家海洋观测网络（OON），该海洋观测网络非常成熟。目前，印度正在运行的海洋观测系统可大致分为两个，第一个是能够捕获特定地点或船舶轨迹变化的实时观测系统；第二个是能够捕获水面及水下空间和时间变化的卫星遥感系统。印度在孟加拉湾部署有（除表面传感器以外）深度高达500米的地下传感器，并进行持续测量。

① 资料来源：印度地球科学部网站，http://www.moes.gov.in/programmes/indian-scientific-endeavors-arctic. 登录时间：2018年5月7日。

参考文献

［1］周小明. 印度司法改革及其对中国当下司法改革的启示［J］.南亚研究季刊，2016（03）：87－88.

［2］曹然. 特朗普首次访印：他肯定是要‘拿到东西’的[J/OL].中国新闻周刊，2020－03－02(937)[2020－04－22].http://www.inewsweek.cn/world/2020－03－11/8789.shtml.

［3］李燕. 印度旅游业发展的经验、问题及其借鉴［J］.南亚研究季刊，2018（03）：46－48.

［4］贺平等. 身份悖论与印度自由贸易战略的困境［J］.太平洋学报，2018（11）：37.

［5］张艳，付鑫. 中印国际服务贸易政策比较研究［J］.国际贸易，2018（6）：9－13.

［6］沈国兵. 美国对中国反倾销的贸易效应：基于木制卧室家具的实证分析［J］.管理世界，2008（4）：48－58.

［7］李钦. 印度投资实务指南 [M]. 北京：法律出版社, 2017:198.

［8］吴建民，汪戎. 印度洋地区蓝皮书：印度洋地区发展报告（2016）莫迪的印度 [M]. 北京：社会科学文献出版社, 2016: 228－229.

［9］徐策.风口的大象：印度金融业改革[M]. 北京：经济科学出版社，2016.

［10］武翠芳，张正平. 印度存款保险制度发展的经验及其启示［J］. 金融理论与实践，2006（2）：76－78.

［11］洪昊，葛声. “金砖四国”金融监管体系改革和合作研究［J］.金融发展评论，2011（6）.

［12］杨燕青. 中国金融风险与稳定报告 2016——改革与风险的平衡[M]. 北京：中国金融出版社, 2016.
［13］姜景奎. 宗教对印度文化战略的影响［J］. 南亚研究，2013（01）：1－11.
［14］独孤勇. 难逃种姓魔咒——印度达利特人的历史与现状［J/OL］.中国民族报 2018－02－02(08)[2019－04－22].http://www.mzb.com.cn/zgmzb/html/2018－02/09/ content_2266.htm.
［15］李英. 印度教师教育的历史变迁及主要特点［J］.教师教育学报，2014（2）：101.
［16］唐晓玲. 印度提升高等教育竞争力的政策举措和实施效果［J］.教师教育学报，2018（5）：106－107.
［17］安双宏. 印度地方教育管理探析［J］.黑龙江学报，2010（1）：82－83.
［18］刘筱. 印度学制改革探析［J］.教育评论，2013（2）：167.
［19］和学新，杨丹滋. 21 世纪印度基础教育课程改革及其启示［J］.教师教育学报，2017（5）：119.
［20］刘明伟. 印度高等教育的发展、现状、改革及启示［J］. 民办教育研究，2005（05）：91－95.
［21］何慧东.印度航天能力发展评估［J］.国际太空，2018（12）：34－38.
［22］Darshan Singh. Development of Scheduled Castes in India-A Review［J］. Journal of Rural Development, 2009(4): 529－542.
［23］Razeen Sally. Indian Trade Policy after the Crisis [M]// Amitendu Palit and Gloria Spittel edited. South Asia in the New Decade: Challenges and Prospects, World Scientific Pub Co Inc, 2012:225－250.
［24］Hindi，not a national language：Court [N/OL]. The Hindu, 2010－01－25 [2019－04－20]. http://www.thehindu.com/news/ national/Hindi-not-a-national-language-Court/article16839525.ece.
［25］What is India's caste system? [N/OL]. BBC, 2017－07－20 [2019－04－22]. https://www.bbc.com/news/world-asia-india-35650616.

网站

中华人民共共和国中央人民政府网 http://www.gov.cn
中华人民共和国外交部 https://www.fmprc.gov.cn
中华人民共和国商务部 http://www.mofcom.gov.cn/
中华人民共和国商务部国别报告 https://countryreport.mofcom.gov.cn

中华人民共和国驻印度共和国大大使馆 http://in.china-embassy.org
中华人民共和国驻印度共和国大使馆经济商务参赞处 http://in.mofcom.gov.cn
中华人民共和国驻印度共和国大加尔各答总领馆经济商务室 http://kolkata.mofcom.gov.cn
中华人民共和国驻印度共和国大孟买总领事馆经济商务室 http://bombay.mofcom.gov.cn/
人民网 http://www.people.com.cn/GB/historic/1219/4341.html
中国网 http://www.china.org.cn/chinese/2015－05/22/content_35634382.htm
联合国贸易和发展会议 https://unctadstat.unctad.org
联合国经济和社会事务部 https://comtrade.un.org
世界贸易组织贸易监察数据库 http://tmdb.wto.org
世界银行《营商环境报告》http://www.doingbusiness.org
亚洲开发银行亚洲区域整合中心 https://aric.adb.org
经济合作与发展组织 https://www.oecd-ilibrary.org
经济合作与发展组织服务贸易限制指数管制数据库 https://qdd.oecd.org/subject.aspx?Subject=063bee63-475f-427c-8b50-c19bffa7392d
不列颠百科全书 https://www.britannica.com/place/India
印度政府门户网站 https://www.india.gov.in
印度外交部 http://mea.gov.in
印度经济事务部 https://dea.gov.in
印度商业与工业部 http://dgft.gov.in
印度储备银行 https://rbi.org.in
印度财政部间接税和关税中央委员会 http://www.cbic.gov.in
印度保险监管和发展署 https://www.irdai.gov.in
印度证券交易委员会 https://www.sebi.gov.in
印度公司事务部 http://www.mca.gov.in
印度退休基金管理和发展管理局 http://pfrda.org.in
印度统计普查总署 http://www.censusindia.gov.in
印度内政部 http://rajbhasha.nic.in
印度宪法 http://www.constitution.org
印度人力资源发展部 http://mhrd.gov.in
印度矿业部 http://mines.gov.in
印度煤炭部 https://coal.nic.in

印度石油与天然气部 http://petroleum.nic.in
印度环境、森林和气候变化部 http://moef.gov.in
印度加瓦拉尔·尼赫鲁港热带植物园与研究所 http://www.jntbgri.in
印度国家动物园 http://nzpnewdelhi.gov.in
印度动物学调查局 http://www.zsi.gov.in
印度中央水利委员会 http://cwc.gov.in
印度人民党网站 http://www.bjp.org
印度国大党网站 https://www.inc.in
印度共产党（马）网站 http://cpim.org
印度农业、合作和农民福利部 https://eands.dacnet.nic.in
改革印度全国学会 http://niti.gov.in
印度土壤与土地利用调查机构 http://slusi.dacnet.nic.in/annual_reports.html
印度畜牧、乳制品与渔业部 http://dadf.gov.in
印度森林调查机构 http://fsi.nic.in
印度重工业和公共企业部 https://dhi.nic.in
印度化学品及化肥部 https://chemicals.nic.in
印度纺织部 http://texmin.nic.in
印度食品加工业部 https://mofpi.nic.in
印度国家高速公路管理局 http://www.nhai.org
印度铁路部 http://www.indianrailways.gov.in
印度航运部 http://shipmin.gov.in
印度民航部 https://www.civilaviation.gov.in
印度电信部 http://www.dot.gov.in
印度电子和信息技术部 http://meity.gov.in
印度科学与技术部 http://www.dst.gov.in
印度太空部 https://www.dos.gov.in
印度地球科学部 http://www.moes.gov.in